Juristische Zeitgeschichte

Hrsg. von Prof. Dr. Dr. Thomas Vormbaum
(Institut für Juristische Zeitgeschichte, Hagen)

Abteilung 2:
Forum Juristische Zeitgeschichte
Hrsg. von RA Dr. Tillmann Krach
(Arbeitskreis rechtshistorisch interessierter
Rechtsanwältinnen und Rechtsanwälte)
und Prof. Dr. Dr. Thomas Vormbaum

Redaktion: Myrko Bellmann, Anne Gipperich

Band 10

Bernd-Rüdiger Kern/Klaus-Peter Schroeder (Hrsg.)

Eduard von Simson (1810-1899)

"Chorführer der Deutschen"
und erster Präsident des Reichsgerichts

Nomos Verlagsgesellschaft
Baden-Baden

Gedruckt mit Unterstützung der Axel Springer-Stiftung und
der Alfred Freiherr von Oppenheim-Stiftung.

Die Deutsche Bibliothek – CIP-Einheitsaufnahme

Ein Titeldatensatz für diese Publikation ist bei
Der Deutschen Bibliothek erhältlich. (http://www.ddb.de)

ISBN 3-7890-7419-5

1. Auflage 2001

Inhaltsverzeichnis

Vorwort

Am 1. und 2. Mai 1999 fand in Leipzig ein Symposion aus Anlaß des 100. Todestages des ersten Reichsgerichtspräsidenten Eduard von Simson statt, das sich mit sämtlichen Aspekten seiner juristischen, parlamentarischen und richterlichen Tätigkeit befaßte. Für den vorliegenden Band wurden die von den Referenten überarbeiteten Vorträge zusammengestellt, so daß sie nunmehr einer größeren Öffentlichkeit zugänglich sind.

Eduard von Simson, 1810 als Sohn eines jüdischen Kaufmannes in Königsberg geboren, erlebte einen glänzenden Aufstieg bis an die Spitze des Reichsgerichts. Seine Karriere, die ihn in die höchsten Staatsämter führte, ist beispiellos in der deutschen Geschichte des 19. Jahrhunderts. Kein anderer Bürgerlicher hat in diesem Zeitraum vergleichbare Stellungen im monarchischen Deutschland eingenommen. Seine jüdische Herkunft erwies sich dabei in keiner Weise als nachteilig; mit seiner Taufe wurde sie vielmehr bedeutungslos. Insoweit ist Simson geradezu das Musterbeispiel für eine in jeder Beziehung geglückte Assimilation eines Deutschen jüdischer Herkunft an die Kultur seines Vaterlandes und die christliche Religion.

Nach der Promotion (1829) in noch jungen Jahren nahm er 1831 an der Juristenfakultät der Universität Königsberg die Lehrtätigkeit auf; bereits 1836 wurde Simson zum ordentlichen Professor ernannt. Daneben bekleidete er seit 1835 das Amt eines Tribunalrates in seiner ostpreußischen Heimatstadt. Die Revolution von 1848 eröffnete Simson den Weg in die große Politik. Nach seinem Eintritt in die Frankfurter Nationalversammlung wurde er zunächst zum Schriftführer, dann zum Vizepräsidenten und schließlich zum Präsidenten in der Nachfolge Heinrich von Gagerns gewählt. In dieser Funktion leitete er die Deputation, die dem preußischen König die Kaiserkrone antrug. Späterhin engagierte sich Simson in der Gothaer Versammlung und im Erfurter Reichstag, zu deren Präsidenten man ihn wiederum wählte. Auch im preußischen Landtag hatte er einen Sitz bis 1852 inne.

1860 verließ Simson Königsberg und seine Universität; in der Folgezeit amtete er als Vizepräsident am Oberappellationsgericht in Frankfurt an der Oder, späterhin als dessen Präsident. Nun kehrte er auch wieder in die Politik zurück. 1867 wurde Simson Präsident des konstituierenden und des ersten Reichstages des Norddeutschen Bundes, 1868 Präsident des Zollparlaments. 1870 war es wieder Simson, der an der Spitze einer abermaligen Deputation dem preußischen König in Versailles die Kaiserkrone antrug. 1871 wählte das Parlament ihn zum Präsidenten des Reichstages, 1879 wurde er erster Präsident des neu begründeten Reichsgerichts zu Leipzig. 1891 bat er um Eintritt in den Ruhestand. Am 2. Mai 1899 verstarb Eduard von Simson in Berlin.

Uneingeschränkte Anerkennung erfuhr Simsons Tätigkeit als Präsident verschiedener Parlamente. Georg Beseler urteilte über sein Präsidium der Frankfurter Paulskirche: „Seiner würdigen, sicheren und eleganten Leitung verbunden mit einer allen Parteien erwiesenen vornehmen Repräsentation ist es zu danken, daß die Verhandlungen jetzt einen rascheren und ruhigeren Gang nahmen.“[1] Noch prononcierter erfaßt eine Schilderung Rudolf von Iherings die Gesamtpersönlichkeit Simsons in ihren Stärken und Schwächen: „... ich habe recht angenehme Bekanntschaften gemacht, namentlich die von Simson aus Königsberg, von dem ich ganz entzückt bin. Es ist ein ganzer Mann, und ich fand es begreiflich, daß er eine solche Rolle in Frankfurt gespielt hat; er muß überall, wo er sich sehen läßt, in kurzer Zeit Einer der Ersten sein. Wäre ich es nicht schon gewohnt, fremde Vorzüge neidlos anzusehen und mich an ihnen zu ergötzen, ich hätte hier das Gefühl des Neides im höchsten Grade empfinden müssen. Er hat eine Gabe der Rede, daß ich sagen möchte: Honig fließt von seinen Lippen - eine Gabe, die nicht bloß eine vollendete Herrschaft über die Sprache voraussetzt, sondern sich auf die vielseitigste und gediegenste allgemeine Bildung stützt. Ich kam mir hier einmal wieder als ein dummer Junge vor, und ich mußte, um nicht in meinem Selbstgefühl erdrückt zu werden, mich damit trösten, daß er als juristischer Schriftsteller nichts aufzuweisen habe - was er seinerseits auch

1 Georg Beseler, Erlebtes und Erstrebtes. 1809-1859, 1884, S. 81.

fühlte, indem er mir beiläufig zu erklären suchte, warum er nicht schriftstellern könne."[2]

Diese Charakterisierung Simsons stellt auch die Quintessenz unserer Tagung dar, obgleich es sich bei den Stärken Simsons um solche Eigenschaften handelt, die sich nur schwer aus trockenen Quellen erschließen. Dem Bild der überzeugenden Persönlichkeit Simsons kann nach Abschluß des Symposions zwar nichts grundsätzlich Neues hinzugefügt werden, es hat jedoch an Breite und Tiefenschärfe gewonnen. Ihering erweist sich auch insoweit als scharfer Beobachter.

Ohne die großzügige finanzielle Unterstützung des Leipziger Bürgervereins hätte das Symposion nicht durchgeführt werden können. Ihm, sowie seinem Vorsitzenden Bürgermeister Peter Kaminski und Rechtsanwalt Dr. Diether Hoffmann gilt daher unser Dank. Ebenso danken wir nachdrücklich der Axel-Springer-Stiftung und der Alfred Freiherr von Oppenheim-Stiftung für die Übernahme der nicht unerheblichen Druckkosten. Herrn Kollegen Thomas Vormbaum gilt unser Dank für die Aufnahme in die Reihe.

Die Herausgeber

Bernd-Rüdiger Kern und Klaus-Peter Schroeder

2 Brief Iherings aus Gießen vom 14. Oktober 1854 an Gerber, in: Mario G. Losano (Hrsg.), Der Briefwechsel zwischen Ihering und Gerber. Teil 1, 1984, S. 118-122, 119.

Klaus-Peter Schroeder

Eduard von Simson - Professor, Richter und Parlamentarier

I. Vornotiz

Die Literatur zur geistigen Kapitulation und moralischen Korruption des deutschen Juristenstandes während der Epoche des nationalsozialistischen Regimes ist mittlerweile Legion[1]. Nichts aber dokumentiert sichtbarer die Anpassungsbereitschaft hochrangiger Juristen in jenen Jahren als eine kleine Begebenheit, die sich in den Räumen des RG zu Leipzig wenige Monate nach der Machtergreifung zutrug: So wurde auf Anordnung des amtierenden Präsidenten des RG, Erwin Bumke, das Portrait Eduard von Simsons aus der Bildergalerie entfernt und weggeschafft. Gewiß nur ein Akt vorauseilenden Gehorsams, um - wie Ebermayer bemerkte - den „neuen Herren in kleinen Dingen entgegenzukommen“[2]. Aber dabei blieb es nicht: Gleichfalls kein Protest erhob sich, als im Gefolge des Gesetzes zur Wiederherstellung des Berufsbeamtentums sieben jüdische Reichsgerichtsräte zwangspensioniert wurden[3]. Merkwürdig - jedoch für das heutige Geschichtsverständnis bezeichnend - ist es, daß im Karlsruher Gebäude des BGH nunmehr wieder die Konterfeis der ehemaligen Präsidenten des Reichsgerichts versammelt sind, allein das von Erwin Bumke sucht man vergeblich - Geschichtsbewältigung auf bundesrepublikanischem Niveau.

---

1 S. nur die Beiträge in dem von der Redaktion der Kritischen Justiz herausgegebenen Sammelband „Die juristische Aufarbeitung des Unrechts-Staats“, 1998.

2 Prisma 1947, 21; *Franßen*, in: Stadtgeschichtliches Museum Leipzig (Hrsg.), Das RG, 1995, S. 135.

3 *Kolbe*, Reichsgerichtspräsident Dr. Erwin Bumke, 1975, S. 222 ff.

II. Mehr als eine Jugend in Königsberg

Die Entfernung des Bildnisses Eduard von Simsons war - wie Franßen zutreffend notiert - ein „Akt symbolischer Barbarei, der auf einen Juden zielte und zugleich den Mann traf, der wie kein anderer in Deutschland durch seine Lebensleistung die Trias von Freiheit, Einheit und Recht verkörpert hat“[4]. Am 10.10.1810, also während der napoleonischen Ära, wurde Eduard Simson in Königsberg geboren. Der Vater, ein jüdischer Kaufmann und Wechselmakler, war trotz denkbar bescheidener Lebensverhältnisse darauf bedacht, seinen Kindern eine möglichst umfassende Ausbildung für den weiteren Lebensweg mitzugeben[5]. An einer Privatschule wurde Eduard Simson für den Eintritt in das über die Grenzen Königsbergs hinaus bekannte Collegium Fridericianum vorbereitet, zu dessen Schülern einst Kant gezählt und an dem Herder unterrichtet hatte. Bereits mit 15 Jahren immatrikulierte er sich an der 1544 von Herzog Albrecht von Preußen begründeten Universität Königsberg. In dem Abgangszeugnis findet sich die Bemerkung: „Martin Eduard Sigmund Simson aus Königsberg, Sohn des hiesigen Kaufmanns Herrn Simson, fünfzehn und ein Vierteljahr alt, ist noch unentschieden, was und wo er studieren wird“[6]. Schon der beschränkten finanziellen Mittel wegen gab es aber für ihn keine andere Alternative als ein Studium an der Königsberger Albertina. Es bedurfte wohl auch keines längeren Nachdenkens, um sich für das Studium der Rechtswissenschaften zu entscheiden. Die juristische Fakultät war ein bescheidener Fachbereich; nicht mehr als 70 von knapp 400 in Königsberg Studierenden belegten die Kollegs der sechs bis acht Dozenten[7]. Das Interesse Simsons reichte jedoch weit über den berühmten „juristischen Tellerrand“ hinaus[8]. So hörte er neben den obligatorischen rechtswissenschaftlichen Vorlesun-

---

4 *Franßen* (o. Fußn. 2), S. 135.

5 Seine Brüder Georg und John studierten gleichfalls Jurisprudenz, August hingegen protestantische Theologie und wurde ebenso Professor in Königsberg (vgl. *Meinhardt*, Eduard von Simson, 1981, S. 15).

6 Bundesarchiv-Außenstelle Frankfurt a.M. -FN 14 Nr. 15 S. 12. - Der 34 Bände umfassende Nachlaß Eduard von Simsons ist seit 1972 in der genannten Außenstelle des Bundesarchivs verwahrt. Im wesentlichen handelt es sich um amtliche Unterlagen, diverse Korrespondenz sowie Personalakten (vgl. *W. Mommsen* [Bearb.], Die Nachlässe in den dt. Archiven Teil II, 1983, S. 1147).

7 S. *Duncker*, Jahrb. der Albertus-Universität zu Königsberg 29 (1994), 323 f.

8 Vgl. *B. v. Simson*, Eduard von Simson - Erinnerungen an sein Leben, 1900, S. 15.

gen auch die Kollegs des Historikers Drumann, des Philologen Lobeck und des von ihm hochgeschätzten Philosophen Herbart. Als „Amanuensis" (Hilfsassistent) hospitierte er gar bei dem Physiker und Chemiker Hagen, der 1808 den späteren Kaiser Wilhelm I. in Naturwissenschaften unterrichtet hatte. Daneben fand Simson ebenso Zeit für geselliges studentisches Treiben. Er schloß sich dem burschenschaftlich ausgerichteten akademischen Kränzchen Litthuania an und begründete selbst einen literarischen Zirkel, dessen Treffpunkt sein Elternhaus bildete[9]. Trotz dieser weitgespannten Aktivitäten vernachlässigte er keineswegs die rechtswissenschaftlichen Studien: bei zwei von der juristischen Fakultät gestellten Aufgaben errang er jeweils den ersten Preis. Mit 18 Jahren promovierte Simson zum Doktor iuris und erhielt auf Antrag der Fakultät „ob egregia industriae ac eruditionis documenta in examine rigoroso" zugleich die venia legendi verliehen[10]. Wegen der Überalterung des Lehrkörpers war die preußische Regierung darum bemüht, junge Gelehrte heranzuziehen und sie an Königsberg zu binden. Aus diesem Grunde befürwortete das preußische Unterrichtsministerium den von der Fakultät gestellten Antrag, Simson ein zweijähriges königliches Reisestipendium in Höhe von 200 Talern zu gewähren; verbunden war es mit der Verpflichtung, danach an die Universität Königsberg als Privatdozent zurückzukehren. Diese Reise, die Simson im Frühjahr 1829 antrat, führte ihn über Berlin, Weimar, Bonn, Heidelberg bis nach Paris. Viele bedeutende Persönlichkeiten - wie Schleiermacher und Hegel, Savigny und Niebuhr - lernte er in deren Verlauf kennen. Den nachhaltigsten Eindruck hinterließ aber bei ihm „Kammerrath" Goethe, den er in seinem Weimarer Haus am Frauenplan aufgesucht hatte, um ihm zum 80. Geburtstag zu gratulieren: „Des Himmels Segen über den Heros! Er lebt - ob er stürbe"[11].

---

9 *v. Simson* (o. Fußn. 8), S. 16 ff.

10 Die Dissertation führt den Titel „De Julii Paulli manualium libris III", 1829.

11 *v. Simson* (o. Fußn. 8), S. 41.

III. Professor an der Albertina und Richter am Tribunal des Königreichs Preußen

Nach Rückkehr von jener ausgedehnten „peregrinatio academica“ nahm Simson seine Lehrtätigkeit im Sommersemester 1831 an der Königsberger Universität auf und genügte gleichzeitig der Wehrpflicht als Einjährig Freiwilliger. Am 10.4.1833 wurde er zum außerordentlichen Professor für römisches Recht ernannt; das „Fegefeuer“ eines ärmlichen Privatdozentendaseins blieb ihm erspart. Die Anfänge der akademischen Karriere Simsons sind trotz seiner hervorragenden Begabung keineswegs so selbstverständlich, wie es den Anschein hat. Denn Voraussetzung für die Promotion waren nach den Statuten der Königsberger juristischen Fakultät ein mindestens dreijähriges Studium und das Bekenntnis zur christlichen Religion; ein Privatdozent mußte noch gemäß § 35 der Statuten der Fakultät von 1854, welche der bereits 1830 üblichen Praxis entsprachen, evangelischer Konfession sein[12]. Simson erfüllte diese Bedingung, hatten doch seine Eltern ihre Kinder Eduard, August, Georg und Marie anläßlich der Geburt des jüngsten Sohnes John zum evangelischen Glauben übertreten lassen. Für jüdische Studierende galt aber noch an preußischen Universitäten lange Zeit hinweg eine - keineswegs konsequent gehandhabte - Promotionssperre; ebenso war ihnen die Aufnahme in den Staatsdienst verwehrt. Savigny, damals führender Kopf der Berliner juristischen Fakultät und später preußischer Justizminister, formulierte in aller Deutlichkeit: „Ein Jude kann und darf niemals Privatdozent oder Lehrer an einer preußischen Universität werden“[13]. Simson war Universitätsprofessor mit Leib und Seele. Gerne bestieg er den Katheder, um - in völlig freier Rede - über römisches und preußisches Recht vorzutragen. Seine Vorlesungen stellten aber keinen einseitigen Monolog dar, sondern in der Form eines Gesprächs suchte er die Hörer aktiv in den Unterricht einzubinden; das auf diese Weise Gelernte pflegte er dann im Rahmen eines „Wochenendrepetitoriums“ zu vertiefen und zu festigen. Modern und wegweisend waren gleichfalls seine weiteren Unterrichtsmethoden: den Übungen legte er ausgediente - um die eigentliche Entscheidung bereinigte - Gerichtsakten zugrunde, bestimmte aus dem Kreis der Hörer

---

12 Im einzelnen *Duncker*, Jahrb. der Albertus Universität zu Königsberg 29 (1994), 325 f.

13 Zit. nach *Weyhe*, Levin Goldschmidt - Ein Gelehrtenleben in Dtld., 1996, S. 45 m. Fußn. 158; vgl. ebenso *Braun*, Judentum, Jurisprudenz und Philosophie, 1997, S. 73 f.; für die spätere Zeit s. *Kisch*, Der Lebensweg eines Rechtshistorikers, 1975, S. 53.

Referenten und Koreferenten, die ihre Anträge zu formulieren und zu vertreten hatten; gemeinschaftlich wurde dann der Rechtsentscheid gefunden[14]. So verwundert es auch nicht, daß aufgrund seiner vorzüglichen Vortrags- und Darstellungsgabe die von ihm abgehaltenen Vorlesungen zu den besuchtesten der Fakultät zählten. Bald gehörte Simson zu den beliebtesten Rechtslehrern. In den 1898 publizierten Erinnerungen des Dichters und Literaturhistorikers Rudolf von Gottschall, einem früheren Schüler Simsons, findet sich eine anschauliche Schilderung seines akademischen Lehrers aus der Königsberger Zeit:

> „Auf den Katheder stieg ein junger Professor, ungefähr 30 Jahre alt, von ausdrucksvollen Zügen und stattlicher Repräsentation. Es lag in seinem Auftreten und Erscheinen etwas Würdevolles, was über die Lebensjahre des jungen Gelehrten hinausging; doch streifte diese Gemessenheit durchaus nicht an Pedanterie... . Kräftig und voll war das Organ des Vortragenden, der Vortrag selbst von außergewöhnlicher Sicherheit in der Sprachbeherrschung, niemals verlegen um den bezeichnenden Ausdruck, niemals überstürzt und überhastet. Weit entfernt von todtem Diktat, war es vielmehr eine lebendige Unterhaltung; er verlangte von dem Hörer Antwort und Gegenrede; er wandte sich an ihren Scharfsinn, er wußte ihnen den Stoff interessant zu machen und ihn um so mehr ihrem Gedächtniß einzuprägen, je mehr sie ihn selbstschöpferisch sich angeeignet hatten ..."[15].

Mit ganzer Kraft widmete sich Simson der Lehre, so daß für eigenständige wissenschaftliche Abhandlungen nur wenig Raum blieb[16]. Überdies verspürte er „zu schriftstellerischen Arbeiten auch keinerlei Talent"[17]. Hinzu kam noch seine Doppelbelastung als Professor und Richter, nachdem ihm bereits 1834 das Amt eines „Hilfsrichters" bei dem seit 1658 bestehenden Tribunal des Königreichs Preußen in Königsberg übertragen worden war; 1846 wurde er schließlich zum Tribunalrat bestallt. Nahezu dreißig Jahre bis zu seiner Ernennung zum Vizepräsidenten des Ap-

---

14 S. nur *Pfeiffer*, Jahrb. der Albertus-Universität zu Königsberg 29 (1994), 332; *v. Simson* (o. Fußn. 8), S. 62.

15 Aus meiner Jugend, 1898, S. 83 ff.

16 Aus seiner Feder stammen - neben der bereits angeführten Dissertation (o. Fußn. 10) - lediglich eine Studie über das römische und preußische Recht wie auch ein Festschriftsbeitrag über das Tribunal zu Königsberg anläßlich des 50jährigen Amtsjubiläums des Kanzlers von Wegnern (s. *Pfeiffer*, in: Kirchner [Hrsg.], Eduard von Simson - Ein großer Parlamentarier und Richter, 1985, S. 41).

17 *E. Wolff*, Eduard v. Simson, 1929, S. 8 f.; *Pfeiffer*, Jahrb. der Albertus-Universität zu Königsberg 29 (1994), 333.

pellationsgerichts in Frankfurt/Oder trug Simson diese zweifache Bürde[18]. Mehrmals spielte er mit dem Gedanken, die Professur zugunsten der richterlichen Tätigkeit aufzugeben[19], nachdem er auch noch auf seinen Wunsch hin ab Sommer 1835 zu den Beratungen über die Revision des ostpreußischen Provinzialrechts als Protokollführer hinzugezogen worden war[20]. Immer wieder wird in den Rechenschaftsberichten darauf hingewiesen, daß Simson „sehr nützlich", „mit seltenen Fähigkeiten begabt" sei und die unterschiedlichsten Straf- und Zivilrechtsfälle „gut, gründlich und mit Präzision" bearbeite. In einem an das Ministerium gerichteten Schreiben des Präsidenten des Königsberger Tribunals vom 14.10.1846 heißt es:

> „Er (Simson) faßt leicht auf, besitzt Scharfsinn und ein richtiges Urtheil, ist in seinem mündlichen wie schriftlichen Vortrag gleich vorzüglich wie zuverlässig und versteht es, seine große Gelehrsamkeit in allen Rechtsfächern praktisch anzuwenden".

Von Interesse sind ebenso die weiteren Ausführungen:

> „Sein Lebenswandel ist musterhaft und seine Gesinnungstüchtigkeit ist nicht zu bezweifeln. Es blickt zwar mitunter eine Hinneigung zur sogenannten freien Richtung durch, doch ist diese so gemäßigter Natur, daß sie ihm nicht zum Vorwurf gereichen kann und ihn nie hinreißen wird, seine Amtspflichten oder gar die Ehrfurcht vor des Königs Majestät aus den Augen zu setzen."[21]

Gerühmt wurde Simsons liberale Haltung im Rahmen der von ihm mit unbestechlicher Sachlichkeit geführten Prozesse[22]. Nach Auflösung des Tribunals und Einrichtung des Appellationsgerichts für den Regierungsbezirk Königsberg bleibt Simson dem Gerichtshof als außerordentliches Mitglied weiterhin erhalten. 1853 wird er endlich zum wirklichen Rat ernannt und ihm „das Tragen der reglementsmäßigen Uniform der Appellationsräthe" gestattet. Abgelehnt hatte er ein Jahr zuvor noch den ehrenvollen Ruf auf den Lehrstuhl für Pandektistik an der Universität Jena; zu sehr fühlte sich Simson dem liberalen, freien Geist des Vormärz seiner Königsberger Heimatuniversität verbunden, deren 300-Jahr-Feier er im Jahre 1844 mit ausgerich-

---

18 Ausf. zur richterlichen Tätigkeit Simsons *Pfeiffer* (o. Fußn. 16), S. 58 ff.

19 S. *Pfeiffer* (o. Fußn. 16), S. 52.

20 *Pfeiffer*, in: Heinrichs u.a. (Hrsg.), Dt. Juristen jüdischer Herkunft, 1993, S. 111; *ders.* (o. Fußn. 16), S. 60.

21 Zit. nach *Pfeiffer* (o. Fußn. 16), S. 63.

22 Vgl. *Pfeiffer* (o. Fußn. 16), S. 59 f.; *Meinhardt* (o. Fußn. 5), S. 24 ff.

tet hatte[23]. Simson war es auch gewesen, der aus diesem Anlaß die Urkunde verlesen durfte, welche in dem Grundstein des neuen Universitätsgebäudes deponiert wurde[24]. Schon am Beginn seiner professoralen Karriere hatte er sich 1834 mit Clara Warschauer, der ältesten Tochter eines angesehenen Bankiers in Königsberg, vermählt[25]. Die außerordentlich günstigen Vermögensverhältnisse erlaubten ihm und seiner Familie ein von Geldsorgen befreites Leben. Mit seinem Schwager Robert Warschauer, nachmalig einer der bedeutendsten Finanzexperten Preußens, bereiste er 1847 England, um die britische Verfassung und das Schwurgerichtsverfahren zu studieren; persönlich nahm er an den Verhandlungen des berühmten Londoner Central Criminal Court Old Bailey teil, um den dort geübten Prozeßgang aus unmittelbarer Nähe kennenzulernen[26].

IV. Achtzehnhundertachtundvierzig

1846 war Simson in die Stadtverordnetenversammlung seiner Vaterstadt gewählt worden:

> „Der Professor der Rechte, Simson, trat in jener Zeit noch nicht besonders hervor. Erst das Jahr 1848 sollte die bedeutenden Gaben der Rede, der politischen Einsicht, besonders der parlamentarischen Repräsentationen, die ihm eigen waren, zur Entfaltung bringen“[27].

Und am 10.5.1848 gelang Simson mit einem als sensationell empfundenen Wahlergebnis der Einzug als Deputierter der Stadt Königsberg in die Frankfurter Nationalversammlung. Niemand hatte mit einer Niederlage des von der demokratischen Partei unterstützten Dr. Johann Jacoby gerechnet, der am Vorparlament und am Fünfziger-Ausschuß teilgenommen hatte[28]. Über die Grenzen Königsbergs hinaus war Ja-

23 Simson selbst begründete die Ablehnung mit angeblich mangelnden Kenntnissen des römischen Rechts (vgl. *Pfeiffer* [o. Fußn. 16], S. 37).

24 S. *Meinhardt* (o. Fußn. 5), S. 23.

25 *v. Simson* (o. Fußn. 8), S. 63.

26 *v. Simson* (o. Fußn. 8), S. 73 ff.

27 *v. Simson* (o. Fußn. 8), S. 95.

28 Vgl. *Koch*, in: Malettke (Hrsg.), 175 Jahre Wartburgfest - 18.10.1817 - 18.10.1992, 1992, S. 198; *Silberner*, Johann Jacoby, 1976.

coby durch eine 1841 unter dem Titel „Vier Fragen, beantwortet von einem Ostpreußen“ publizierten Flugschrift bekannt geworden; er gehörte zu den Wegbereitern des preußischen Liberalismus. Simson aber stand nunmehr am Beginn der „vielleicht größten politischen Karriere, die die deutsche parlamentarische Geschichte kennt“ (Pfeiffer). In Frankfurt am Main schloß sich Simson der Gruppe des „besonnenen Freisinns“ an, zu deren Repräsentanten Dahlmann, Arndt und Mathy zählten. Als liberale Fraktion der rechten Mitte, die späterhin nach ihrem Tagungslokal „Casino“ benannt wurde, bekannte sie sich zu der konstitutionellen Monarchie[29].

An dem feierlichen Einzug der Abgeordneten in die Frankfurter Paulskirche am 18.5.1848 nahm Simson teil. Tags darauf wurde der hessen-darmstädtische Märzminister Heinrich von Gagern, der als sechzehnjähriger Fähnrich in der Schlacht von Waterloo gegen Napoleon gekämpft hatte, zum Präsidenten der Nationalversammlung gewählt[30]. Simson bestimmte man am 31.5.1848 zu einem der Schriftführer des Paulskirchenparlaments. Als „Reichsvorleser“ fiel ihm, da er die wohltönendste Stimme der vier Sekretäre besaß, meistens die Aufgabe zu, die Protokolle und Anträge im Parlament zu Gehör zu bringen. Aber darauf beschränkte sich der Tätigkeitsbereich Simsons keineswegs. Mit seinen nicht nur in der Theorie, sondern ebenso in der richterlichen Praxis erworbenen Rechtskenntnissen formulierte er die unterschiedlichsten Anträge und beteiligte sich an den umfänglichen Gesetzgebungsarbeiten in den Ausschüssen. Wohlbewußt war er sich dabei des schwierigen Spannungsfeldes von Freiheit und Ordnung, wobei er mit souveräner Sicherheit eigenständige Akzente setzte. Damit nicht genug: Im Wahlprüfungsausschuß führte er den - undankbaren - Vorsitz. Großes Aufsehen erregte seine Rede zur Frage der Aberkennung der Wahl des Freischarführers und früheren Mannheimer Rechtsanwalts Friedrich Hecker, dessen Putsch in Baden Ende April 1848 blutig niedergeschlagen worden war. Vehement plädierte er für den Ausschluß dieses Revolutionärs aus der Paulskirchenversammlung:

> „... An die Stelle der ewigen Ordnungen des Rechtes, die nach vorübergehender Verdunkelung alle Zeit nur um so heller leuchten, hat er das Banner der Gewalt zu pflan-

---

29 *Nipperdey*, Dt. Geschichte 1800 - 1866, 1983, S. 611 f.

30 Im einzelnen *Laufs*, Rechtsentwicklungen in Dtld., 5. Aufl. (1996), S. 253 ff.; *ders.*, JuS 1998, 388 ff.

zen versucht. Darum kann er nicht sitzen unter den Männern, denen unser Volk die Gründung der Einheit, die Festigung seiner Freiheit anvertraut hat, in den Wegen des Rates, der Mäßigung, der Weisheit, der Geduld. Erst nach langer ernster Sühne kann für ihn wieder ein Raum werden auf unserer vaterländischen Erde"[31].

Simson gehörte ebenso der Deputation an, die am Kölner Dombaufest anläßlich der 600-Jahr-Feier der Grundsteinlegung und dessen 1842 begonnenen Weiterbau teilnahm. Friedrich Wilhelm IV. brachte zwar bei dieser Gelegenheit einen Trinkspruch auf „die Werkmeister und Werkleute am Bau der deutschen Einheit" aus, erklärte aber wenig später Heinrich von Gagern freimütig:

> „Ich werde nie vergessen, welch großes Werk Sie zu gründen berufen sind; aber vergessen Sie nicht, daß es noch Fürsten in Deutschland gibt, und daß ich einer von ihnen bin"[32].

Und in der Tat: In aller Stille und mit großem Geschick bereiteten die reaktionären Kräfte ihre Rückkehr auf die politische Bühne vor, von der man sie nur zeitweise zu verdrängen vermocht hatte. Schleppend und ermüdend verliefen die Verhandlungen in der Nationalversammlung; wochenlang hatte man sich damit aufgehalten, über die Grundrechte zu debattieren. Aberhunderte Druckseiten füllen die stenografischen Aufzeichnungen der einzelnen Redebeiträge[33]. Trotz aller berechtigter Kritik blieb die Nationalversammlung keineswegs ein redseliges und tatenloses „Professorenparlament". Am 28.6.1848, nur einen Monat nach ihrer Eröffnung, hatte man das - von Simson nachhaltig unterstützte - Gesetz über die Einführung einer provisorischen Zentralgewalt beschlossen; beseitigt war mit diesem Gesetz der Frankfurter Bundestag, der danach seine Tätigkeit einstellte. Einen Tag später wählte die Nationalversammlung mit großer Mehrheit den volkstümlichen Erzherzog Johann von Österreich zum Reichsverweser, „nicht weil, sondern obgleich er ein Fürst" war. Das erste Reichsministerium bildete der Reichsverweser unter der Leitung des liberal-konservativen Staatsmannes Fürst Karl von Leiningen[34]; ihm folgten der Österreicher Schmerling und endlich Heinrich von Gagern nach. Im Winter 1848, am

---

31 Zit. nach *Meinhardt* (o. Fußn. 5), S. 36. - Zu Hecker vgl. *Hirsch*, in: Fenske/Schneider (Hrsg.), Der Rhein-Neckar-Raum und die Revolution von 1848/49, 1998, S. 158 ff.

32 Zit. nach *v. Simson* (o. Fußn. 8), S. 109.

33 S. *Laufs*, JuS 1998, 310 f.; *Kröger*, Grundrechtsentwicklung in Dtld. - von ihren Anfängen bis zur Gegenwart, 1998, S. 22 ff.

34 Vgl. *Nehlsen*, in: Festschr. f. Kroeschell zum 70. Geburtstag, 1997, S. 818 ff.

18.12., wählte die Versammlung Simson, der sich durch seine glänzende Rednergabe und moderate Kompromißbereitschaft bei der Arbeit an der Reichsverfassung in kurzer Zeit einen Namen gemacht hatte, in der Nachfolge von Gagerns zu ihrem Präsidenten; er selbst hielt sich damals in Berlin auf, um als Reichskommissar im preußischen Verfassungskonflikt zu vermitteln[35]. Heillos zerstritten waren die Abgeordneten des Frankfurter Parlaments über die Frage, was eigentlich unter Deutschland zu verstehen ist; unlösbar miteinander verquickt waren ebenso die Probleme von Herrschaftsordnung und Staatsform. Nachdem die großdeutschen Beschlüsse des Paulskirchenparlaments - Aufnahme Deutsch-Österreichs in das Reich, „Personalunion" zwischen den deutschen und nichtdeutschen Ländern der Habsburger Monarchie - von Wien aus eine scharfe Absage erhalten hatten, setzte sich die kleindeutsch-erbkaiserliche Partei durch. Auch Simson sprach sich für eine Lösung der deutschen Frage im Sinne eines preußischen Erbkaisertums aus. Unter seiner Präsidentschaft nahm am 27.3.1849 die Nationalversammlung die Reichsverfassung an; einen Tag später wählte sie den preußischen König zum „Kaiser der Deutschen". An der Spitze der Deputation, die am 3.4.1849 Friedrich Wilhelm IV. im Rittersaal des Weißen Schlosses zu Berlin die Kaiserkrone antrug, stand Simson. Dieser Tag hätte den Höhepunkt seiner parlamentarischen Tätigkeit, seines Eintretens für die Einheit Deutschlands bilden können. Es war nicht nur eine herbe Enttäuschung, sondern ein demütigendes Debakel für die von Simson geleitete Deputation, als Friedrich Wilhelm IV. die mühsam ausgearbeitete Reichsverfassung wie dem aus der Revolution hervorgegangenen Kaisertum von Volkes und nicht von Gottes Gnaden seine definitive Absage erteilte[36]. Gescheitert war damit der Versuch, Deutschland im Wege freiheitlicher Verfassungsgebung zu einigen; zerstört war der Traum von der Errichtung eines alle Deutschen umfassenden Nationalstaates auf der Grundlage von Volkssouveränität und Menschenrechten. Der Zerfall des Nationalparlaments war nur noch eine Frage der Zeit, zumal viele Abgeordnete durch rechtswidrige Akte der Landesregierungen ihrer Mandate enthoben worden waren[37]. Mit überwältigender Mehrheit war Simson am 10.5.1849 erneut zum Präsidenten der National-

---

35 *v. Petersdorff*, in: Allg. Dt. Biographie Bd. 54, 1908, S. 352.

36 *v. Simson* (o. Fußn. 8), S. 173 ff.; *Huber*, Dt. Verfassungsgeschichte seit 1789 II, 3. Aufl. (1988), S. 848 ff.; *Blasius*, Friedrich Wilhelm IV. 1795 - 1861, 1992, S. 173.

37 Zum Ende der Nationalversammlung s. *Laufs*, JuS 1998, 392; *Hein*, Die Revolution von 1848/49,1998, S. 125 ff.

versammlung gewählt worden; mit unverkennbar resignierenden Zügen lehnte er jedoch die Wiederwahl ab. Zu tief saß bei ihm die Enttäuschung über das Geschehen in den zurückliegenden Wochen:

> „Es ist eine Passionsgeschichte, an welcher vielleicht nur diejenigen einiges Interesse nehmen werden, welche alle jene Leidensstationen mit durchgemacht haben. Sie vor allem haben den Kelch auskosten müssen und dadurch einen gerechten Anspruch auf die Dankbarkeit und Hochachtung ihrer ehemaligen Genossen erworben“[38].

Das Ende der Paulskirche war damit gekommen: Österreich und Preußen erkannten dem Reichsparlament in aller Form die Legalität ab. Die Truppenverbände beider Mächte bedrohten die Reichsversammlung, deren radikale Mehrheit am 30.5.1849 beschloß, nach Stuttgart auszuweichen. Der stumme, von Uhland angeführte Zug der Abgeordneten durch die Stadt wurde am 18.6.1849 von württembergischen Dragonern auseinandergetrieben. Nur ein Jahr später trat in Frankfurt am Main wieder der Gesandtenkongreß des Deutschen Bundes, der Bundestag, unter dem Vorsitz Österreichs zusammen.

Simson zog sich zunächst nach Karlsbad zurück, um die enttäuschenden Ereignisse der vergangenen Wochen und Monate, die ihn auch gesundheitlich beeinträchtigt hatten, zu verarbeiten. Er unterbrach aber seine Kur, um an dem Nachparlament zu Gotha teilzunehmen. Am 26.6.1849 wurde er zum Präsidenten jener Versammlung gewählt, die sich aus früheren Abgeordneten des Frankfurter Parlaments, den sog. „Erbkaiserlichen“, zusammensetzte. Gegenstand der Verhandlungen dieser Zusammenkunft von Privatmännern war der Versuch Preußens, nach dem Scheitern des Frankfurter Wegs die deutsche Einheit mit einer den monarchischen und einzelstaatlichen Interessen entsprechenden Verfassung durch eine freiwillige „Union“ deutscher Staaten herzustellen. Der in Frankfurt ausgearbeitete Verfassungsentwurf wurde deshalb den Diskussionen der sog. „Gothaer“ zugrunde gelegt. Was allzu radikal oder unitarisch erschien, wurde modifiziert: u. a. sollte das unbedingte Gesetzgebungsrecht des Reichstags durch ein absolutes Veto der Reichsgewalt beschränkt, an die Stelle des allgemeinen, gleichen und direkten Wahlrechts ein indirektes Klassenwahlrecht gesetzt und die Reichsgewalt nicht einem Erbkaiser, sondern der Krone Preußens als Reichsvorstand in Gemeinschaft mit einem Fürsten-

---

38 So Rudolf Haym an Simson (zit. nach *v. Simson* [o. Fußn. 8], S. 207).

kollegium übertragen werden. Unter der Federführung Simsons überarbeiteten die Gothaer in diesem Sinne die Paulskirchenverfassung und formulierten schließlich eine Sympathieadresse für die preußische Unionspolitik in der Erkenntnis aus, daß „die Zwecke, welche durch die Reichsverfassung vom 28. März erreicht werden sollten, höher stehen als das starre Festhalten an der Form, unter der man das Ziel anstrebte“[39]. Neben Preußen, Hannover und Sachsen - die letztgenannten Staaten schieden im Oktober 1849 jedoch wieder aus - waren der Union 26 weitere deutsche Klein- und Mittelstaaten beigetreten. Am 31.1.1850 fanden die Wahlen zum Volkshaus, das zusammen mit dem Staatenhaus den Reichstag bilden sollte, nach dem Dreiklassenwahlrecht statt. Zu den Abgeordneten des Erfurter Unionsparlaments, das am 20.3.1850 zusammentrat, gehörte Simson. Er wurde auch wieder zum Präsidenten des Volkshauses gewählt, zum Schriftführer wurde der junge Bismarck-Schönhausen bestimmt. Bissig bemerkte Bismarck:

> „Mein seliger Vater würde sich dreimal im Grabe umdrehen wenn er hörte, daß ich der Schreiber eines jüdischen Gelehrten geworden bin“[40].

In einer bündigen Dankrede erklärte Simson zur Eröffnung der Versammlung: „Uns alle durchdringt die Einsicht in die tiefe Bedeutung der Aufgabe, die uns gestellt ist, der Aufgabe, die nach allem Mißlingen immer von neuem an uns herantritt, ohne deren glückliche Lösung wir kaum die Stelle bewahren werden, die wir innehaben und sicherlich diejenige nicht erreichen, die uns doch nach dem Rate der Vorsehung gegönnt scheint unter den Völkern der Erde .... Lassen Sie uns mit entschlossenen Händen den Grund eines Baues befestigen helfen, der bald die große Mehrzahl, einst in seiner Vollendung alle Stämme unseres deutschen Vaterlandes unter seinem schirmenden Dache versammeln wird“[41]. Konflikte mit Bismarck blieben in der Folgezeit nicht aus. Zu einem heftigen Aufeinanderprallen kam es gelegentlich einer parlamentarischen Kontroverse, in deren Verlauf Simson als Parlamentspräsident das Verhalten Bismarcks scharf tadelte. Als Bismarck daraufhin meinte, daß sein Tun nur von einem Edelmann beurteilt werden könne, antwortete Simson erregt:

---

39 Unter dem 28.6.1849, vgl. *Pfeiffer* (o. Fußn. 16), S. 43. - Zur Unionsverfassung im Erfurter Parlament vgl. *Kühne*, Die Reichsverf. der Paulskirche, 2. Aufl. (1998), S. 83 ff.

40 Zit. nach *Blum*, Fürst Bismarck und seine Zeit I, 1894, S. 214; vgl. ebenso *Pfeiffer* (o. Fußn. 16), S. 44.

41 S. *Brünnert*, Das Erfurter Unions-Parlament im Jahre 1850, 1913, S. 11.

„Das wagen Sie mir zu sagen, der ich auf die Geschichte meines Stammes von viertausend Jahren zurücksehe?“[42] Innerhalb des Erfurter Parlaments konnte man sich zwar auf einen Verfassungsentwurf einigen, die geplante Reichsversammlung fand aber nicht statt. An der Intervention des russischen Zaren und dem Widerspruch Österreichs scheiterte die Erfurter Union mit dem Ziel eines kleindeutschen Bundesstaats unter preußischer Führung. Die am 28.11.1850 vereinbarte „Punktation von Olmütz“ bewahrte jedoch den Frieden und das hergebrachte Ordnungsgefüge in Deutschland; am 4.12.1850 wurde die Versammlung durch den preußischen König vertagt[43]. Zuvor hatte Friedrich Wilhelm IV. Ende April 1850 Simson in Anerkennung seiner Verdienste mit dem Roten Adler-Orden III. Klasse ausgezeichnet.

Das Scheitern jenes von Preußen unternommenen Einigungsversuchs bedeutete aber nicht das Ende der parlamentarischen Karriere Simsons. Am 7.8.1849 war Simson als Abgeordneter Königsbergs in die preußische Zweite Kammer, das spätere (nach dem 31.1.1850) Preußische Abgeordnetenhaus, eingetreten. Zwar besaß er das Mindestalter von 45 Jahren für das Präsidentenamt noch nicht, aber die Zweite Kammer wählte ihn sofort zum Vizepräsidenten. Schon nach wenigen Monaten zählte Simson zu den „ausgezeichnetsten Rednern dieser Kammer“[44]. Zusammen mit Auerswald, Beckerath und anderen stand er an der Spitze der national-liberalen Fraktion. Vehement hatte er sich im Abgeordnetenhaus dafür eingesetzt, dem Ministerium von Manteuffel die übliche „Adresse“, d.h. die Antwort auf die Regierungserklärung nicht zu verweigern. Die Abgeordneten scheuten jedoch davor zurück, die preußische Politik, welche zum Vertrag von Olmütz geführt hatte, einer Kritik zu unterziehen. Ergebnislos verlief auch seine Interpellation wegen des noch fehlenden Gesetzes über die Ministerverantwortlichkeit, welche Art. 61 der preußischen Verfassung vom 31.1.1850 forderte. Vergeblich verlangte er ebenso Auskunft über die im März 1850 bewilligten Kredite in Höhe von 18 Millionen Taler zur Vorbereitung einer etwaigen militärischen Auseinandersetzung mit Österreich. Warnend, aber gleichfalls vergebens rief Simson am 30.1.1852 den Abgeordneten zu, daß sie bei einer Zustimmung zur Neubelebung des Bundestags nur eine Scheinwelt und ein Schein-

---

42 Zit. nach *Pfeiffer* (o. Fußn. 16), S. 44.

43 S. *Laufs* (o.Fußn.30), S. 282; ausf. zur Arbeit des Erfurter Parlaments *Huber* (o. Fußn. 36), S. 894 ff.

44 Zit. nach *Meinhardt* (o. Fußn. 5), S. 96.

recht errichten würden. Klar sah er voraus, daß auf diesem Weg nur die Lösung des Problems verschoben und die Waffen das letzte Wort sprechen werden. Angesichts seiner damaligen Mißerfolge - 1851 war er nicht wieder zum Vizepräsidenten gewählt worden - resignierte Simson und zog sich für eine Weile aus der Politik zurück.

V. Auf dem Weg zum Zweiten Deutschen Reich

Aber für Simson blieb kaum Zeit zur beschaulichen Kontemplation: die Albertus-Universität wählte ihn im Jahre 1855/56 zu ihrem Prorektor. Im Rahmen der 600-Jahrfeier Königsbergs vertrat er in dieser Eigenschaft seine Alma mater so ausgezeichnet, daß er - ungewöhnlich genug - für das nächste Jahr in seinem Amt bestätigt wurde. Energisch betrieb er nunmehr den Neubau der Universität, der seit der Grundsteinlegung im Jahre 1844 ruhte. Aber der Reiz, auf der politischen Bühne zu agieren, ließ ihn nicht zur Ruhe kommen. 1858 bewarb er sich um ein Mandat in Königsberg und wurde erneut in das preußische Abgeordnetenhaus gewählt. Mittlerweile war Prinz Wilhelm als Regent für seinen geistig umnachteten Bruder Friedrich Wilhelm IV. eingesetzt worden[45]. Simson war es, welcher die von beiden Häusern - Herren- und Abgeordnetenhaus - einstimmig gebilligte Antwort auf die Thronrede des Prinzregenten verfaßte. Persönlich bedankte sich Prinz Wilhelm bei Simson für deren Inhalt und die daraus erkennbare „echt preußische Gesinnung“[46]. Als Präsident des Abgeordnetenhauses überbrachte Simson ihm anläßlich der Krönungsfeierlichkeiten gleichfalls die Glückwünsche des Parlaments. Aus gesundheitlichen Gründen konnte sich Simson nur wenig an dem über die Heeresreform aufgebrochenen preußischen Verfassungskonflikt beteiligen. Prinzipiell war auch Simson nicht gegen die unbestreitbar notwendige Heeresreform, verlangte aber, daß der legale Weg der Bewilligung der Mittel durch das Parlament beschritten wird. Schon wenige Wochen nach den Krönungsfeierlichkeiten mußte er im November 1861 das Präsidentenamt niederlegen und sich im März 1862 einer Operation unterziehen; mehrere Monate verbrachte er danach zur Regeneration in der Schweiz. Zu einer

---

45 *Blasius* (o. Fußn. 36), S. 238 f.

46 Zit. nach *Meinhardt* (o. Fußn. 5), S.100.

erneuten, scharfen Auseinandersetzung mit Bismarck kam es bei der Debatte um die sogenannte Polenfrage, d.h. die Möglichkeit einer preußischen Intervention in Polen anläßlich des 1863 ausgebrochenen Aufstandes. Tief verletzt war Bismarck, als Simson seine Polenpolitik abfällig mit „Donquichoterie und Seiltänzerei" verglich. Noch Dezennien später hatte Bismarck diese Intervention Simsons nicht vergessen: „Simson hat ... in alten Zeiten uns viele Schwierigkeiten gemacht; sie nannten uns Minister Seiltänzergesellschaft"[47].

Mißlich war für Simson insbesondere die weite Entfernung zu Königsberg, an dessen Universität er noch immer lehrte und zudem die Bürde des richterlichen Amtes am Appellationsgericht trug. 1860 gab er sein Lehramt endgültig auf, nachdem man ihn zum Vizepräsidenten des Appellationsgerichts in Frankfurt/Oder ernannt hatte. Neun lange Jahre arbeitete Simson an diesem Gerichtshof, an dem ebenso Carl Friedrich von Savigny tätig gewesen war. Die ihm 1868 angebotene Stelle des Präsidenten des Appellationsgerichts in Hamm lehnte er ab, nahm aber die ein Jahr später erfolgte Berufung auf den Präsidentenstuhl des Oberlandesgerichts zu Frankfurt/Oder an[48]. 1861 und 1862 erfolgte seine Wiederwahl in das preußische Abgeordnetenhaus als Deputierter für Wetzlar bzw. Monschau-Malmedy-Schlich.

1866 kam es zu dem siegreichen Feldzug Preußens gegen Österreich. Schon 1863 war mit dem Frankfurter Fürstentag der letzte Versuch Wiens gescheitert, durch eine Reform des Deutschen Bundes im „Reich" zu bleiben. Mit der Schlacht von Königgrätz war der Kampf um die deutsche Vorherrschaft zwischen den beiden Großmächten endgültig zu Gunsten Preußens entschieden; Österreich zog sich aus Deutschland zurück. Der 1866 begründete Norddeutsche Bund unter der Führung Preußens bildete eine Zwischenetappe auf dem Wege der Einigung Deutschlands[49]. Am 2.3.1867 wurde Simson zum Präsidenten des konstituierenden Norddeutschen Reichstags gewählt, welcher am 16.4. die auf der Grundlage der Erfurter Versammlung erarbeitete Verfassung annahm. Nach dem Zusammentreten des ersten ordentlichen Norddeutschen Reichstags übernahm Simson gleichfalls hier das Präsidium, das ihm nunmehr niemand mehr streitig machte. Wie so oft in der Geschichte wurde

---

47 Zit. nach *Pfeiffer* (o. Fußn. 16), S. 47.

48 Ausf. *Pfeiffer* (o. Fußn. 16), S. 53 f., 67 f.

49 *W. J. Mommsen*, Das Ringen um den nationalen Staat, 1993, S. 199 ff.

zum Motor der deutschen Einheitsbewegung die ökonomische Entwicklung, welche die politische Entscheidung präjudizierte. Hinzuweisen ist aber auch darauf, daß die innenpolitische Beruhigung der fünfziger Jahre den nun einsetzenden wirtschaftlichen Aufschwung begünstigte. Preußen hatte in den Friedensverträgen von 1866 den süddeutschen Staaten die Weiterexistenz des 1834 begründeten Zollvereins zugestanden[50]. 1867 mutierte der Zollstaatenbund zu einem Zoll-Bundesstaat. Neben den Vertretern der süddeutschen Staaten saßen im Zollparlament alle Abgeordneten des Norddeutschen Reichstags. Mit großer Mehrheit wurde Simson am 29.4.1868 zu dessen Präsidenten gewählt. Freilich waren die Kompetenzen dieses nach den Regeln der Paulskirche gewählten Gremiums eng begrenzt. Es konnte allein über die Zollpolitik und die Handelsverträge mit Drittstaaten entscheiden. Offensichtlich ist es jedoch, daß insbesondere dieser „Zweite Deutsche Zollverein" die politische Einigung Deutschlands unter preußischer Führung wesentlich beschleunigt und erleichtert hat; eines der wichtigsten Elemente der Deutschlandpolitik Bismarcks war seine Arbeit mit dem Zollverein, dessen Grundlagen - soweit sie nicht der neuen Verfassung widersprachen - auch nach der Errichtung des Zweiten Deutschen Reichs 1870/71 bestehen blieben. Simson, der anfänglich mit Mißtrauen die Politik Bismarcks beobachtet hatte, vollzog nach dem Krieg von 1866 - wie die Mehrzahl seiner politischen Freunde - den Schwenk vom überwiegend freiheitsfordernden, oppositionellen Liberalismus zum Nationalliberalismus mit, der nunmehr die Politik des späteren „eisernen" Kanzlers unterstützte. Gegenseitiger Respekt bestimmte jetzt das zuvor auf heftiger Gegnerschaft beruhende Verhältnis zwischen Bismarck und Simson. Wieder war es Simson, der zum zweitenmal - und diesmal als Präsident des Norddeutschen Reichstags - am 18.12.1870 im Großen Saal des Präfekturgebäudes des Schlosses zu Versailles dem 74-jährigen König Wilhelm die Bitte des Parlaments vortrug, „daß Ew. Majestät gefallen möge, durch die Annahme der Deutschen Kaiserkrone das Einigungwerk zu weihen"[51]. Im Tagebuch des Kronprinzen Friedrich findet sich die Notiz: „Simsons Meisterrede entlockte mir helle Tränen, es ist eigentlich kein Auge trocken geblieben"[52]. Ging es auch in der Realität um eine von den deutschen Fürsten von oben angebotene Krone, so hat doch ebenso eine nach

50 *Wadle*, ZRG-GA 102 (1985), 99 ff.; *ders.*, JuS 1984, 587 ff. (590 f.).

51 *v. Simson* (o. Fußn. 8), S. 376.

52 Kaiser Friedrichs Tagebuch. Mit Einleitung und Aktenstücken hrsg. von *Engel*, 1919, S. 128.

dem allgemeinen Wahlrecht gewählte Volksvertretung „von unten" mit Überzeugung an diesem entscheidenden Ereignis mitgewirkt[53]. Nicht zu übersehen ist aber, daß der Reichstag im Prozeß der Wiederaufrichtung von „Kaiser und Reich" eine deutlich nachrangige Rolle spielte. Bei der mit glänzendem militärischen Prunk im Spiegelsaal von Versailles am 18.1.1871 vollzogenen Kaiserproklamation sucht man vergebens nach Repräsentanten des Reichstags und der einzelstaatlichen Parlamente; bereits am 20.12.1870 war die von Simson geführte Kaiserdeputation wieder abgereist. Im Aufbruch der nationalen Gefühle blieb zunächst verdeckt, daß der im Glanz des deutschen Waffenruhms vollzogenen äußeren Reichsgründung die innere noch zu folgen hatte[54]. In Anwesenheit einer großen Zahl von Würdenträgern wurde am 21.3.1871 der deutsche Reichstag im Weißen Saal des Berliner Schlosses mit einer Thronrede Wilhelms I. feierlich eröffnet. Am 23.3. wurde Simson zum Reichstagspräsidenten, Fürst Hohenlohe-Schillingsfürst zum Ersten und Weber, der frühere Präsident der Zweiten Württembergischen Kammer, zum Zweiten Vizepräsidenten gewählt. Auf Initiative des Bundesrats nahm der Reichstag wenig später das „Gesetz betreffend die Verfassung des Deutschen Reiches" an, welches am 4.5.1871 in Kraft trat. Auch während der neuen Legislaturperiode, die von dem anhebenden Kulturkampf geprägt war, präsidierte Simson dem deutschen Reichstag. Unter seiner Leitung wurden die Pressefreiheit und das Vereinsrecht befestigt, übertragen wurde dem Reich durch ein verfassungsänderndes Reichsgesetz vom 20.12.1873 „die gemeinsame Gesetzgebung über das gesamte bürgerliche Recht, das Strafrecht und das gerichtliche Verfahren"[55]. Im Verlauf des Kulturkampfs, in den sich Simson nicht einmischte, führte das Personenstandsgesetz von 1875 die obligatorische Zivilehe im Reich ein; zwei Jahre zuvor hatte das deutsche Geldwesen durch das Münzgesetz vom 3.7.1873 eine vorbildliche Regelung erhalten. 1877 scheidet Simson aus dem Reichstag aus; seine Mission als eine der Symbolfiguren des deutschen Einheitsgedankens schien erfüllt zu sein. Anläßlich der Verleihung des Ehrenbürgerrechts der Stadt Frankfurt am Main am 18.12.1873 hatte ihm Heinrich von Treitschke ge-

---

53 Vgl. insb. *H. Schulze*, Kleine dt. Geschichte, 1996, S. 121.

54 *Mommsen* (o. Fußn. 49), S. 257, 353 ff.

55 Vgl. *Laufs* (o. Fußn. 30), S. 295 ff.; *ders.*, JuS 1980, 875 ff.; *Benöhr*, JuS 1977, 79 f.

schrieben: „Er, Simson, dürfe sich im Hinblick auf die großen Ereignisse der deutschen Geschichte sagen: quorum pars magna fui“[56].

VI. Präsident des Reichsgerichts

Zu den beherrschenden Themen im Kampf um die nationale Rechtseinheit während des 19. Jahrhunderts zählten eine uniforme Gerichtsbarkeit und die Installierung eines allgemeinen deutschen Oberreichsgerichts[57]. 1806 waren das Heilige Römische Reich Deutscher Nation und damit auch das Reichskammergericht und der Reichshofrat als dessen höchste Gerichtsinstanzen ersatzlos versunken. Ebenso wie Thibauts Forderung nach einer einheitlichen Kodifikation unerfüllt blieb, verhallte gleichfalls ungehört der noch gelegentlich der Befreiungskriege erhobene Ruf Ernst Moritz Arndts nach einem obersten deutschen Gericht. Auch bei der Errichtung des Deutschen Bundes im Rahmen des Wiener Kongresses verzichtete man wohlbewußt auf eine autonome Gerichtsbarkeit in der Zivil- und Strafrechtspflege. Nach Art. 12 der Deutschen Bundesakte vom 8.6.1815 mußte immerhin die ordentliche Gerichtsbarkeit in den Ländern drei Instanzen umfassen, so daß die Einzelstaaten eigene oder gemeinschaftliche oberste Gerichte einzurichten hatten. In der Wiener Schlußakte war zwar die Wiedererrichtung eines obersten Gerichtes anstelle des ehemaligen Reichskammergerichts zu Wetzlar vereinbart, aber letztlich nicht durchgeführt worden[58]. Als „goldener Artikel“ gerühmt, wollte § 64 der Paulskirchenverfassung vom 28.3.1849 die im Vormärz unerfüllt gebliebenen Forderungen Thibauts und Arndts realisieren: „Der Reichsgewalt liegt es ob, durch die Erlassung allgemeiner Gesetzbücher über bürgerliches Recht, Handels- und Wechselrecht, Strafrecht und gerichtliches Verfahren die Rechtseinheit im deutschen Volke zu begründen“. Allerdings übertrug die Verfassung dem in § 125 vorgesehenen Reichsgericht nicht die Zuständigkeit für den Bereich des materiellen und des Prozeßrechts[59]. Das Reich der

---

56 *v. Petersdorff* (o. Fußn. 35), S. 362.

57 *Laufs*, JuS 1969, 256 ff.

58 *Getz*, Die dt. Rechtseinheit im 19. Jhdt. als rechtspolitisches Problem, 1966, S. 19 ff., 34; *Neusser*, in: Erler/Kaufmann (Hrsg.), HRG II, 1966, Sp. 694.

59 *Getz* (o. Fußn. 58), S. 115 ff., 120 ff.; *Schubert*, Die dt. Gerichtsverf. (1869-1877), 1981, S. 154 f.

Paulskirche blieb jedoch ein Wunschtraum. Ein erneuter Anlauf wurde im Rahmen der preußischen Unionspläne unternommen. Schon unter dem 30.5.1849 hatten in einer Zirkularnote Preußen und Hannover gelegentlich der Errichtung des Dreikönigsbündnisses mitgeteilt, daß zu den Aufgaben der Bündnispartner die Begründung eines Reichsgerichts gehört. In Verfolg jener Absicht wurde dem zum Volks- und Staatenhause berufenen und versammelten Reichstag vom Verwaltungsrat der in der Erfurter Union verbündeten Regierungen ein auf die Einrichtung und die Tätigkeit des Reichsgerichts bezüglicher Gesetzesentwurf zur Prüfung vorgelegt; am 25.4.1850 erhielt er die Genehmigung beider Häuser[60]. Die Olmützer Punktation bedeutete aber auch das Ende dieses Vorhabens. Bemerkenswert ist jedoch, in welchem Maße gerade die Einbringung des Reichsgerichtsentwurfs von der Presse beobachtet und von einem interessierten Publikum diskutiert wurde[61]. Weniger verwunderlich ist, daß sich der 1860 begründete Deutsche Juristentag schon auf seiner ersten Sitzung in Berlin mit der Notwendigkeit eines obersten Instanzgerichts befaßte; auch innerhalb des Bundestags forderte man ein Bundesgericht, „weil durch ein solches ... alsdann die Rechtseinheit in gewisser Beziehung erhalten ... und damit neue Rechtsverwirrung verhütet wird“[62]. Bereits auf dem 4. Deutschen Juristentag zu Braunschweig 1864 war man allgemein der Ansicht, daß „die Errichtung eines gemeinsamen obersten Gerichtshofs für ganz Deutschland dringendes Befürfnis ist“[63]. Aber erst mit dem Gesetz des Norddeutschen Bundes vom 12.6.1869 wurde endlich ein oberster Gerichtshof für Handelssachen, das Bundesoberhandelsgericht, eingerichtet; als Sitz wurde ihm Leipzig, ein Handels- und Messeplatz ersten Ranges, zugewiesen. Zum - einzigen - Präsidenten wurde Dr. Heinrich Pape berufen, dessen „genialen und kraftvollen“ Stil in der Führung des Gerichts sein Kollege Levin Goldschmidt hervorhebt[64]. Die Mitglieder des ersten Gerichts mit zwar sachlich begrenzter, aber doch gesamtdeutscher Zuständigkeit waren sich der politischen Bedeutung jenes Schrittes voll bewußt. Obgleich sich dieser Gerichtshof noch mit der Mannigfaltigkeit des deutschen Prozeßrechts konfrontiert sah, hat er doch die

---

60 S. *Brünnert* (o. Fußn. 41), S. 10; *Getz* (o. Fußn. 58), S. 128 f.

61 S. *Meinhardt* (o. Fußn. 5), S. 90.

62 *Schubert* (o. Fußn. 59), S. 156.

63 Zit. nach *Laufs*, JuS 1969, 257; vgl. *Getz* (o. Fußn. 58), S. 140 ff.

64 Vgl. *Weyhe* (o. Fußn. 13), S. 98; im einzelnen *Laufs*, JuS 1969, 258 ff.; *Schubert* (o. Fußn. 59), S. 140 ff.

Vereinheitlichung des Zivilrechts wesentlich vorangetrieben[65]. Im Zuge der deutschen Reichseinigung mutierte das Gericht zu dem nunmehr auch für die süddeutschen Staaten zuständigen Reichs-Oberhandelsgericht, dessen Kompetenzen mit der Vereinheitlichung des Rechts schrittweise anwuchsen. Nach dem Inkrafttreten des GVG am 1.10.1879 löste das Reichsgericht jenes erste gemeindeutsche Zentralgericht ab[66]. Äußerst umstritten war der Sitz des Gerichts, über den das GVG keine Bestimmungen getroffen hatte; während Preußen im Bundesrat für Berlin votierte, sprachen sich die kleineren Staaten und Bayern für Leipzig aus. Mit knapper Mehrheit entschied sich der Bundesrat in seiner Sitzung vom 28.2.1877 für Leipzig. Die namentliche Abstimmung im Reichstag ergab 142 Stimmen für Berlin und 213 für Leipzig; am 11.4.1877 wurde das Gesetz verkündet[67]. Die personellen Voraussetzungen für die Aufnahme der Tätigkeit des Reichsgerichts waren bereits im Frühjahr 1879 geschaffen worden; u.a. wurden vom ehemaligen ROHG die beiden Vizepräsidenten und 29 Räte übernommen, aus dem Preußischen Obertribunal zu Berlin kamen ein Senatspräsident und 24 Räte, die weiteren 19 von den insgesamt 68 Mitgliedern des Reichsgerichts entsandten die Bundesstaaten. Durch kaiserlichen Erlaß wurde der bereits 69-jährige Simson am 23.4.1879, am Tage seines goldenen Doktorjubiläums, zu dessen Präsidenten ernannt[68]. Am 9.10.1879 erfolgte dann noch seine Bestellung zum Präsidenten des Kaiserlichen Disziplinargerichtshofes. Der Reichsgerichtspräsident stand einem Senat eigener Wahl vor - Simson übernahm den Vorsitz im 4. Zivilsenat - und leitete gleichzeitig die Verwaltung des Gerichts. Die Richter des Reichsgerichts genossen nach den Bestimmungen des GVG eine unbeschränkte Unabhängigkeit. Allein aufgrund eines Plenarbeschlusses des Reichsgerichts konnte ein Reichsgerichtsrat aus dem Amt entfernt werden; aber dies nur dann, wenn eine Bestrafung wegen einer entehrenden Handlung oder eine Verurteilung zu einer mehr als einjährigen Freiheitsstrafe vorlag[69]. Gleichfalls durch

65 Vgl. *Wadle*, JuS 1979, 841 ff.; *Buschmann*, NJW 1979, 1969.

66 Ausf. hierzu *Schubert* (o. Fußn. 59), S. 153 ff. Zu den Reichsjustizgesetzen von 1877 vgl. insb. *Sellert*, JuS 1977, 781 ff. (783); zum GVG insb. *Kissel*, NJW 1979, 1953 ff.

67 Ausf. Darstellung der Debatten um den Sitz des RG bei *Reckling*, in: Stadtgeschichtliches Museum Leipzig (o. Fußn. 2), S. 24 ff.; *Schubert* (o. Fußn. 59), S. 173 ff.

68 Zu den Vorgängen um die Ernennung Simsons vgl. *Meinhardt* (o. Fußn. 5), S. 143 f.; *Pfeiffer* (o. Fußn. 16), S. 49 f., 68 f.

69 Vgl. *Buschmann*, NJW 1979, 1970 f.

kaiserlichen Erlaß wurde eine Amtstracht eingeführt: Für sämtliche Richter und Reichsanwälte war eine karmesinrote Robe und ein ebensolches Barett vorgesehen; kostbares Pelzwerk schmückte den Talar des Reichsgerichtspräsidenten.

Mit einem Festakt im Neuen Theater zu Leipzig wurde das Reichsgericht in Anwesenheit König Alberts von Sachsen eröffnet. In der Wahrung und Erhaltung der Rechtseinheit des Reiches lag die Hauptaufgabe des Reichsgerichts. Konkret war es in Zivilsachen für Revisionen gegen die Endurteile der Oberlandesgerichte sowie für Beschwerden gegen oberlandesgerichtliche Entscheidungen zuständig, in Strafsachen in erster und letzter Instanz für Hoch- und Landesverrat, in zweiter und letzter Instanz für Revisionen gegen Urteile der Strafkammern, soweit nicht die Zuständigkeit der Oberlandesgerichte begründet war, und gegen Urteile der Schwurgerichte. Gewahrt werden sollte die Einheitlichkeit der Rechtsprechung durch die Einrichtung des Plenums und der Vereinigten Zivil- bzw. der Vereinigten Strafsenate[70].

In den Jahren 1887-1895 wurde das neue Reichsgerichsgebäude errichtet. Höchstpersönlich legten Kaiser Wilhelm II. und König Albert von Sachsen den Grundstein. Verstimmt reagierten die in Rangfragen äußerst sensiblen Mitglieder des Reichsgerichts darauf, daß sie bei diesem Akt unbeachtet blieben; die anwesenden sächsischen Beamten hingegen waren dem Kaiser von ihrem König vorgestellt worden. Am 26.10.1895 wurde die kuppelgekrönte „Rechtsburg des Deutschen Reiches" eingeweiht[71]. Krankheitsbedingt fehlte bei jenen Feierlichkeiten aber Eduard von Simson, der 1891 nach einem leichten Schlaganfall um die Versetzung in den Ruhestand gebeten hatte. Schon drei Jahre zuvor war ihm von Kaiser Wilhelm II. der höchste Orden Preußens, der Schwarze Adler Orden, welcher mit der Erhebung in den erblichen Adelsstand verbunden war, verliehen worden[72]. Anerkennung zollte man Simson damit nicht nur als dem Repräsentanten des deutschen Nationalstaatsgedankens, sondern ebenso für sein richterliches Wirken. Aufgrund seiner Persön-

70 Im einzelnen *Buschmann*, NJW 1979, 1970 f.

71 *Wadle*, JuS 1979, 842; *Topfstedt*, in: Stadtgeschichtliches Museum Leipzig (o. Fußn. 2), S. 54 ff. (59); *Laudel*, in: Leipzig - Stadt der Rspr. (Schriftenreihe des Sächsischen Staatsministeriums der Justiz Bd. 3), 1994, S. 85 ff.

72 In Anerkennung seiner politischen und juristischen Verdienste wurde Simson anläßlich seines 50jährigen Amtsjubiläums zum Ehrenbürger von Leipzig, Königsberg und Frankfurt/O. ernannt. Die Straße vor dem RG erhielt seinen Namen.

lichkeit hatte er es vermocht, den schon landsmannschaftlich äußerst heterogenen Gerichtshof des Reichs zu einer Einheit zu verschmelzen. Trotz der von Anfang an beträchtlichen Geschäftslast des Gerichts ist es doch unter dem Präsidium Simsons seiner vornehmsten Aufgabe gerecht geworden, die Uniformität der Rechtsprechung und damit die Einheit des Rechts in Deutschland sicherzustellen[73].

Die letzten Lebensjahre verbrachte Simson im Kreis seiner Familie zu Berlin. Nach längerer Krankheit verstarb er am 2.5.1899. In der Urkunde des am 30.3.1883 erworbenen Erbbegräbnisses auf dem Friedhof der Jerusalems- und Neuen Kirchengemeinde zu Berlin findet sich der Eintrag: „Am 6. Mai 1899 ist S. Excellenz der Wirkl. Geheime Rath und Reichsgerichtspräsident a.D. Herr Martin Eduard v. Simson beigesetzt worden".

VII. Schlußbetrachtungen

Exemplarisch dokumentiert Simsons ungewöhnliche Lebensbahn den langen Weg hin zu einer Gesellschaft, in der nicht mehr Stand und Herkommen, sondern allein persönliche Leistung zählte. Simson selbst, der noch dem universalen Geist des klassischen Zeitalters in der Gestalt Goethes begegnet war, gehört unbestritten zu den Repräsentanten des gebildeten Bürgertums jener Epoche[74]. Trotz seiner herausgehobenen Position in den Verfassungskämpfen des 19. Jahrhunderts war er kein eigentlicher Revolutionär, sondern plädierte für eine allmähliche Demokratisierung der Lebens- und damit Rechtsverhältnisse in Staat und Gesellschaft. Abgeneigt gegenüber einem maßlosen politischen Radikalismus trat er ein für die offene Austragung der politischen und sozialen Konflikte. Mögen auch die bürokratischen Führungseliten des Bismarckreiches in dieser Beziehung versagt haben, indem sie zu deren Bewältigung antiquierte obrigkeitsstaatliche Mittel einsetzten, so gewährte doch die grundsätzlich freiheitliche Rechtsordnung Garantie gegen ein willkürliches

---

73 „Wer den Verhältnissen näher gestanden hatte, wußte, mit welcher Selbstverleugnung im Reichsgericht gearbeitet wurde und welche Anstrengungen gemacht wurden, um das übermässige Anschwellen von Rückständen zu vermeiden" (*Henrici*, Lebenserinnerungen eines Schleswig-Holsteiners, 1897, S. 179).

74 Vgl. *Sinzheimer*, Jüdische Klassiker der dt. Rechtswissenschaft, 1953, S. 233 f.

Eingreifen des Staates in gesellschaftliche Belange. Das mußte auch Bismarck erfahren, als er 1888 Anklage wegen Landesverrats gegen Friedrich Heinrich Geffken erheben ließ. Der Berliner Professor fungierte als Herausgeber des in der Oktobernummer der „Deutschen Rundschau" (1888) publizierten Kriegstagebuchs Kaiser Friedrichs III., in dem über unbequeme Tatsachen zu dem Verhältnis Bismarcks zur Verfassung berichtet wurde. Das Reichsgericht scheute sich nicht, gegen den Reichskanzler zu entscheiden und Geffken freizusprechen. An der Unabhängigkeit der Rechtsprechung, ein Postulat der Paulskirchenverfassung, war nicht mehr zu rütteln[75]. Keine fünfzig Jahre später aber waren das Reichsgericht und seine Richter zu einem willfährigen Instrument des totalitären Hitler-Regimes herabgesunken; für Deutschland war mit dem Jahr 1933 die Epoche beendet, in der seine Rechtsordnung den europäischen Maßstäben eines Rechts- und Kulturstaats entsprach. Besonders kraß gelangt dies in der Judikatur zu den Nürnberger Rassegesetzen zum Ausdruck. Es war der 3. Strafsenat unter der Leitung des letzten Reichsgerichtspräsidenten Erwin Bumke, welcher im Rahmen der sogenannten „Blutschutzrechtsprechung", d.h. der Judikatur aufgrund des berüchtigten Gesetzes „Zum Schutz des deutschen Blutes und der deutschen Ehre" vom 15.9.1935, jene Normen weit über ihren Wortlaut hinaus zum Nachteil der Angeklagten auslegte. Die in den Bänden der amtlichen Sammlung des Reichsgerichts publizierten Entscheidungen aus dieser Epoche dokumentieren eindringlich, wie extensiv die auf das Blutschutzgesetz gestützten Verfolgungsmöglichkeiten erweitert wurden, um den Wünschen der NS-Machthaber zu entsprechen. Auch diese Judikatur des Reichsgerichts bereitete den Weg in die „schlimmste Katastrophe der deutschen Geschichte" (Ladé), der Judenvernichtung, vor. Definitiv zerstört war damit der Prozeß des Hineinwachsens der Juden in die deutsche Gesellschaft und Kultur, der im 19. Jahrhundert - trotz ganz selbstverständlicher Spannungen - so erwartungsfroh begonnen hatte. Eduard von Simson, der die antijüdischen Begleiterscheinungen der Frühjahrsunruhen von 1848 miterlebt hatte, steht beispielhaft für die von der großen Mehrheit der bürgerlichen Welt befürwortete Assimilation. Seine Mutter entstammte der aus Schlesien nach Ostpreußen zugewanderten Familie Friedländer, zu der u.a. der Gründer des bis 1934 in Königsberg existierenden Bankhauses Friedländer & Sohn gehörte; als erstem ost-

75 S. *Laufs*, Recht und Gericht im Werk der Paulskirche, 1978, S. 22 ff.; *Hattenhauer*, Die geistesgeschichtlichen Grundlagen des dt. Rechts, 3. Aufl. (1983), Rdnrn. 287 ff.

preußischen freiwilligen Jäger wurde ihm in den Befreiungskriegen 1813/14 das Eiserne Kreuz verliehen. An der Durchsetzung der Judenemanzipation im Jahre 1812 hatte Eduard von Simsons Großonkel, der Berliner Stadtrat David Friedländer (1750 - 1834), maßgeblichen Anteil[76]. Freilich darf dabei nicht vergessen werden, daß Eduard von Simson zu der verschwindend kleinen Zahl an Gelehrten in Preußen zählte, die mit der Taufe das „Entrébillet" (Heine) zu Staatsämtern und Professuren erworben hatten[77]. Seine jüdische Herkunft verleugnete Simson jedoch nie. Vehement setzte er sich für die Gleichberechtigung der Juden ein, wie sie dann in § 146 der nie in Kraft getretenen Paulskirchenversammlung ihren Niederschlag fand: „Durch das religiöse Bekenntniß wird der Genuß der bürgerlichen und staatsbürgerlichen Rechte weder bedingt noch beschränkt". Zum erstenmal gewährte das Gesetz des Norddeutschen Bundes vom 3.7.1869 „betreffend die Gleichberechtigung der Konfessionen in bürgerlicher und staatsbürgerlicher Beziehung" die Gleichstellung von Juden und Christen; mit dem Anschluß der süddeutschen Staaten 1871 wurde dieses Gesetz zum festen Bestandteil der Rechtsordnung des Bismarckreichs[78]. Wie kein anderer verkörperte Simson die Anfangserfolge der deutsch-jüdischen Symbiose im vergangenen Jahrhundert[79]. Selbst Heinrich von Treitschke, des Philosemitismus gewiß unverdächtig, schrieb an Simson unter dem 30.4.1879:

> „Sie blicken zurück auf ein reiches, gesegnetes Wirken; in den Stürmen einer undankbaren Zeit, die jeden politischen Namen vergißt oder besudelt, ist der Ihre immer fest verbunden geblieben mit den Geschicken des Vaterlandes und hat immer seinen alten lauteren Klang behalten."[80]

Und Karl Frenzel, welcher im Jahr 1900 in Weimar die Gedächtnisrede auf Simson als dem ersten Präsidenten der Goethe-Gesellschaft hielt, pries ihn als „Chorführer der Deutschen" und als

---

76 Vgl. insb. *Braun* (o. Fußn. 13), S. 46 ff., 73 ff.; *Rürup*, in: Heinrichs u.a. (o. Fußn. 20), S. 11 ff.

77 1848 betrug der Anteil der getauften Juden in Preußen 1,5 %; zur rechtlichen Diskriminierung jüdischer Juristen s. insb. *Ebert*, Die Normierung der juristischen Staatsexamina und des juristischen Vorbereitungsdienstes in Preußen (1849-1934), 1995, S. 346 ff.

78 Vgl. *Toury*, Soziale und politische Geschichte der Juden in Dtld. 1847-1871, 1977, S. 343 ff.; *Landau*, in: Heinrichs u.a. (o. Fußn. 20), S. 133.

79 S. *Nipperdey*, Dt. Geschichte 1866-1918 I, 1990, S. 400 ff.; *Hirsch*, Geschichte in Wissenschaft u. Unterricht 16 (1965), 261.

80 Zit. nach *Hirsch*, Geschichte in Wissenschaft u. Unterricht 16 (1965), 262.

„... ein verbindendes typisches Glied in der Kette unserer Entwicklung zwischen Goethe und Bismarck ... Eduard Simson ist ein glänzendes Beispiel gewesen, wie innig die Ideale unseres klassischen Zeitalters sich mit den Ansprüchen unseres Patriotismus verschwistern..."[81].

Die grausame Vernichtung der so verheißungsvoll begonnenen deutsch-jüdischen Symbiose in den Jahren der Hitlerei zählt zu den abgründigsten Kapiteln deutscher Geschichte. Schon allein dieses dunkle Dezennium mit seiner beispiellosen Untat ist Anlaß genug für eine Rückbesinnung auf Leben und Wirken Eduard von Simsons.

---

81 In: Goethe-Jahrb. 21 (1900), 3 ff.

Bernd-Rüdiger Kern

Professor in Königsberg, Richter am Tribunal und Appellationsgericht

I. Einleitung

Gäbe es nur mein Thema, so gäbe es vermutlich gar kein Thema. Richterbiographien sind noch seltener Gegenstand der rechtshistorischen Forschung als Lebensläufe von Gesetzgebern. Für Professoren mag zwar grundsätzlich etwas anderes gelten, aber das würde wohl nicht für den Professor Martin Eduard Simson zutreffen. Landsberg jedenfalls nennt ihn in seinem dritten Band der Geschichte der Rechtswissenschaft an keiner Stelle. Und seine Erwähnung in der „Geschichte der Albertus-Universität zu Königsberg in Preußen" fällt zeitbedingt gleich wenig schmeichelhaft wie aussagestark aus. 1944 führte Götz von Selle ihn als Vertreter des „jüdischen Elements" unter den Juristen der Königsberger Universität an und bemerkte lapidar: „Als Lehrer des Rechts bedeutete er sehr wenig."[1] Jedenfalls sagte uns sein Name, allein auf mein Thema bezogen, wahrscheinlich nicht mehr, als die seiner Kollegen, die ich in meinem Vortrag erwähnen muß, und die wir nur deswegen nicht vergessen werden, weil wir sie uns gar nicht erst merken können.

Dennoch ist dieses Thema interessanter, als es nach dieser ein wenig deprimierenden Einleitung klingen mag. Wir werden eine Universitätskarriere kennenlernen, die bis zu einem gewissen Grad typisch für die Juristenfakultät der Universität Königsberg im ersten Drittel des 19. Jahrhunderts, und damit auch typisch für eine Universität des ausgehenden 18. Jahrhunderts ist. In gewisser Weise verlief sie allerdings auch höchst untypisch, und das hat sehr viel mit Simsons zweiter, der Richterkarriere zu

---

1 *Götz von Selle*, Geschichte der Albertus-Universität zu Königsberg in Preußen, 1944, S. 319.

tun. Auch eine gesetzgebungsähnliche Aufgabe ist in diesem Zusammenhang zu nennen. Zunächst einmal möchte ich diese Karriere in wenigen Worten skizzieren, und ich möchte mich dazu der Worte des preußischen Justizministers aus dem Jahre 1883 bedienen:[2]

> „Martin Eduard Simson, am 10. November 1810 zu Königsberg in Preußen geboren, am 1. Mai 1829 zum Doktor der Rechte promovirt, wurde, nachdem er seit 1831 als Privatdozent Vorlesungen an der Universität zu Königsberg gehalten, 1833 zum außerordentlichen Professor daselbst ernannt und leistete als solcher am 22. Mai 1833 vor dem Senat der Universität den vorgeschriebenen Diensteid. Neben seiner akademischen Thätigkeit wurde er seit dem Januar 1834 als Hülfsarbeiter bei dem Preußischen Tribunal zu Königsberg beschäftigt. In Anerkennung seiner verdienstlichen Theilnahme an der Aufstellung eines revidirten Entwurfs des ostpreußischen Provinzialrechts wurde Dr. Simson 1836 zum ordentlichen Professor in der juristischen Fakultät der Universität zu Königsberg, dannächst 1846 zum außerordentlichen Mitgliede des dortigen Tribunals mit dem Charakter als Tribunalsrath ernannt. Aus der letzteren Stellung ging er am 1. April 1849 in Veranlassung der neuen Justizorganisation und der damit verbundenen Aufhebung des Preußischen Tribunals zu Königsberg in die Stellung eines Raths bei dem dortigen Appellationsgericht über. 1860 wurde er zum Vicepräsidenten des Appellationsgerichts zu Frankfurt an der Oder und 1869 zum Ersten Präsidenten dieses Gerichtshofs befördert.“

Das Schreiben, das der preußische Justizminister aus Anlaß des bevorstehenden fünfzigjährigen Dienstjubiläums Simsons an den König und Kaiser richtete, beschreibt Simsons Karriere als Richter und als Professor bis in die Begründung hinein korrekt. Dennoch - meine ich - lohnt auch noch eine intensivere Beschäftigung.

II. Studium und Reisen

Über die Studienzeit, die Simson sehr jung im Jahre 1826 begann, ist nur wenig bekannt. Von den juristischen Lehrern nennt er selbst nur den Romanisten Heinrich Eduard Dirksen,[3] dessen Vorlesungen mehr den „historischen, ja archäologischen

---

2 Schreiben des preußischen Justizministers an den König und Kaiser, Berlin, den 9. Mai 1883, Geheimes Staatsarchiv Preußischer Kulturbesitz, I. HA Rep. 89 Geheimes Zivilkabinett, 16872, f. 184 - 187, 184-185.

3 1790 - 1868, 1812 ao. 1827 o. Professor in Königsberg, seit 1829 in Berlin; über ihn vgl. *Fritz Gause*, Die Geschichte der Stadt Königsberg in Preußen, Bd. 2 Von der Königskrönung bis zum Ausbruch des Ersten Weltkrieges, 2. Aufl. 1996, S. 345.

Forscher verriethen".[4] Überhaupt hatte sich in diesen Jahren an der Königsberger Juristenfakultät „so etwas wie eine historische Schule" gebildet.[5] Dazu zählten die Germanisten Ferdinand Karl Schweikart[6] und Wilhelm Eduard Albrecht[7] - sicherlich der bedeutendste unter den Lehrern Simsons[8] - sowie die Romanisten Friedrich Daniel Sanio[9] und Alexander August von Buchholtz[10]. Daneben hörte Simson aber auch zahlreiche Vorlesungen von Professoren anderer Fakultäten, u.a. die des Philosophen Johann Friedrich Herbart.

Während seiner Studienjahre gewann Simson zwei Preisaufgaben der Juristenfakultät. Diese frühen Erfolge mögen in ihm den Wunsch hervorgerufen haben, das akademische Lehramt anzustreben, und so schloß er sein Studium mit der Promotion ab, die vor genau 170 Jahren, am 1. Mai 1829 stattfand. Simson war zu diesem Zeitpunkt 18 Jahre alt.

Mit der Promotion - „De Julii Paulli manualium libris III" - erhielt er auf Antrag der Fakultät sogleich die venia legendi. Die Fakultät unterstützte auch seinen Antrag an das Ministerium auf ein Reisestipendium, das ihm alsbald in Höhe von 200 Talern jährlich auf zwei Jahre bewilligt wurde. Das Stipendium war mit der Verpflichtung verbunden, nach dem Ablauf der Reisezeit an der Fakultät für zwei Jahre als Privatdozent zu lehren.[11]

Seine Studienreise führte ihn nach Berlin, Halle, Leipzig, Göttingen und Bonn, wo er „in zahlreichen Vorlesungen berühmter Docenten" hospitierte. Am stärksten beeindruckten ihn in Bonn die Vorlesungen des Historikers Barthold Georg Niebuhr[12].

---

4 *B. v. Simson*, Eduard von Simson. Erinnerungen aus seinem Leben, 1900, S. 15.

5 *Gause*, S. 455.

6 1780 - 1857, seit 1821 Professor in Königsberg.

7 1800 - 1876, Professor in Königsberg von 1824 - 1830; über ihn vgl. *Anke Borsdorff*, Wilhelm Eduard Albrecht. Lehrer und Verfechter des Rechts. Leben und Werk, 1993.

8 Vgl. dazu *Borsdorff*, S. 16.

9 1800 - 1882.

10 1802 - 1856.

11 *B. v. Simson*, S. 21.

12 *Herman von Petersdorff*, Simson, in: ADB, Bd. 54, 1908, S. 348 - 364, 350.

Ihren Abschluß fand seine Reise in Paris, wo er gerade nach der Julirevolution eintraf. Über Heidelberg und Berlin kehrte er nach Königsberg zurück.[13]

III. Privatdozentur und außerordentliche Professur

In Königsberg hat Simson alsbald seine Vorlesungstätigkeit aufgenommen. Belegen läßt sich das hier freilich nur für das WS 1832/33. Das Vorlesungsverzeichnis führt eine Vorlesung[14] und ein Repetitorium zu den Pandekten auf. Weiterhin erklärte er „Ciceros Topik".

Auffällig ist, daß Simson schon als Privatdozent die Pandektenvorlesung halten durfte, was an anderen deutschen Universitäten der Zeit unüblich war. Dieser Umstand ist wohl aus der Personalknappheit zu erklären und trug durchaus zu seiner verhältnismäßig raschen Ernennung zum außerordentlichen Professor bei, die - auf Vorschlag der Fakultät - schon 1833 erfolgte. Das Fakultätsgutachten hob Simsons Lehrbefähigung hervor:

> „Er hat sich durch seinen gründlichen, lebendigen und freyen Vortrag den Beyfall seiner Zuhörer in vorzüglichem Grad erworben und läßt bey seinen unverkennbaren Talenten und Kenntnißen erwarten, daß er dereinst nicht blos ein guter, sondern ein vorzüglicher Docent werden werde, so daß es zu bedauern wäre, wenn er unaufgemuntert in seiner bedrängten Lage sich entschließen sollte, einen auswärtigen Ruf zu suchen."[15]

Unterstützung fand der Vorschlag der Fakultät bei dem Universitätskurator, der zur Begründung für die sehr frühe Ernennung anführte, daß Simson „der einzige sey, welcher im künftigen Halbjahr Pandekten vortrage."[16] Geschickt griff er die Andeutung der Fakultät auf, daß Simson gezwungen sein könnte, einen auswärtigen Ruf zu suchen, indem er darauf aufmerksam machte, daß dieser (Simson) „vorläufig

---

13 *Peter Mast*, Simson, Eduard von, in: Ostdeutsche Gedenktage 1999, 1998, S. 121 - 127, 122.

14 Nach dem Lehrbuch von Mühlenbruch.

15 Gutachten der Juristenfacultät vom 26. Mai 1832 (I. HA Rep. 76, Kultusministerium Va Sektion 11 Titel IV Nr. 1 Bd. 13, f. 39 - 39R, 39R).

16 Schreiben von Reusch an das Ministerium vom 31. August 1832 (I. HA Rep. 76, Nr. 1 Bd. 13, f. 62 - 62R).

der Universitaet Dorpat" genannt sein soll.[17] Ob Simson tatsächlich einen Ruf aus Dorpat erhalten hat, ist den Akten nicht zu entnehmen. Unwahrscheinlich ist das keineswegs. Jedenfalls erfolgten im Vormärz die meisten Ernennungen an der Königsberger Juristenfakultät in Abwehr von Rufen nach Dorpat.

Das Ministerium indessen hatte zwei Bedenken. Zum einen sollte ein „geeigneter fond zu der ihm zu gewährenden Besoldung vorhanden" sein. Zum anderen „wünschte es, die Beförderung des Privatdocenten Simson in Königsberg zum außerordentlichen Professor noch so lange auszusetzen, bis er sich in wissenschaftlicher Hinsicht noch mehr wird bewährt haben".[18]

Hier wird zum erstenmal im Lebenslauf Simsons der Mangel entscheidend, den er selbst wohl bis an sein Lebensende schmerzlich fühlte, sein Unvermögen zur wissenschaftlichen Schriftstellerei. Seine Fakultätskollegen hatten in ihrem Vorschlag vorsichtig angedeutet, daß Simson an einer vollständigen Ausgabe der Fragmente Ulpians arbeitete.[19] Dieser Hinweis entspricht wohl den Tatsachen, jedenfalls begründete Simson sein abermaliges Gesuch vom 10. Januar 1833 in diesem Sinne, indem er folgendes mitteilte:

> „Wie ich aus den Materialien zu einer neuen Ausgabe der Fragmente Ulpiano die ich mir vorseze, wo möglich innerhalb dreier Jahre zu beenden, ein Thema, das einer abgesonderten Behandlung fähig schien, hervorgehoben und vor einigen Wochen der Berliner Zeitschrift für geschichtliche Rechtswissenschaft zum Abdruck gesandt habe."[20]

Über das andere Problem der Finanzierung der Stelle half der Universitätskurator hinweg, der das Gesuch abermals unterstützte. 150 Rtl konnten gezahlt werden und im übrigen wußte er, daß es Simson „auf Zuweisung eines Gehalts ... nicht hauptsächlich ankommt". Zur Entschuldigung für die fehlenden Veröffentlichungen führte

---

17 Bericht des Universitätskurators Reusch an das Ministerium vom 5. Juni 1832 (I. HA Rep. 76, Nr. 1 Bd. 13, f. 36 - 37R, 37).

18 Schreiben des Ministeriums an Reusch vom 17. September 1832 (I. HA Rep. 76, Nr. 1 Bd. 13, f. 63) .

19 Schreiben von Reusch an das Ministerium vom 31. August 1832 (I. HA Rep. 76, Nr. 1 Bd. 13, f. 62 - 62R, 62R).

20 Gesuch Simsons vom 10. Januar 1833 (I. HA Rep. 76, Nr. 1 Bd. 13, f. 103 - 103R, 103).

er an, daß die stundenreiche Pandektenvorlesung Simson von wissenschaftlicher Arbeit abgehalten habe.[21]

Daraufhin erteilte das Ministerium einen Gutachterauftrag an Professor Klemens August Karl Klenze[22] in Berlin[23]. Dessen Gutachten vom 6. März 1833[24] fiel bei gewissen Vorbehalten und dem Vorschlag, den Aufsatz nochmals zu überarbeiten, überwiegend positiv aus, und so wurde Simson am 10. April 1833 zum außerordentlichen Professor ernannt[25].

In den folgenden fünf Semestern las er abwechselnd Pandekten und Institutionen, jeweils ergänzt durch Repetitorien. Die Arbeit an der Ulpian-Ausgabe scheint er weiterverfolgt zu haben, jedenfalls hielt er im SS 1833 eine Vorlesung zu dem Thema „Erklärung von Ulpians Fragmenten“. Im folgenden Sommersemester las er dann erstmals „Obligationen Recht nach den Principien des römischen und des Allg. Landrechts“[26].

IV. Anfänge praktischer Tätigkeit

In der ordentlichen Chronik eines deutschen Professorenlebens müßte jetzt die Ernennung zum ordentlichen Professor folgen, aber ich kann diese - gleichfalls unverhältnismäßig schnell erfolgende - Ernennung nicht abhandeln, ohne zuvor auf seine praktischen Tätigkeiten zu sprechen zu kommen.

---

21 Bericht Reusches an das Ministerium vom 25. Januar 1833 u.a. zu Simsons Antrag, ao. Prof. zu werden (I. HA Rep. 76, Nr. 1 Bd. 13, f. 107 - 108R, 108).

22 Über ihn vgl. *Ernst Landsberg*, Geschichte der deutschen Rechtswissenschaft. Dritte Abteilung 2 Noten, 1910, S. 123.

23 5. Februar 1833 (I. HA Rep. 76, Nr. 1 Bd. 13, f. 104).

24 Gutachten Klenzes vom 6. März 1833 (I. HA Rep. 76, Nr. 1 Bd. 13, f. 122 - 123R, Abschrift).

25 Bestallung für den bisherigen Privatdocenten Dr. Ed. Simson in Königsberg als außerordentlicher Professor in der juristischen Fakultät der dortigen k. Universität vom 10. April 1833 (I. HA Rep. 76, Nr. 1 Bd. 13, f. 124 - 125).

26 HA Rep. 76, Nr. 2 Bd. 1, f. 181.

Nach dem Ausscheiden seines Fakultätskollegen Schweikart aus dem Preußischen Tribunal in Königsberg im Jahre 1832[27] nahm Simson dessen Stelle ein und arbeitete seit dem Januar 1834 als Hilfsarbeiter an diesem Gericht[28].

In diesem Zeitraum war er zudem noch als Sekretär an der Abfassung eines revidierten Entwurfs des ostpreußischen Provinzialrechts von 1801/02[29] beteiligt[30]. Warum ausgerechnet Simson als Romanist für diese Aufgabe ausgewählt wurde, ist nicht bekannt. Jedenfalls erfuhr er für die Erledigung dieser Aufgabe allseitige Anerkennung. Die ständische Deputation[31] erbat demzufolge bei dem Justizminister Kamptz eine Anerkennung für ihn[32]. Kamptz schlug daraufhin - nach der Zustimmung durch den Kultusminister[33] - dem König vor, Simson den „Charakter eines TribunalRats“ (ohne Besoldung) zu verleihen. Der König jedoch widersetzte sich diesem Begehren: „Ich sende Ihnen die ... vorgelegte Bestallung ... unvollzogen zurück, da Ich die Verleihung des bloßen Titels eines TribunalsRaths nicht angemessen finde.“ Der Justizminister sollte sich um eine andere Anerkennung bemühen[34]. Damit sind alle Spekulationen über religiöse oder politische Gründe für die Verweigerung der Ernennung durch den König widerlegt. Die bloße Ernennung erschien Friedrich Wilhelm III. nicht ausreichend. Zugleich wird dadurch deutlich, welchen Stellenwert der König der Reform der Provinzialrechte neben der des bürgerlichen Rechts beimaß.

---

27 Vgl. das Zeugnis des Präsidiums des Königlichen Tribunals für den entlassenen Tribunalsrat Ferdinand Carl Schweikart vom 20. September 1832 (I. HA Rep. 76, Nr. 1 Bd. 13, f. 68).

28 Schreiben des preußischen Justizministers an den König und Kaiser, Berlin, den 9. Mai 1883, Geheimes Staatsarchiv Preußischer Kulturbesitz, I. HA Rep. 89, Geheimes Zivilkabinett, 16872, f. 184 - 187, 184 - 184R.

29 Zu der Revision der preußischen Provinzialrechte vgl. v. Kamptz, Aktenmäßige Darstellung der Preußischen Gesetz-Revision, in: Jahrbücher für die Preußische Gesetzgebung, Rechtswissenschaft und Rechtsverwaltung, Bd. 60, 1842, S. 1 - 308, 30 - 50.

30 Schreiben des preußischen Justizministers an den König und Kaiser, Berlin, den 9. Mai 1883, Geheimes Staatsarchiv Preußischer Kulturbesitz, I. HA Rep. 89, Geheimes Zivilkabinett, 16872, f. 184 - 187, 184R.

31 Zur Beteiligung der Provinzialstände an der Revision vgl. *Kamptz*, S. 43 f.

32 Schreiben des Justizministers Kamptz an den Kultusminister Altenstein vom 12. Dezember 1835 (I. HA Rep. 76, Nr. 2 Bd. 2, f. 9).

33 Schreiben Altensteins an Kamptz und Mühler vom 22. Oktober 1835, HA Rep. 76, Nr. 2 Bd. 1, f. 161.

34 Schreiben Friedrich Wilhelm III. vom 28. November 1835 (I HA Rep. 76, Nr. 2 Bd. 2, f. 10).

V. Ernennung zum ordentlichen Professor

Nach der Ablehnung seines Vorschlages konnte von Kamptz selbst nichts mehr für Simson tun und wandte sich daher mit der Bitte an den Kultusminister Altenstein, „mit Rücksicht auf diese Gründe die Ernennung des p. Simson zum ordentlichen Professor bei der Königl. Majestät in Antrag zu bringen“.[35]

Wiederum zeitgleich zu dem gerade geschilderten Verfahren beantragte Simson am 3. Oktober 1835 seine Ernennung zum ordentlichen Professor. Zur Begründung führt er an, daß seine „Vorlesungen in der hiesigen juristischen Facultät die am meisten besuchten sind“[36]. Dabei nennt er Zahlen zwischen 7 und 27 Hörern[37]; der Durchschnitt lag bei 19,5, ein für die Gesamtzahl der an der Juristenfakultät eingeschriebenen Studenten (84) sehr beachtlicher Besuch.

Die von dem Universitätskurator um eine Stellungnahme gebetene Fakultät sprach sich recht deutlich gegen die Ernennung Simsons aus. Zunächst einmal machte sie geltend, daß mit drei ordentlichen Professoren im Römischen Recht der Bedarf gedeckt sei. Überhaupt seien bei der sinkenden Studentenzahl fünf Ordinarien ausreichend. Zudem sei ein weiterer Lehrer des Deutschen Rechts nötiger. Außerdem war der Kirchenrechtler Jacobson schon länger außerordentlicher Professor und habe daher das Recht auf vorherige Ernennung zum Ordinarius[38]. Den Lehrerfolg erkannte die Fakultät im Grundsatz an, versuchte aber, ihn zu relativieren. Simson fehle es zum einen an der nötigen wissenschaftlichen Durchdringung,

> „überdies müssen wir unsere Besorgniß aussprechen, daß dieser Werth[39] noch verringert werden dürfte durch eine gewisse Unselbständigkeit des Unterrichts, welche uns klar hervorzugehen scheint aus der gewöhnlichen Nichtbeendigung und beliebigen

---

35 Schreiben des Justizministers Kamptz an Altenstein vom 12. Dezember 1835 (I. HA Rep. 76, Nr. 2 Bd. 2, f. 9).

36 Gesuch Simsons vom 3. Oktober 1835, HA Rep. 76, Nr. 2 Bd. 1, S. 178 - 181; Schreiben Altensteins an den Kurator der Universität Königsberg aus Berlin vom 22. Oktober 1835, HA Rep. 76, Nr. 2 Bd. 1, f. 159.

37 HA Rep. 76, Nr. 2 Bd. 1, f. 181.

38 Gutachten der Fakultät vom 25. November 1835, I. HA Rep. 76, Nr. 2 Bd. 1, f. 176 - 177, 176R - 177; vgl. dazu auch f. 174.

39 Gemeint ist der seiner Vorlesungstätigkeit.

Abkürzung seiner Vorträge, theils auch aus dem zu starken Hervorheben des Preußischen Rechts auf Kosten des Römischen und zwar in Vorträgen, die ihrem Namen nach für Römisches Recht bestimmt sind, und daher die Zuhörer abhalten, durch andere Vorträge sich eine verständige Kenntniß des letzteren zu verschaffen."

Die mangelnde wissenschaftliche Ausbildung zeige sich auch darin, daß Simson schriftstellerisch nicht hervortrete. Zusammenfassend wurde geurteilt:

„Ernstlich scheint dieser junge Mann so wenig die erwähnten Mängel zu fühlen, daß er auf Kosten seiner wissenschaftlichen Studien und zum Nachtheil seiner Vorträge sich mehr und mehr mit practischen Geschäften zu überhäufen sucht."[40]

Der Universitätskurator gab diese Stellungnahme kaum abgeschwächt an das Ministerium weiter, gelangte aber auf Grund des beachtlichen Lehrerfolges zu dem Ergebnis, daß ihm die Ernennung Simsons erwünscht schien, „besonders da sie ohne Gehaltsvermehrung nachgesucht wird". Zur Überprüfung seiner wissenschaftlichen Leistungen schlug er, auf Wunsch der Fakultät, „eine gründliche Prüfung seiner beiden Dissertationen vor, indem er andere Schriften noch nicht herausgegeben hat"[41].

Diesem Vorschlag war das Ministerium insoweit schon zuvorgekommen, als es bereits am 22. Oktober 1835 von dem Breslauer Romanisten Karl August Dominikus Unterholzner ein Gutachten über Simsons zweite Dissertation „Ad. Dig. de capite minutis (IV. 5) legem II (alt.) exercitatio instituto" angefordert hatte[42]. Das Gutachten Unterholzners vom 27. Dezember 1835[43] fiel deutlich negativer aus als das von mir zuletzt genannte.

„Der bei weitem grösste Theil der Abhandlung (§§ 11 - 40) ist kritischer Art, und beweisst theils eine genügende Bekanntschaft mit der Literatur des Gegenstandes, theils enthält er eine Menge von unläugbar richtigen Bemerkungen. Wie es nun aber darauf ankommt, eine eigene Ansicht an die Stelle der bekämpften Meinungen zu setzen (§§ 41 - 46), so zeigt sich, dass der Verfasser sich durch dass Wohlgefallen an einem unreifen und gewiss unhaltbaren Einfalle hat bestimmen lassen, die Lehre von der minima capitis deminatio zum Gegenstand einer Abhandlung zu machen. Niebuhr hat bemerkt, dass die Patricier und Plebejer gewissermassen als zwei Volksstämme anzu-

40 Gutachten der Fakultät vom 25. November 1835, I. HA Rep. 76, Nr. 2 Bd. 1, f. 176 - 177, 176R.

41 Stellungnahme des Universitätskurators Reusch an das Kultusministerium, I. HA Rep. 76, Nr. 2 Bd. 1, f. 173 - 174, 173R.

42 22. Oktober 1835, I. HA Rep. 76, Nr. 2 Bd. 1, f. 159.

43 Gutachten Unterholzner vom 27. Dezember 1835 (I. HA Rep. 76, Nr. 2 Bd. 2, f. 11 - 12R).

sehen seien, welche zwei zu einem Gemeinwesen verbunden, aber lange Zeit hindurch, ohne einander zu verschmelzen, nebeneinander wohnten, und daher auch namentlich durch eine bedeutende Rechtsverschiedenheit getrennt wurden. Diese (11R) Ansicht hat etwas Ansprechendes, und, wenn sie nicht übertrieben wird, so ist sie für die Auffassung der römischen Geschichte gewiss erspriesslich. Nun geht aber unser Verf. so weit, dass er nicht etwa bloss für die einzelnen gentes, sondern für die einzelnen Familien (die er aber von den gentes nicht gehörig unterscheidet, vgl. § 44 v. E.) ein besonderes jus civile, oder eigentliches jus familiae voraussetzt, und mit Beziehung darauf die Einbürgerung in einer gewissen Familie als eine eigenthümliche Rechtsfähigkeit betrachtet. Insofern meint er also, könne man mit Recht die Familienangehörigkeit als ein caput (d.h. nach seiner Ansicht, als eine eigenthümliche Rechtsfähigkeit) ansehen, so dass also ganz natürlich die familiae mutatio als eine capitis deminatio erscheine. Schlimm ist dabei dass der Verf. zugeben muss, dass diese Ansicht nicht eben bloss dem Justinianischen Rechte ganz unangemessen ist, sondern dass sie überhaupt in die eigentlich historische Zeit des Römischen Rechts gar nicht hineinpasst, sondern nur ein caput mortuum aus einer vorhistorischen Zeit sein müsste. Schwerlich wird der Verf. behaupten wollen, dass ein hypothetisches Particularrecht der einzelnen Familien auch noch gegolten habe, nachdem die zwölf Tafeln ein gemeines Recht eingeführt, und selbst die (nach Niebuhr'scher Ansicht) vorauszusetzenden Abweichungen in den Rechten der verschiedenen Volksstämme grösstentheils verschmolzen hatten. Da nun aber gerade seit den zwölf Tafeln das wissen- (12) schaftliche jus civile der Römer sich erst entwickelt, so ist es geradezu unmöglich, dass die Lehre von der capitis deminutio mit Rücksicht auf jenes hypothetische Particularrecht der Familien sich ausgebildet habe. ...

Der lateinische Ausdruck des Verf's ist gut, und grossen Theils sogar elegant: nochmals möchte man ihm mehr Klarheit und technische Genauigkeit wünschen."

Nicht ohne Verwunderung liest sich das folgende Schreiben des Kultusministers:

> Bei dem ... ausgesprochenem günstigen Urtheil über die Wirksamkeit des p. Simson als Docenten in der dortigen juristischen Fakultät, so wie mit Rücksicht auf das vortheilhafte Gutachten, welches ein Rechtsverständiger über die neueste Schrift des p. Simson abgegeben hat, ist das ... Ministerium nicht abgeneigt, Simson zum ordentlichen Professor vorzuschlagen[44].

Am 9. Mai 1836 schlug der Minister dem König die Ernennung Simsons vor, am 22. Mai erteilte der König sein Einverständnis und am selben Tage fand die Bestallung

44 Schreiben des Ministeriums an Reusch vom 9. Februar 1836 (I. HA Rep. 76, Nr. 2 Bd. 2, f. 14 - 14R, 14R).

Simsons statt[45], nicht ohne daß der Kultusminister dem drängenden Justizminister zwischenzeitlich die Gründe für die lange Dauer des Verfahrens mitgeteilt hätte.[46]

VI. Die Professur

In den Jahren bis 1860 hielt Simson - unterbrochen durch politische Tätigkeiten und Krankheit - die üblichen Vorlesungen, insbesondere im Wechsel die Institutionen und die Pandekten sowie Repetitorien dazu.

1837 heißt es über ihn in einem Bericht des Kurators über die Juristenfakultät an das Kultusministerium:

> „der zu bedeutenden Hoffnungen als Docent seines blühenden Vortrags wegen berechtigende Professor Simson bereitet sich vor, einen Cursus der preußischen Gesezze zu lesen, der auch sehr nöthig ist, und seine Stellung als Mitarbeiter bei dem Tribunal zieht ihn zur Praxis hin, in welcher er leichter ein gutes Fortkommen finden dürfte."[47]

In den folgenden Semestern las Simson dann vermehrt Preußisches Privatrecht, aber auch preußische Rechtsgeschichte. Hinzukamen Übungen im Zivilprozeß.

1856 lautete der Bericht über den Zustand der Juristenfakultät, den der Universitätskurator erstellte, in Hinsicht auf Simson deutlich ungünstiger:

> „Die vortrefflichen Eigenschaften des Professors, Appellations-GerichtsRath Simson erkenne ich gern an, allein derselbe giebt sich selbst nicht für einen vollständigen Docenten des Römischen Rechts aus. Er liest nicht Pandekten und nicht Römische RechtsGeschichte, also nicht die Haupt-Collegia des Römischen Rechts. Diese Collegia wird derselbe auch in der Folge nicht lesen, denn einmal gebricht es ihm dazu an Zeit, indem er außer seinem Lehr-Amt die Geschäfte eines Appellationsgerichts-Raths zu versehen hat. Dann aber ist derselbe von einer schwachen, oft der Pflege bedürftigen Gesundheit und es möchte ihm in der That nicht mehr gelingen, jene mächtigen, umfassenden, des ausdauernden Studiums bedürfenden Vorlesungen auszuarbeiten."

45 I. HA Rep. 76, Nr. 2 Bd. 2, f. 37 - 38, 51, 72.

46 I. HA Rep. 76, Nr. 2 Bd. 2, f. 22 - 22R.

47 Bericht Reusches über den Zustand der Juristenfakultät an das Ministerium vom 7. März 1837 (I. HA Rep. 76, Nr. 2 Bd. 2, f. 157 - 158R, 157R - 158).

Die Fakultät verfügte demzufolge zwar über drei Romanisten, von denen „Simson der Universität doch nur zur Hälfte angehört“[48]. Dieser Bericht macht wohl schlagartig deutlich, warum Simson 1860 seine Professur aufgab.

Nachzutragen bleibt, daß er 1852 einen Ruf an die Universität Jena auf den Pandektenlehrstuhl ablehnte, obwohl er ihm zugleich die praktische Arbeit am Jenaer Schöppenstuhl erhalten hätte[49].

In Königsberg übernahm er in der Folge - in den Jahren 1855 bis 1857 - das Amt des Prorektors der Albertus-Universität. In dieser Funktion betrieb er insbesondere den Neubau des Universitätsgebäudes[50].

In diesen Jahrzehnten war die Königsberger Juristenfakultät zu einem gewissen Ansehen gelangt. Namhafte Wissenschaftler zählten - wenn auch häufig nur für kurze Zeit - in ihre Reihen, so v. a. Johann Merkel, Theodor Muther und aus eigenem Nachwuchs Otto Stobbe, der sich im Abstand von 20 Jahren gerne an Simson erinnerte, als an einen Mann, dem er in jungen Jahren nahe stand und dem er viel zu verdanken habe.[51]

VII. Die Richterlaufbahn

Ich habe oben berichtet, warum die Ernennung Simsons zum Tribunalrat im Jahre 1835 scheiterte, obwohl alle Beurteilungen eher für seine Befähigung zum Richteramt sprachen als für die zur Professur. Dem erwähnten Gutachten der Fakultät aus dem Jahre 1835 hatte nur ein Kollege widersprochen, indem er „das practische Talent des Professors Simson, welches er als Mitarbeiter bei dem hiesigen Tribunal

48 Bericht über den Zustand der Juristenfakultät des Universitätskurators vom 11. August 1856 (I. HA Rep. 76, Nr. 19 Bd. 1, f. 208 - 211, 208R - 209).

49 *Gerd Pfeiffer*, Eduard von Simson, in: Franz Josef Düwell/ Thomas Vormbaum (Hrsg.), Recht und Juristen in der deutschen Revolution 1948/49, 1999, S. 5 - 46, 19.

50 *Mast*, S. 124.

51 Brief Stobbes an Ihering aus Leipzig vom 12. Oktober 1879, Geheimes Staatsarchiv Preußischer Kulturbesitz, HA I, Sig. Acc. Darmst. 1924 2 h 1882 (24) Haus 2, f. 79, 80.

und bei Gelegenheit der Versammlungen zur Revision des Provinzialrechts bewährt hat, hervorhebt".[52]

Dennoch verlief die Richterkarriere zunächst überaus zögerlich. Erst 1846 wurde er zum außerordentlichen Mitglied mit dem „Charakter als Tribunalsrath" ernannt. Infolge der Justizreform des Jahres 1849 wurde Simson am 1. April des Jahres zum Appellationsgerichtsrat in Königsberg ernannt[53].

Die Beurteilung durch seine Vorgesetzten fiel günstig aus. Der Präsident des Ostpreußischen Tribunals äußerte sich dahin, daß

> „er sich mit dem ungetheiltesten Interesse den Arbeiten des Kollegiums widme, dabei eben so große Geschicklichkeit als Gründlichkeit bewähre, dergestalt, daß er auch zum Präsidenten eines großen Gerichtshofes als vorzüglich zu halten sei."

Diesem Votum schloß sich der preußische Justizminister Simons an und schlug am 27. August 1860[54] dem Regenten vor, Simson zum Vice-Präsidenten des Appellationsgerichtes in Frankfurt an der Oder zu ernennen. Dieser Vorschlag entsprach Simsons eigenen Wünschen, die er wenige Monate zuvor gegenüber dem Minister geäußert hatte, „indem er ... seine Absicht, ganz und gar in den praktischen Justizdienst überzutreten, zu erkennen gegeben hat". Der Regent nahm diesen Vorschlag auf und ernannte Simson am 3. September 1860.

Einen der Gründe für die Übernahme dieses Amtes durch Simson habe ich schon genannt. Beide Ämter nebeneinander konnte er dauerhaft nicht ausüben und mittlerweile war ihm der praktische Justizdienst wohl wichtiger geworden als die Universität, an der er ohne jede weitere wissenschaftliche Veröffentlichung zudem wohl über keinerlei große Karrierechancen mehr verfügte. Ein politischer Grund trat hinzu. 1858 hatte er - im Zeichen der Neuen Ära - seine politische Tätigkeit wiederaufgenommen. Diese führte ihn nach Berlin, und er wünschte sich einen Wohnort, der

---

52 Stellungnahme des Universitätskurators zu dem Antrag Simsons, I. HA Rep. 76, Nr. 2 Bd. 1, f. 173R.

53 Schreiben des preußischen Justizministers an den König und Kaiser, Berlin, den 9. Mai 1883, Geheimes Staatsarchiv Preußischer Kulturbesitz, I. HA Rep. 89, Geheimes Zivilkabinett, 16872, f. 184 - 187.

54 Schreiben des Justizministers Simons an den Regenten, Prinz Wilhelm aus Berlin vom 27. August 1860, Geheimes Staatsarchiv Preußischer Kulturbesitz, 16073, f. 146 - 146R.

der preußischen Hauptstadt näher lag als das abgelegene Königsberg, zumal er 1860 zum Präsidenten des Abgeordnetenhauses gewählt wurde. Die politisch bedingte Bindung an Berlin dürfte auch Anlaß für ihn gewesen sein, die ihm 1868 angebotene Stelle des Präsidenten des Appellationsgerichtes in Hamm[55] abzulehnen. 1869 wurde er dann Präsident des Appellationsgerichtes in Frankfurt an der Oder.

Während der Justizreform des Jahres 1877 ließ Simson erkennen, daß er gerne das Amt des Präsidenten des Kammergerichts in Berlin übernehmen würde. Daher lehnte er es zunächst auch ab, als Präsident des Reichsgerichts nach Leipzig zu gehen[56], entschied sich aber dann doch anders.

VIII. Würdigung

Ich hoffe, mir bleibt noch ein wenig Zeit für eine Würdigung, wobei ich mich im wesentlichen auf den Wissenschaftler Simson beschränken werde. Für den Richter bleibt uns die Beurteilung seines beruflichen Tuns - der Natur der Sache wegen - weithin verschlossen. Für die Würdigung des Wissenschaftlers möchte ich zwei Gesichtspunkte aufgreifen. Einmal die eingangs schon angesprochene Typizität seiner Laufbahn und zum anderen die Einordnung in die Wissenschaftsgeschichte.

Simsons Berufung in Königsberg kann als typische Hausberufung im Sinne des 18. Jahrhunderts gesehen werden. Schon der Ruf nach Dorpat ist in den Akten nur angedeutet, findet sich aber im übrigen in der Zeit in Königsberg auch bei seinen Kollegen. Der Umbruch, der im 19. Jahrhundert zum Anstieg der Wissenschaftlichkeit allgemein und in der Rechtswissenschaft im besonderen führte, setzte in Königsberg erst deutlich später ein, was z.B. auch etwa für Leipzig gilt. Die Entwicklung vom „Gelehrten zum Wissenschaftler“, von der „Familien- zur Leistungsuniversität“, die die Eröffnung des gesamtdeutschen Wissenschaftlermarktes bedeutete, hatte hier also noch nicht stattgefunden. Insoweit gleicht die Karriere Simsons der seiner Königsberger Kollegen cum grano salis.

---

55 *Pfeiffer*, S. 20.

56 *Pfeiffer*, S. 21.

Auffällig hingegen ist die Geschwindigkeit, in der sich seine Ernennung vollzog, und der keine wissenschaftlichen Arbeiten zu Grunde lagen. Insoweit zeigen sich deutlich außeruniversitäre Einflüsse, ohne daß so recht ein wirklich überzeugender Grund erkennbar wird. Die Mitwirkung an der Revision des Provinzialrechts ist alles, was genannt wird, und sie ist doch ein merkwürdiger Grund für die Ernennung zum Professor - bei gleichzeitigen erheblichen Zweifeln an dem Wert seiner wissenschaftlichen Arbeiten. Zudem war kein Ordinariat frei. Für seine Ernennung mußten gleich zwei neue geschaffen werden.

Erleichtert wurden diese außergewöhnlichen Maßnahmen dadurch, daß Simson gegebenenfalls auf Gehalt oder Gehaltsverbesserungen verzichtete. In den Ministeriumsakten taucht er - anders als fast alle seine Kollegen - nie mit der Bitte um Extrazahlungen auf, erhielt auch nur einmal 50 Taler. 1846 betrug sein Jahresgehalt 1000 Taler. Damit erhielt er die niedrigste Gehaltsstufe für einen Ordinarius. Seine juristischen Kollegen waren durchgängig besser besoldet. Sein Gehalt wurde - jedenfalls für lange Zeit - auch nicht durch Einkünfte aus der Richtertätigkeit aufgebessert, da diese gegen das Professorengehalt aufgerechnet wurden.

Schwieriger noch fällt Simsons Einordnung in die wissenschaftsgeschichtlichen Strömungen, weil ein solches Urteil letztlich auf einer sehr schmalen Basis beruht. Daß er eigentlich nicht publiziert hat, bleibt eine der Merkwürdigkeiten seines Lebens. Er selbst hat wohl darunter gelitten, fühlte sich jedenfalls permanent unter Rechtfertigungsdruck. In diesem Zusammenhang wiederholen sich die Klagen über seine Doppelbelastung. Sie hinderte ihn andererseits nicht, einen „Beitrag zur Entstehungsgeschichte des Werther“ zu versuchen[57] und 1844 eine Schrift „Nachrichten über die Gründung und Fortbildung des Tribunals zu Königsberg“ zu verfassen[58]. Aber in seinem engeren Fach schrieb er nie wieder. In seinen nachgelassenen Papieren findet sich die von Resignation getragene Stellungnahme, daß er „zu schriftstellerischen Arbeiten auch keinerlei Talent ... verspürte und demgemäß auch geringe Lust dazu ... wahrnahm.“

57 Brief Simsons an den Archivrat Kestner aus Königsberg vom 24. Mai 1853, UB Leipzig, Slg. Kestner II A IV, 1723.

58 Brief des Kultusministers an Simson vom 29. Oktober 1844 (I. HA Rep. 76, Nr. 19 Bd. 1, f. 16).

Demzufolge haben wir nur wenige Anhaltspunkte für eine wissenschaftsgeschichtliche Einordnung. Das ist zum einen die in der Rüge seiner Kollegen enthaltene, aber auch in seinen Vorlesungen erkennbare und sich im Laufe der Zeit verstärkende Tendenz zum preußischen Recht. Sie weist Simson wohl als einen Vertreter der germanisierenden Romanistik aus.

Einen weiteren Anhaltspunkt liefert das Gutachten Unterholzners, das darauf hinweist, daß Simson einen Gedanken Niebuhrs aufgegriffen und übertrieben habe. Der Gutachter spricht in diesem Zusammenhang von einem „unreifen und gewiss unhaltbaren Einfall“. Niebuhr, mit dem Simson in Bonn persönlich bekannt geworden war, hatte einen derartigen Einfluß auch noch auf andere Juristen der Zeit. Ich nenne hier nur die Namen von Christiansen und Kierulff. Beide haben sich mit ihren Werken die starke Kritik insbesondere von Savignys und seiner Schüler zugezogen. Der Tenor dieser Kritik ähnelt inhaltlich sehr den Bemerkungen Unterholzners, der gleichfalls ein Savigny-Anhänger war. Beide sind nach ihren spektakulären Werken als Schriftsteller kaum noch hervorgetreten. Wie Simson ging auch Kierulff letztendlich in die Praxis. Vielleicht hat Simson auf Grund dieser Kritiken sogar auf weitere Veröffentlichungen von diesem Ansatz aus verzichtet.

Das mag auch für die Nichtveröffentlichung der Arbeit über die Ulpian-Fragmente gelten. Wahrscheinlich wurde sie von der von Savigny geleiteten „Zeitschrift für geschichtliche Rechtswissenschaft“ nicht angenommen. Das würde als ein weiteres Indiz die Zuordnung Simsons zur Gruppe Christiansen/Kierulff erhärten. In der Literatur findet sich die Bemerkung, Gustav Ernst Heimbach sei ihm mit einer Arbeit zuvorgekommen[59], aber das überzeugt wenig, zumal Heimbachs[60] 1834 veröffentlichten Ansichten „Über Ulpians Fragmente“ keinen Beifall in der von Savigny beherrschten Fachwelt fanden[61].

Diese beiden Anhaltspunkte erlauben eine vorsichtige Zuordnung Simsons zu den germanisierenden Romanisten, die in den Jahren 1835 bis 1860 um ein gemeinsames deutsches Privatrecht jenseits des reinen römischen Rechts unter Einbeziehung des

---

59 *Ernst Wolff*, Eduard von Simson, 1929, S. 8.

60 Über ihn vgl. *Landsberg*, III 2 Noten, S. 214.

61 *Landsberg*, III 2 Noten, S. 214 Anm. 7.

deutschen Privatrechts rangen. Es muß indessen bei diesem Indizienbeweis bleiben, weil eindeutige Aussagen Simsons fehlen.

Adolf Laufs

Eduard Simson – Präsident der deutschen Nationalversammlung zu Frankfurt am Main 1848/49*

Einhundertfünfzig Jahre nach der Revolution von 1848, bei den Jubiläumsfeiern 1998, priesen namhafte Repräsentanten des deutschen öffentlichen Lebens, Literaten und Politiker aller Couleur den badischen Freischarenführer und Revolutionär Friedrich Hecker.[1] Sie wanden dem zum Äußersten Entschlossenen Kränze, obwohl er das demokratische Mehrheitsprinzip und damit die Grundlage des Parlamentarismus mißachtet hatte. Der Führer der sächsischen Demokraten Robert Blum, Mitglied des Vorparlaments und dann auch der Frankfurter Nationalversammlung, von den Siegern der Gegenrevolution zu Wien im Herbst 1848 standrechtlich erschossen[2], urteilte in einem Brief vom Mai anders als mancher Festredner unserer Tage:

> „Hecker und Struve haben das Land verraten nach dem Gesetz – das wäre Kleinigkeit; aber sie haben das Volk verraten durch ihre wahnsinnige Erhebung; es ist mitten im Siegeslauf aufgehalten; das ist ein entsetzliches Verbrechen“[3].

---

* Dank schuldet der Verfasser seinem wissenschaftlichen Mitarbeiter Rechtsassessor Andreas Deutsch für förderliche Recherchen und Nachweise.

1 Kritisch zu Stilisierung des radikalen Hecker neuerdings: *Lothar Gall*, Ein großer Tag der deutschen Geschichte, in: Deutscher Hochschulverband (Hrsg.), Glanzlichter der Wissenschaft: ein Almanach, 1998, S. 57 – 65. Zum Bild der Revolution bei Politikern und Forschern bietet *Ernst Schulin* einen positiv urteilenden Überblick „Berichte und Kritik – Die deutschen Historiker und die Revolution von 1848/49“, in: Der Staat 1999, S. 69 – 85.

2 Vgl. *Ernst Rudolf Huber*, Deutsche Verfassungsgeschichte seit 1789, Bd. 2: Der Kampf um Einheit und Freiheit 1830 bis 1850, 3. Aufl., Stuttgart/ Berlin/ Köln/ Mainz 1988, § 52 II, S. 714 ff. Siehe ferner: *Georg Beseler*, Erlebtes und Erstrebtes 1809 – 1859, Berlin 1884, S. 69.

3 Brief von Robert Blum an seine Frau Jenny vom 3. Mai 1848, abgedruckt bei: *Ludwig Bergsträsser* (Hrsg.), Das Frankfurter Parlament in Briefen und Tagebüchern – Ambrosch, Rümelin, Hallbauer, Blum, Frankfurt 1929, S. 360 f.

In seiner Rede[4], die ihm frühes Ansehen im Frankfurter Parlament eintrug und die er erfolgreich gegen die Anerkennung der Wahl Heckers hielt, erklärte der Abgeordnete Martin Eduard Simson:

> „An die Stelle der ewigen Ordnungen des Rechtes, die nach vorübergehender Verdunkelung alle Zeit nur um so heller leuchten, hat er (Hecker) das Banner der Gewalt zu pflanzen versucht. Darum kann er nicht sitzen unter den Männern, denen unser Volk die Einheit, die Festigung seiner Freiheit anvertraut hat, in den Wegen 'des Rates, der Mäßigung, der Weisheit, der Geduld'. Erst nach langer, ernster Sühne kann für ihn wieder ein Raum werden auf unserer vaterländischen Erde".

In das „Parlaments-Album", die „autographirten Denkblätter der Mitglieder des ersten deutschen Reichstages" schrieb Simson sich ein mit den Versen:

> „Erharret ruhig und bedenket:
> der Freiheit Morgen stieg herauf.
> Ein Gott ist's, der die Sonne lenket
> und unaufhaltsam ist ihr Lauf."[5]

Anders als die Absage an Hecker atmen diese Zeilen das Pathos einer neuen, unwiderstehlich heraufziehenden Zeit, den siegesgewissen Geist des Liberalismus, den festen Glauben an eine bevorstehende höhere Ordnung. War Simson, der Richter und Rechtsprofessor, der zweite Präsident des frei gewählten Parlaments der bürgerlichen Revolution, der Vorsitzende und Lenker einer mehrhundertköpfigen Versammlung aus eigener Wurzel und von eigener Legitimität[6] – ein Revolutionär?

---

4 *Jacob Franz Wigard* (Hrsg.), Stenographischer Bericht über die Verhandlungen der deutschen Constituierenden Nationalversammlung in Frankfurt, 9 Bde., Frankfurt 1848 – 1849, S. 1487 – 1501. Über die Rede: *Friedrich von Raumer* in seinem Brief vom 11. August 1848, abgedruckt in dem Buch: Briefe aus Frankfurt und Paris, 2 Bde., Leipzig 1849, Bd. 2, S. 279 f.

5 Bl. 153 unten; neu abgedruckt in: *Wilfried Fiedler* (Hrsg.), Die erste deutsche Nationalversammlung 1848/49. Handschriftliche Selbstzeugnisse ihrer Mitglieder, Königstein/ Taunus 1980.

6 Zur Biographie von E. v. Simson siehe insbesondere *Bernhard von Simson*, Eduard von Simson. Erinnerungen aus seinem Leben, Leipzig 1900; *Ernst Wolff*, Eduard von Simson, Reihe Meister des Rechts, hrsg. von *S. Schultzenstein*, Berlin 1929; *Hermann von Petersdorf*, Eduard von Simson, in: Allgemeine Deutsche Biographie, 54. Bd., 2. Aufl., Berlin 1971, S. 348 – 364; *Gerd Pfeiffer*, Biographische Skizzen zu Eduard von Simson, in: *Wolfgang Dietz/Dietrich Pannier* (Hrsg.), Festschrift für Hildebert Kirchgeßner zum 65. Geburtstag, München 1985, S. 289 – 314; *ders.*, Eduard von Simson, Präsident der Deutschen Nationalversammlung von 1848/49, des deutschen Reichstages nach 1871 und des Reichsgerichts, in: *Helmut Heinrichs/ Harald Franzki/Klaus Schmalz/Michael Stolleis*, Deutsche Juristen jüdischer Herkunft, München 1993, S. 101 – 114; *ders.*, Eduard von Simson, in: *Franz Josef Düwell/Thomas Vorm-*

Die Absage an Hecker scheint einer solchen Annahme zu widersprechen. Ein Dezennium später hat Simson noch einmal vom Verfassungswerk gesprochen, „zu welchem der Rath, die Mäßigung, die Weisheit, die Geduld langer Jahre erfordert werden wird". Die Worte stehen diesmal in der Rede[7], die er als Mitglied des preußischen Abgeordnetenhauses 1859 hielt, am 24. Januar übrigens, am Geburtstag Friedrichs des Großen, wie er betont. Simson sprach als Berichterstatter über die Adresse[8], mit der das Parlament auf die Thronrede des Prinzregenten Wilhelm, des nachmaligen preußischen Königs und deutschen Kaisers, zu antworten gedachte. Ausdrucksvoll beschwor er das Herrscherhaus und „unser Preußen":

> „Diese Schöpfung und Bildung ist in den Zeiten des Absolutismus vor sich gegangen; wie denn der Absolutismus überhaupt keine größere Zeit und keine größere Stätte gehabt hat, als in Preußen. Aber es war ein Absolutismus, durchweht und durchatmet von Freiheit".

Noch eine andere bezeichnende Passage aus diesem Vortrag:

> „Es ist einer der höchsten Vorzüge der tiefsinnigen Staatsform, unter der uns beschieden ist, zu leben, der verfassungsmäßigen erblichen Alleinherrschaft, daß sie die höchsten Beziehungen des Staatslebens, daß sie namentlich das Verhältniß zwischen Herrscher und Volk mit der Wärme des Familienlebens zu durchdringen und zu durchglühen versteht".

Während die Adresse im Abgeordnetenhaus einstimmig Annahme fand, stießen die „Interpretationen und Ausführungen" des Referenten auf einige Vorbehalte[9]. Die von diesem verfaßte Adresse enthielt aber immerhin Bekenntnisse wie das folgende:

> „In dem ungeschwächten Recht der Krone erkennt das Preußische Volk eine theure Bürgschaft seines eigenen Gedeihens und seiner eigenen Geltung unter den Völkern der Erde. Dies ungeschwächte Recht ist, wie Ew. Königlichen Hoheit, auch ihm unantastbar heilig".

---

baum (Hrsg.), Recht und Juristen in der deutschen Revolution von 1848/49, Baden-Baden 1998, S. 5 - 46. Ferner: *Günther Meinhardt*, Eduard von Simson, Der Parlamentspräsident Preußens und die Reichseinigung, Bonn 1981.

7 Stenographische Berichte über die Verhandlungen der durch die Allerhöchste Verordnung vom 18. Dezember 1858 einberufenen beiden Häuser des Landtages – Haus der Abgeordneten, Erster Band, Berlin 1859, S. 62 – 64.

8 Im Wortlaut abgedruckt in den Stenographischen Berichten, wie Note 7, S. 65.

9 Vgl. die Stellungnahmen in den Stenographischen Berichten, wie Note 7, S. 64, die Abstimmung S. 65.

In den rednerischen Zeugnissen Simsons finden sich zu keiner Zeit Spuren aufrührerischen Denkens. Dennoch gehört er zu den Protagonisten der bürgerlichen Revolution in Deutschland, zu den führenden Köpfen der großen, noch nicht verfaßten liberalen Partei.

Scharfsichtig hat Thomas S. Kuhn[10] die wissenschaftliche mit der politischen Revolution verglichen.

> „Politische Revolutionen werden durch ein wachsendes, doch oft auf einen Teil der politischen Gemeinschaft beschränktes Gefühl eingeleitet, daß die existierenden Institutionen aufgehört haben, den Problemen, die eine teilweise von ihnen selbst geschaffene Umwelt stellt, gerecht zu werden. Ganz ähnlich werden die wissenschaftlichen Revolutionen durch ein wachsendes, doch ebenfalls oft auf eine kleine Untergruppe der wissenschaftlichen Gemeinschaft beschränktes Gefühl eingeleitet, daß ein existierendes Paradigma aufgehört hat, bei der Erforschung eines Aspekts der Natur, zu welchem das Paradigma selbst den Weg gewiesen hatte, in adäquater Weise zu funktionieren. Bei der politischen und wissenschaftlichen Entwicklung ist das Gefühl eines Nichtfunktionierens, das zu einer Krise führen kann, eine Voraussetzung für die Revolution".

Der politische Revolutionär bestreitet die Legitimität der noch geltenden Ordnung, die ihm überholt, ja verwerflich erscheint. Er will ein neues Ordnungsgefüge kraft eigener Idee und Macht, den Umbruch mit einer Umwertung der Werte im Zeichen der Bereitschaft zu legitimer Gewaltsamkeit. Der revolutionäre Vorgang ist im Kern ein geistiger Prozeß. Seit der Mitte des 18. Jahrhunderts hatten die französischen Aufklärer das in der alten Wendung „révolution des opinions" steckende geistige Programm in starkem Maß für sich selbst in Anspruch genommen. Condorcet wandte den Ausdruck „révolution" auch auf Grundlagenerneuerungen an, die jede Wissenschaft von Zeit zu Zeit für ihren Fortschritt brauche[11]. Vor 1789 haben die „philosophes" den Begriff „révolution" auf kein anderes politisches Geschehen so oft und so eindeutig angewandt wie auf die nordamerikanische Unabhängigkeitsbewegung. Erst die „Verbindung der reformerischen mit der aus dem Naturrecht ge-

---

10 Die Struktur der wissenschaftlichen Revolutionen. Zweite revidierte und um das Postskriptum von 1969 ergänzte Aufl., 1976; das Zitat auf S. 104 aus dem Kapitel über „Das Wesen und die Notwendigkeit wissenschaftlicher Revolutionen".

11 *Rolf Reichardt*, Reform und Revolution bei Condorcet, 1973, S. 320 ff. Vgl. ferner *Reinhart Koselleck* u. *Rolf Reichardt* (Hrsg.), Die Französische Revolution als Bruch des gesellschaftlichen Bewußtseins, 1988. Vgl. ferner *Karl-Heinz Bender*, Revolutionen. Die Entstehung des politischen Revolutionsbegriffs in Frankreich zwischen Mittelalter und Aufklärung, 1977.

speisten bürgerkriegsrechtlichen Komponente verlieh dem Begriff recht eigentlich seine politische Sprengkraft, insofern er den bewaffneten, von der Nation getragenen Freiheitskampf gegen die Unrechtsherrschaft als Alternative zur möglichen Reform legitimierte"[12].

Die Ideen und die Erfahrungen der amerikanischen und der französischen Revolution haben den modernen Begriff ausgeprägt und ihn mit dem Pathos der Freiheit und der Volkssouveränität[13] erfüllt. Der Revolutionär leitet seine Legitimation nicht aus dem überkommenen Recht ab, sondern aus höherem Recht gemäß dem eigenen Anspruch. Revolution bedeutet Rechtsbruch und Rechtsschöpfung[14]. Es sind menschliche Handlungen, nicht zwanghafte Abläufe, die den revolutionären Prozeß bestimmen. Für Marxisten sind Revolutionen gesetzmäßige Beschleunigungen fortschrittlicher gesellschaftlicher Entwicklung, „Lokomotiven der Geschichte", die einen vom Menschen unabhängig sich vollziehenden realen geschichtlichen Prozeß sichtbar machen, ohne daß freilich der Appell an den Willen entbehrlich erschiene[15]. Diese deterministische Doktrin verkennt die Offenheit der Geschichte.

Wie alle Revolutionen stellt sich auch die Französische nicht als punktuelles, vielmehr als ein komplexes und langandauerndes Ereignis dar, das in vielen Phasen ablief, immer neue soziale Gruppen einbezog, neue politische Modelle entwarf und verwarf - ein Vorgang mit enormer Eigendynamik[16]. Die „révolution de la liberté" und - seit 1792 - die „révolution de l'égalité" bezeichnen nur zwei Etappen im Gang der Ereignisse. Bei der Französischen Revolution[17] führten wie bei den anderen gro-

---

12 *Rolf Reichardt*, wie Note 11, S. 332.

13 *Manfred Hettling*, 1848 - Illusion einer Revolution, in: *ders.* (Hrsg.), Revolution in Deutschland? 1789-1989, 1991, S. 27 - 45, 27: „Das Volk - was immer auch jeweils darunter zu verstehen war - trat selber als handelnder Akteur auf, beanspruchte die Gestaltungskompetenz für Staat und Gesellschaft".

14 Treffend der Titel des Vortrages, den *Alexander Graf zu Dohna* am 18. Januar 1923 in der Heidelberger Universität hielt: Die Revolution als Rechtsbruch und Rechtsschöpfung, 1923.

15 Nachweise bei *Theodor Schieder* (Hrsg.), Revolution und Gesellschaft, 1973, S. 31 ff., 108.

16 *Paul Nolte*, Republikanismus, Revolten und Reformen. Reaktionen auf die Französische Revolution in Deutschland 1789-1820, in: *Manfred Hettling* (Hrsg.), Revolutionen in Deutschland? 1789-1989, 1991, S. 8 – 26, 8 f.

17 Aus der fast unübersehbaren Literatur nur *Ernst Schulin*, Die Französische Revolution, 1988, und *François Furet/Denis Richet*, Die Französische Revolution, 1993.

ßen Revolutionen die Wirkungen weit über das hinaus, was die Akteure zunächst intendierten. Das Zusammenwirken einer Vielzahl von Menschen läßt sich, zumal in Zeiten des Umbruchs, nach Verlauf und Ergebnissen nicht im voraus festlegen oder auch nur vorhersagen. Auch die Tiefe des Kontinuitätsbruchs zeigt sich erst im nachhinein. Keine Revolution kann alle geschichtlichen Zusammenhänge zerreißen. „Es gibt Diskontinuitäten in der Kontinuität und Kontinuitäten, die den Bruch überdauern“[18]. Die Eigenart einer Revolution erweist sich geradezu dadurch, daß sie auf bestimmten Feldern radikale Umwälzungen schafft, auf anderen nicht.

> „Im Fall der Französischen Revolution zeigt sich, daß diese in erster Linie eine politisch-ideologische Revolution war, eine soziale Reform dagegen nur insofern, als sie den Klerus entscheidend geschwächt und den politisch-sozioökonomischen Aufstieg des amts- und grundbesitzenden Rentenbürgertums beschleunigt hat: also eine ‘Bürgerliche Revolution’ im Sinne nicht des Fabrikkapitalismus, sondern der traditionellen ‘bourgeoisie d‘ancien-régime’“[19].

Es war Tocquevilles Überzeugung[20], daß die modernen Revolutionen aus einer „allgemeinen Krise des Geistes“ und aus Umständen hervorgingen, die niemand vorhergesehen haben konnte:

> „Die durch eine Volksbewegung entstehenden Revolutionen werden in der Regel eher herbeigesehnt als vorausgeplant, wer sich rühmt, sie vorbereitet zu haben, hat oft nichts getan, als sie sich nachher zunutze zu machen. Sie entstehen von selbst durch eine allgemeine Krankheit der Gemüter, die sich infolge eines zufälligen Umstandes, den niemand vorhergesehen hat, plötzlich zur Krise steigert. Was die Planer oder Füh-

---

18 *Elisabeth Fehrenbach*, Vom Ancien Régime zum Wiener Kongreß, 1981, S. 3. Vgl. ferner die interessante und inhaltsreiche Standortbestimmung von *Anja Victorine Hartmann*, Kontinuitäten oder revolutionärer Bruch? Eliten im Übergang vom Ancien Régime zur Moderne, Zeitschr. f. Hist. Forschung 25, 1998, S. 389 – 420.

19 *Rolf Reichardt/Eberhard Schmitt*, Die Französische Revolution - Umbruch oder Kontinuität?, Zeitschr. f. Hist. Forschung 7, 1980, S. 257 – 320, 319. - Überspitzt das Diktum von *Karl Marx*, Kritische Randglossen zu dem Artikel eines Preußen (Paris, 31.6.1844, MEW Bd. 1, 1958, S. 409): „Jede Revolution löst die alte Gesellschaft auf; insofern ist sie sozial. Jede Revolution stürzt die alte Gewalt; insofern ist sie politisch“.

20 Vgl. zu *Alexis von Tocquevilles* Revolutions-Gedanken insbesondere seine Werke „Souvenirs“ und „Demokratie in Amerika“ sowie zu nachfolgendem Zitat *Henning Ritter*, Das Zeitalter der Überraschungen – Tocqueville, der Beobachter: Die Vergangenheit lehrt nicht viel über die Gegenwart, FAZ vom 9. Januar 1999, Feuilleton. Leider ließ sich trotz umfassender Recherche und Nachfrage bei Henning Ritter nicht feststellen, aus welchem Werk Tocquevilles das Zitat stammt. Tocqueville war 1848 aus Interesse an der deutschen Revolutionsbewegung eigens nach Frankfurt gereist, um sich dort bei Paulskirchen-Abgeordneten über deren Pläne zu informieren, vgl. *G. Beseler*, wie Note 2, S. 72.

> rer dieser Revolutionen angeht, so planen und führen sie nicht. Die vermeintlichen Erfinder oder Führer dieser Revolutionen erfinden und führen nichts."

Sie glichen vielmehr den Abenteurern, die ihre Entdeckungen machen, indem sie sich vom Wind geradeaus ins Unbekannte treiben lassen.

Um die Mitte des 19. Jahrhunderts gab es einen positiv besetzten Revolutionsbegriff nur im Lager der extremen Linken. Das von Karl Marx im Februar 1848 kurz vor Ausbruch der französischen Revolution verfaßte Kommunistische Manifest gab dem Begriff eine geschichtsphilosophische Grundlage, indem er die Revolution als notwendige Stufe der gesellschaftlichen Entwicklung auswies und damit positiv besetzte[21]. Das bürgerliche Lager hingegen befürchtete revolutionäre Entwicklungen. Es suchte der Revolutionsgefahr durch eine Politik verfassungsrechtlicher, nationalstaatlicher, auch sozialer Reformen entgegenzuwirken. Die bürgerlichen Schichten begrüßten die Ereignisse des Frühjahrs 1848 keineswegs, als der revolutionäre Brand von Frankreich aus auf ganz Kontinentaleuropa übersprang. Wolfgang Schieder[22] hat im Hinblick darauf für die Ereignisse der Jahre 1848 und 1849 das Wort geprägt: „Die ungewollte Revolution". Wolfgang J. Mommsen hat es aufgenommen und sein Buch „1848" mit dem Untertitel erscheinen lassen: „Die ungewollte Revolution"[23]. Manfred Hettling gab seinem Beitrag zum Jahr 1848 die Überschrift: „Illusion einer Revolution"[24]:

> „Wie schon ein halbes Jahrhundert zuvor blieb auch 1848 eine tiefgreifende Wandlung, eine Revolutionierung von Staat und Gesellschaft aus. Denn jene bürgerlichen Gruppen, die die politischen Reformziele hauptsächlich einforderten, gehörten zugleich zu den entschiedensten Gegnern einer Gefährdung der 'bürgerlichen Ordnung'. In der Verteidigung des Privateigentums und des staatlichen Gewaltmonopols wußten sie sich mit den Vertretern der alten Ordnung einig".

---

21 Zur marxistischen Revolutionstheorie *Klaus von Beyme*, in: *ders.* (Hrsg.), Empirische Revolutionsforschung, 1973, S. 13 – 19.

22 In: Wendepunkte deutscher Geschichte 1848-1990, hrsg. v. *Carola Stern/Heinrich August Winkler*, 7. Aufl. 1994, S. 17 ff.

23 Die revolutionären Bewegungen in Europa 1830-1849, 1998. Vgl. auch *Charles Tilly*, Die europäischen Revolutionen, Ausg. 1999.

24 *Manfred Hettling*, 1848 - Illusion einer Revolution, in: *ders.* (Hrsg.), Revolution in Deutschland? 1789-1989, 1991, S. 27 – 45, 41.

Urteile dieser Art wecken Zweifel bei dem Leser, der die breite und hohe Welle der Ereignisse[25] ermißt und das bürgerliche Werk der Paulskirche, einer „Sternstunde deutscher Verfassunggebung“, mit seinem „weitsichtigen Modernisierungsprogramm“ und seiner „Grundlegungsfunktion“[26] erkennt. Immerhin war die Revolution von 1848 „eine Implosion der überkommenen Staatsordnung auf dem europäischen Kontinent, deren Legitimitätsgeltung schlagartig eingebrochen war und für deren Erhaltung zu kämpfen mit einem Male als aussichtslos empfunden wurde“[27]. Zusammenbruch infolge Legitimitätsverlustes - dieses Merkmal kennzeichnet auch die Revolutionen von 1918 und 1989.

Politisches Mißbehagen, aus verschiedenartigen Krisen und spezifischen Problemen erwachsen, herrschte in den vierziger Jahren an vielen Orten Europas. Die Februarrevolution in Paris, die das Regime des König-Bürgers Louis Philippe hinwegfegte, steigerte es und löste überall Unruhen aus. „Die Auseinandersetzung der Bewegungs- und Beharrungskräfte war eine europäische Sache; auch die Deutschen lebten im Blick auf Europa, und auf Frankreich, das Modelland der Revolution zumal“[28]. Das Germanische Nationalmuseum Nürnberg hat in seiner überaus instruktiven Ausstellung, wohl der bedeutendsten im Jubiläumsjahr 1998, unter dem Titel „1848: Das Europa der Bilder“[29] die übernationalen Zusammenhänge zur Anschauung gebracht und zugleich gezeigt, wie stark das Bild als Mittel der Massenkultur in Erscheinung trat, nachdem im März mit der Presse- auch die Bilderzensur gefallen war: Eine beispiellose Flut von Bildern, Illustrationen und Karikaturen in der Presse und als Einzelblätter kritisierten die Zustände, kommentierten und provozierten die Ereignisse. Die Dokumente belegen auf ihre Weise, wie die Revolution gleichzeitig

---

25 *Adolf Laufs*, Rechtsentwicklungen in Deutschland, 5. Aufl. 1996, S. 232 – 276, mit ausführlichen Bibliographien.

26 *Jörg-Detlef Kühne*, 150 Jahre Revolution von 1848/49 - ihre Bedeutung für den deutschen Verfassungsstaat, NJW 1998, S. 1513 – 1518; *Adolf Laufs*, Die Frankfurter Nationalversammlung 1848/1849 - Das erste frei gewählte gesamtdeutsche Parlament und sein Werk, JuS 1998, S. 385 – 392 (auf die Literaturangaben sei auch für das Folgende Bezug genommen).

27 *Wolfgang J. Mommsen*, 1848. Die ungewollte Revolution, 1998, S. 17.

28 *Thomas Nipperdey*, Deutsche Geschichte 1800-1866. Bürgerwelt und starker Staat, 3. Aufl. 1985, S. 595.

29 Dokumentiert in zwei stattlichen Katalogbänden: „Der Völker-Frühling“ und „Michels März“. Rezension von *Rolf Reichardt*, FAZ vom 14.November 1998, Feuilleton.

verschiedene soziale Schichten mobilisierte und nirgendwo in nationaler Beschränkung steckenblieb.

Die Revolution von 1848/49 lief ab als polyzentrischer, nicht als einheitlicher, in sich geschlossener Vorgang; sie erschütterte das Regierungssystem überall, wenngleich die Umbrüche verschiedenen Anlässen entsprangen, in wechselndem Grade dämmebrechend und eruptiv wirkten. An Gewaltsamkeiten mit Todesopfern hat es nicht gefehlt. So erfuhr das badische Großherzogtum am Oberrhein drei revolutionäre Erhebungen mit blutigen Gefechten in kaum mehr als einem Jahr: den Heckerzug im April 1848, den Struveputsch im September 1848 und schließlich den Mai-Aufstand des folgenden Jahres[30]. Über die Ausbrüche der Gewalt in Berlin, die Barrikadenkämpfe, den Zeughaussturm, den Belagerungszustand, unterrichten eindrucksvolle Chroniken von Augenzeugen[31] und anschauliche historiographische Rekonstruktionen[32]. Vor diesem Hintergrund mit seinen gewaltigen Schubkräften wollen die vermittelnd-maßvollen Motionen der bürgerlichen Bewegungsmänner gesehen sein wie die einlenkenden Handreichungen der im Deutschen Bund versammelten Mächte.

Das Geschehen ereignete sich gleichsam auf mehreren Ebenen[33], Protestversammlungen, Volksresolutionen und Straßenbarrikaden erkämpften der lange unterdrückten Presse- und politischen Vereinigungsfreiheit den Durchbruch. Dann institutionalisierte sich die Revolution: Es suchten konstituierende Versammlungen in den Einzelstaaten sowie in Frankfurt - dort für ganz Deutschland - neues Recht zu schaffen. Auf der vierten Ebene traten die neuberufenen „Märzministerien" und Magistrate der größeren Städte, auch die Reichsministerien der Provisorischen Zentralgewalt im Dienste des Fortschritts hervor, wobei sie in einer Art Mittlerrolle die Spannungen zwischen den Kräften, insbesondere mit denen der fünften Ebene, auszugleichen

---

30 *Willy Real*, Die Revolution in Baden 1848/49, 1983.

31 Vor allem *Karl August Varnhagen von Ense*, Journal einer Revolution. Tagesblätter 1848/49, Ausgabe 1986 (Die Andere Bibliothek hrsg. v. *Hans Magnus Enzensberger*).

32 *Rüdiger Hachtmann*, Berlin 1848. Eine Politik- und Gesellschaftsgeschichte der Revolution, 1997. – Vgl. neuerdings auch *Wolfgang Schürle* (Hrsg.), Die Revolution 1848/49 – Wurzeln der Demokratie im Raum Ulm, 1998; ferner *Patrick Bahners/Gerd Roellecke* (Hrsg.), 1848 – Die Erfahrung der Freiheit, 1998.

33 *Wolfram Siemann*, Die deutsche Revolution von 1848/49, 1985, S. 59 f.

suchten: Als beständig und dauerhaft erwies sich, allen Anfechtungen zum Trotz, die alte fürstlich-aristokratische Gewalt mit ihren monarchischen Prärogativen, der Landesbürokratie, dem Militär, der Diplomatie, mit deren Hilfe sie den gegenrevolutionären Umschwung am Ende zustande brachte.

Die Anfänge der Bewegung lagen in der Aufklärung[34]. Träger der Revolution war vornehmlich das Bildungsbürgertum, verstärkt und angetrieben auch von den kleinen Leuten, den Bauern, Handwerkern und Arbeitern. Die „Märzforderungen" hießen allerorts: Preßfreiheit, Vereins- und Versammlungsfreiheit, Einrichtung von Schwurgerichten, allgemeine Volksbewaffnung, Verfassungseid des Heeres und nicht zuletzt: Wahl einer Nationalvertretung. Die deutschen Liberalen wollten diese Postulate von der traditionellen Autorität bewilligt sehen im Wege der Reform, des Kompromisses, der „Vereinbarung" zwischen „Krone" und „Volk". Für die Mehrheit der bürgerlichen Politiker hießen die Ziele konstitutionelle Monarchie und deutsche Einheit, friedlich erreicht möglichst ohne tiefen Bruch der rechtlichen Kontinuität. Die in scharfem Gegensatz zu den Liberalen stehenden Demokraten, Republikaner und Kommunisten, die zu radikalem Bruch mit der alten Legalität sich bereit fanden, blieben eine Minderheit, freilich von erheblichem Einfluß schon alsbald, indem sie die liberale Mitte schwächten und zu den Verteidigern der alten Ordnung hindrängten. Mit den „März-Errungenschaften" war noch nichts eigentlich entschieden, vor allem die konservative Macht der Höfe, Armeen und Bürokratien noch unbesiegt. Nach wie vor blieb Deutschland vielfach in sich gespalten: in zählebige Teilstaaten, Parteien, Konfessionen. Die europäischen und dynastischen Verknüpfungen und Gegensätze wirkten fort.

> „Volkssouveränität gegen historisches oder monarchisches Recht, soziale Demokratie gegen Liberalismus, dynastische Staaten gegen das Bundesreich, Nationalstaat und fremde Nationalitäten, Großmächte gegen die neue Großmacht - keiner dieser Konflikte ist in den Jahren 1848 und 1849 eigentlich zu Ende gedacht und zu Ende durchgefochten worden. In chaotischem Zusammenspiel beherrschten, verwirrten und verdarben sie den großen Versuch"[35].

---

34 *Karsten Ruppert*, Bürgertum und staatliche Macht in Deutschland zwischen französischer und deutscher Revolution, 1997, S. 29 ff.

35 *Golo Mann*, Deutsche Geschichte des 19. und 20. Jahrhunderts, Ausg. 1963, S. 198.

Während die alten, unter öffentlichem Druck stehenden Mächte des Deutschen Bundes und ihr Frankfurter Bundestag mit Hilfe des Vereinbarungsprinzips und einer Verfassungsrevision die Rechtskontinuität zu wahren suchten, verlangte das Vorparlament als vorläufige Nationalvertretung des Volkes mit dem Alleinentscheidungsprinzip die Anerkennung der Revolution: In Deutschland habe eine Revolution im Rechtssinne stattgefunden, die alte Bundesverfassung sei ausgelöscht. Die Fortgeltung von Regeln über das Verfahren der Verfassungsänderung ließ sich mit einer Revolution per definitionem nicht vereinbaren. Das Prinzip der parlamentarischen Alleinentscheidung und damit auch der Volkssouveränität stieß zwar auf den Widerspruch Konservativer und zahlreicher liberaler Abgeordneter; um so bemerkenswerter erscheint darum die Erklärung des ersten Präsidenten des Paulskirchenparlaments, des prominenten Liberalen Heinrich von Gagern, der die verfassunggebende Gewalt allein für die Nationalversammlung in Anspruch nahm. In seiner Eröffnungsansprache bestimmte er die Aufgabe des Nationalparlaments eindeutig[36]:

> „Wir wollen schaffen eine Verfassung für Deutschland, für das gesamte Reich ... Der Beruf und die Vollmacht zu dieser Schaffung liegen in der Souveränität der Nation".

Diesem Auftakt entsprach das Ende: die Ablehnung der angetragenen Kaiserkrone und Verwerfung der Paulskirchen-Verfassung durch den Preußenkönig Friedrich Wilhelm IV., der nachmals die preußische Revidierte Verfassungsurkunde von 1850 einen „papiernen Wisch"[37] nannte. Das Konzept der Begründung eines deutschen Nationalstaates auf parlamentarischem Weg mit fürstlicher Zustimmung konnte nicht aufgehen.

> „Denn mußte es nicht schließlich in die Aporie führen, einen bedingungslosen Anhänger des Gottesgnadentums zum Oberhaupt eines durch eine Revolution geschaffenen Staates zu bestellen?"[38].

Soll nur der erfolgreiche Umbruch den Titel Revolution tragen? Ohne Erfolg blieb die bürgerliche Bewegung der Jahre 1848/49 keineswegs. Jörg-Detlev Kühne hat in

---

36 *Huber*, Verfassungsgeschichte, wie Note 2, § 45 I 1, S. 621.

37 *Friedrich Ebel*, „Der papierne Wisch". Die Bedeutung der März-Revolution 1848 für die preußische Verfassungsgeschichte, 1998.

38 *Karsten Ruppert*, wie Note 34, S. 119.

seiner überzeugenden Bonner Habilitationsschrift[39] das Werk der Paulskirche als einen „lange verdrängten Höhepunkt deutscher Verfassunggebung“ erwiesen und den Gemeinplatz ihres Gescheitertseins 1849 relativiert:

> „Das Gedankengut der Frankfurter Reichsverfassung war danach immer wieder Standard und Ziel im verfassungs- und rechtspolitischen Kampf. Es hat auf diese Weise die späteren Rechtsschöpfungen vielfach beeinflußt, wenn nicht bestimmt“.

Der Ruhmestitel, der Deutschland an die westlichen Verfassungsstaaten heranführte, nämlich der Katalog der Grundrechte des deutschen Volkes, hat unmittelbar in das Recht der Länder hineingewirkt, nicht nur über die Maßgaben zu Gerichtsverfassung und Rechtsgang[40]. Die rechtsstaatlichen Züge des Bismarck-Reiches[41] hätten sich ohne die Leistung des Frankfurter Nationalparlamentes nur wenige Jahre später nicht ausgeprägt. Nicht zuletzt steht auch das Grundgesetz von 1949 in dieser Tradition[42].

Bei dem parlamentarischen Geschehen in der Frankfurter Paulskirche, das die alte Kaiser- und Reichsstadt am Main ein Jahr lang in den Mittelpunkt der deutschen Politik rückte, gehörte Martin Eduard Simson zu den weithin sichtbaren und bestimmenden Gestalten. Der einer jüdischen Kaufmannsfamilie entstammende, evangelisch getaufte Jurist[43] fand früh den Weg zu öffentlichem Wirken in seiner Vaterstadt Königsberg, nicht nur als Rechtslehrer an der Universität und Richter am Tri-

---

39 Die Reichsverfassung der Paulskirche. Vorbild und Verwirklichung im späteren deutschen Rechtsleben, 2. Aufl. 1998. Das Zitat auf S. 147.

40 *Adolf Laufs*, Recht und Gericht im Werk der Paulskirche, 1978.

41 *Adolf Laufs*, Die rechtsstaatlichen Züge des Bismarck-Reiches, in: Rechtshistorische Studien, Hans Thieme zum 70. Geburtstag, 1977, S. 72 – 95.

42 *Rudolf Stadelmann*, Soziale und politische Geschichte der Revolution von 1848, 1948, schreibt kritisch und nicht ohne Bitterkeit von der „gescheiterten Deutschen Revolution“, um dann zu konstatieren: „Und doch ist die Krise von 1848/49 eine Epoche der deutschen Geschichte und psychologisch eine wirkliche Revolution gewesen“ (S. 187).

43 Zur von seinen jüdischen Eltern veranlaßten Taufe Simsons: *Felix Hirsch*, Eduard von Simson. Das Problem der deutsch-jüdischen Symbiose im Schatten Goethes und Bismarcks, Geschichte in Wissenschaft und Unterricht – Zeitschrift des Verbandes der Geschichtslehrer Deutschlands, 1965, S. 261 – 277, insb. S. 264; ferner: *Konrad Redeker*, Deutsche Juristen jüdischer Herkunft, NJW 1994, S. 1 – 4. Zu Simsons Einsatz für die Emanzipation der Juden interessant auch *Barbara Strenge*, Juden im preußischen Justizdienst 1812 – 1918. Der Zugang zu den juristischen Berufen als Indikator der gesellschaftlichen Emanzipation, München/ New Providence/ London/ Paris 1996, insb. S. 120.

bunal, sondern auch als Stadtverordneter[44]. Als im März 1848 sich allerorts Bürgerwehren formierten, übernahm der tatkräftige Professor, der schon während seiner ostpreußischen Militärzeit Rekruten unterrichtet hatte[45], das Amt des stellvertretenden Vorsitzenden des neu gegründeten „Akademischen Schutzvereins" in Königsberg, einer aus Studenten der Albertina bestehenden Einheit.[46] Mochte sich Simson durch seine öffentlichen Auftritte eines gewissen Ansehens erfreuen, so konnte er es zunächst mit der Bekanntheit und Popularität eines anderen Königsbergers, nämlich des jüdischen Arztes Dr. Johann Jacoby, nicht aufnehmen[47], der schon 1841 mit seiner demokratischen Flugschrift: „Vier Fragen, beantwortet von einem Ostpreussen"[48] für Aufsehen gesorgt hatte. Bei der Wahl zur verfassunggebenden Nationalversammlung stand im Bezirk 16, der die Stadt Königsberg mit mehr als 70000 Einwohnern umfaßte[49], Jacoby als Kandidat der demokratischen Linken dem Mann der Bürgerlich-Liberalen Simson gegenüber. Für diesen stimmten in dem indirekten Verfahren, das in Preußen wie in den meisten anderen Ländern des Deutschen Bundes galt, 67 Wahlmänner, für Jacoby 63[50]. Dieser Wahlausgang verursachte Aufregung in der Presse und im demokratischen, auch im liberalen Lager[51].

Der Gewählte nahm am 18. Mai 1849 an der feierlichen Eröffnung in der Frankfurter Paulskirche teil[52], um alsbald in stetem Aufstieg parlamentarische Aufgaben zu

---

44 *Pfeiffer*, in: *Düwell/Vormbaum*, wie Note 6, S. 25; *B. v. Simson*, wie Note 6, S. 94.

45 *B. v. Simson*, wie Note 6, S. 60 f.

46 *Bernhard-Maria Rosenberg*, Die ostpreußischen Abgeordneten in Frankfurt 1848/49 – Biographische Beiträge zur Geschichte des politischen Lebens in Ostpreußen, Köln/ Berlin 1970, S. 128 f.

47 „Der Professor der Rechte, Simson, trat in jener Zeit noch nicht besonders hervor", so *Ferdinand Falkson*, Die liberale Bewegung in Königsberg (1840 – 1848), Memoirenblätter, Breslau 1888, S. 28 f.

48 „Vier Fragen, beantwortet von einem Ostpreussen", Mannheim 1841.

49 *Rosenberg*, wie Note 46, S. 131.

50 Vgl. die Quellenangaben bei *Rosenberg*, wie Note 46, S. 132. Ferner: *Gerd Pfeiffer*, Biographische Skizzen zu Eduard von Simson, in: *Hildebert Kirchner* (Hrsg.), Eduard von Simson. Ein großer Parlamentarier und Richter – Reden und Aufsätze zu seinem Gedenken, Kleine Rechtsgeschichtliche Schriften aus Karlsruhe, Heft 3, 1985, S. 35 – 56, S. 42.

51 *Pfeiffer*, wie Note 50, S. 42.

52 Vgl. die Aufforderung der preußischen Regierung an die Abgeordneten zur zeitigen Abreise nach Frankfurt, damit diese an der Eröffnung teilnehmen könnten, zitiert bei *Josef Knott*, Eduard Simson in der Revolution von 1848 – 49, Diss. München 1939, S. 18 (Diese aus zahlrei-

übernehmen. Die Stationen dieses Weges lassen sich mittels der gedruckten „Stenographischen Berichte über die Verhandlungen der deutschen constituierenden National-Versammlung“[53] verfolgen, auch anhand des vortrefflichen biographischen Werkes aus der Feder des Sohnes Bernhard von Simson[54], der viele Quellen mitteilt. Schon im Mai trat Eduard Simson als gewähltes Mitglied in den Ausschuß für Petitionen und Untersuchung der Priorität der Anträge ein[55] – eine durchaus gewichtige Funktion. Im Juni erfolgte seine Wahl zu einem der Versammlungs-Sekretäre[56]. Ende September übernahm er den Vorsitz des Petitionsausschusses[57]. Sein gewandtes Auftreten und sein rednerisches Geschick trugen Simson am 2. Oktober 1848 als Nachfolger des von der Linken bedrängten Soiron das Amt eines stellvertretenden Präsidenten oder Vorsitzenden der Nationalversammlung ein[58]. Einen Monat später folgte die Wiederberufung.[59] Die Wahlen zeigten, daß der Königsberger Abgeordnete Vertrauen weit über den Kreis seiner „Kasino-Partei“ hinaus genoß. Zu dieser, dem rechten Zentrum der liberalen Mitte[60], gehörten unter anderem Arndt und Welcker, Albrecht, Dahlmann, Beseler, Droysen, Jacob Grimm und Waitz[61].

Vor seiner Wahl zum Vizepräsidenten hatte Simson im Sommer 1848 Glanz und Tiefen der parlamentarischen Existenz erfahren. Die Abgeordneten erlebten einen Höhepunkt des Ansehens ihrer Nationalversammlung beim Kölner Dombaufest, an

---

chen Archivquellen schöpfende und aus diesem Grunde durchaus instruktive Arbeit ist aufgrund ihrer ideologischen Einfärbung nur mit Widerwillen lesbar). Vgl. ferner *B. v. Simson*, wie Note 6, S. 98 f.

53 *Jacob Franz Wigard* (Hrsg.), Stenographischer Bericht über die Verhandlungen der deutschen Constituierenden Nationalversammlung in Frankfurt, 9 Bde., Frankfurt 1848 – 1849.

54 *Bernhard von Simson*: Eduard von Simson. Erinnerungen aus seinem Leben, Leipzig 1900.

55 Stenographischer Bericht, S. 89. Zur Rolle dieses Ausschusses und Simsons Position: *Knott*, wie Note 52, S. 19 ff.

56 Wahl am 3. Juni 1848, Stenographischer Bericht, S. 190.

57 Stenographischer Bericht, S. 652.

58 Stenographischer Bericht, S. 2376 f.

59 Wahl am 2. November 1848, Stenographischer Bericht, S. 3011. Die Wahl der Vorsitzenden erfolgte monatlich gemäß § 10 der Geschäftsordnung der Nationalversammlung vom 9. Juni 1848, vgl. Stenographischer Bericht, S. 163 ff.

60 Vgl. zur Aufteilung der Paulskirche in Fraktionen *Huber*, Verfassungsgeschichte, wie Note 2, § 44 III, S. 613 ff.

61 *Huber*, Verfassungsgeschichte, wie Note 2, § 44 III 2a, S. 615 f.

dem der Königsberger Jurist als Mitglied einer Delegation teilnahm, die mit dem Rheindampfer anreiste, denn noch gab es keine Eisenbahnstrecke zwischen Frankfurt und der preußischen Bischofsstadt[62]. Der Waffenstillstand von Malmö[63], den Preußen eigenmächtig ohne die provisorische Zentralgewalt mit Dänemark schloß, stürzte Regierung und Parlament in eine dramatische Krise.

> „Die Nationalversammlung war in eine gefährliche Lage gerathen, sie hatte eine Niederlage erlitten, die umso schlimmer wirkte, als das Geheimniß ihrer Unmacht dadurch offenbar geworden war“[64].

Im Unterschied zu manchen seiner Fraktionskollegen von der liberalen rechten Mitte trug Simson den Ratifikationsbeschluß der Nationalversammlung mit[65] – „die einzige Möglichkeit einer Rückkehr zu konstruktiver Verfassungspolitik“, wie Ernst Rudolf Huber wohlbegründet urteilte[66]. In einem Brief vom 18. September an seine Familie berichtete Simson von den Barrikadenkämpfen in Frankfurt nach dem Beschluß des Parlaments:

> „Die Greuel der ersten französischen Revolution, von denen wir uns im schlimmsten Falle wie weit noch immer entfernt dachten, haben sich als unsere unmittelbare Gegenwart erwiesen! Möchten daraus wenigstens die Verirrten die Rückkehr und die Vernünftigen den vollen Muth lernen, ohne den unsere Zukunft diesen Scheußlichkeiten rettungslos verfallen ist!“[67].

Zu den Bedrängnissen des von der radikalen Partei angezettelten Septemberaufstandes und des Frankfurter Abgeordnetenmordes im Gefolge der Kontroversen um

---

62 *B. v. Simson*, wie Note 6, S. 109.

63 Zur Schleswig-Holsteinischen Frage, zum Waffenstillstandsabkommen von Malmö vom 26. August 1848 und zur dadurch heraufbeschworenen Regierungs- und Parlamentskrise: *Huber*, Verfassungsgeschichte, wie Note 2, § 48, S. 660 ff., insb. S. 673 ff. mit zahlreichen Nachweisen.

64 So formulierte treffend *Karl Klüpfel*, Geschichte der deutschen Einheitsbestrebungen bis zu ihrer Erfüllung 1848 – 1871, Bd. 1: 1848 – 1865, Berlin 1872, S. 69. Hierzu auch Simsons Brief an seine Familie in Königsberg vom 5. September 1848, abgedruckt bei *B. v. Simson*, wie Note 6, S. 113 f.

65 Stenographischer Bericht S. 2145 ff.; *B. v. Simson*, wie Note 6, S. 113.

66 *Huber*, Verfassungsgeschichte, wie Note 2, § 48 III 5, S. 681. Vgl. aber auch *Veit Valentin*, Geschichte der deutschen Revolution von 1848-49, Bd. 2, Berlin 1931, S. 157, der vom „schwarze(n) Tag des Frankfurter Parlaments“ schreibt.

67 Brief vom 18. September 1848, 10 ½ Uhr abends, abgedruckt bei *B. v. Simson*, wie Note 6, S. 116 ff., zitiert S. 120.

Malmö kamen persönliche Anfeindungen: Demokratischer Club, Arbeiterverein und Volkswehrclub in Königsberg bekundeten öffentlich ihr Mißtrauen und forderten Simson auf, das Mandat niederzulegen, das er ihnen gar nicht verdankte.

> „Sie haben den Auftrag erhalten", hieß es, „mit zu arbeiten an dem großen Werke der Freiheit und Einheit des deutschen Volkes, den dynastischen und Sonderinteressen der Fürsten gegenüber, deren Gewalt durch unsere glorreiche Revolution gebrochen ward. Statt dessen stimmten Sie bald mit der Majorität, bald mit der Minorität der Versammlung, wo es galt, die Rechte des Volkes zu schmälern ..."[68].

Die preußische Verfassungskrise und der drohende Staatsstreich durch Verfassungsoktroi in Berlin brachten Zentralgewalt und Nationalversammlung zu Frankfurt in Gefahr und veranlaßten die Reichsgewalt zu Interventionen[69]. Am 18. November 1848 erhielten Simson und dessen Fraktionskollege August Hergenhahn vom Reichsverweser den Auftrag, als Reichskommissare den Konflikt in Berlin zu schlichten und erforderlichenfalls die vollziehende Gewalt in Preußen auszuüben[70]. So weit diese Vollmacht reichte, so gering blieb ihre Wirkkraft. Die Mission scheiterte, wie die anschließende des Präsidenten der Nationalversammlung Heinrich von Gagern[71], der sich für eine hegemoniale Funktion Preußens in Kleindeutschland und für ein Reformministerium in Berlin einsetzte[72]. Immerhin gab das Reichskommissariat Simson die Gelegenheit, bei den Verhandlungen mit den Spitzen des preußischen Staates hervorzutreten und diplomatische Erfahrungen zu sammeln. Die Mission führte auch zum Prinzen von Preußen, dem späteren Kaiser, der die Reichskommissare seinerseits empfing und von Simson einen günstigen Eindruck gewann,

---

68 Öffentlicher Aufruf im Namen des Demokratischen Clubs, des Arbeitervereins und des Volkswehrclubs vom 20. Oktober 1848, abgedruckt bei *B. v. Simson*, wie Note 6, S. 126 f., zitiert S. 127.

69 Vgl. die Stellungnahme des Reichsministerpräsidenten von Schmerling in der Paulskirche vom 13. November 1848, Stenographischer Bericht, S. 3252.

70 *Knott*, wie Note 52, S. 40 ff.; *Rosenberg*, wie Note 46, S. 134.

71 *Huber*, Verfassungsgeschichte, wie Note 2, § 55 II 5, S. 760 f.

72 *Paul Wentzcke*, Ideale und Irrtümer des ersten deutschen Parlaments (1848 – 1849). Darstellungen und Quellen zur Geschichte der deutschen Einheitsbewegung im 19. und 20. Jahrhundert im Auftrage der Gesellschaft für burschenschaftliche Geschichtsforschung, Bd. 3, Heidelberg 1959, S.142 ff. Aus konservativ-preußischer Sicht geschildert bei *Leopold von Gerlach*, Denkwürdigkeiten aus dem Leben Leopold von Gerlachs, Generals der Infanterie und General-Adjutanten König Friedrich Wilhelms IV. Nach seinen Aufzeichnungen hrsg. von seiner Tochter, Berlin 1891, Bd. 1, S. 253 ff.

freilich die schwarz-rot-goldenen Kokarden an den Hüten der Parlamentarier beanstandete[73].

Als das Revolutionsjahr 1848 sich neigte, hatte sich das politische Blatt bereits gewendet, die Gegenrevolution nicht nur in Berlin, sondern auch in Wien Boden gewonnen, mochte die Hinrichtung des Führers der Frankfurter Opposition Robert Blum auch breiten öffentlichen Protest hervorrufen[74] und mochten die Hoffnungen auf endlichen Erfolg in der emphatischen und formbedachten Atmosphäre der Paulskirche noch leuchten. Die Übernahme des Ministerpräsidentenamtes durch Gagern[75] machte den Weg Simsons an die Spitze des Nationalparlamentes frei. Er war noch nicht aus Berlin nach Frankfurt zurückgekehrt, als ihn das Plenum am 18. Dezember 1848 im dritten Wahlgang mit knapper Mehrheit zum Präsidenten berief[76]. „Simson von Königsberg", schrieb der Publizist und Politiker Rudolf Haym vom rechten Zentrum in seinem Bericht über die Nationalversammlung[77], „hatte bereits als stellvertretender Vorsitzender eine solche Meisterschaft in allem Logischen, einen solchen Takt in allem Geschäftlichen bewährt, daß kein anderer in Gagerns Stelle eintreten durfte". Die Gegner der Gagernschen Politik und Preußens auf der Linken, aus Österreich, aus dem Kreis der Ultramontanen hatten gegen Simson votiert[78], obgleich die meisten keineswegs an der hohen Befähigung Simsons zu diesem Amt zweifelten: „Mit schwerem Herzen stimmte ich", so bekennt der linksgerichtete Abgeordnete Alfred Ritter von Arneth in seinen Lebenserinnerungen[79], „mit der ganzen Linken für Kirchgeßner aus Würzburg, obwohl ich mir vollkommen klar darüber war, daß seine Befähigung, das Präsidium zu führen, hinter derjenigen

---

73 *B. v. Simson*, wie Note 6, S. 137.

74 Zur Hinrichtung Blums und zu den Reaktionen eindrücklich *Heinrich Laube*, Das erste deutsche Parlament, Bd. 3, Leipzig 1849, Neudruck Aalen 1978, 3 Bde., S. 151 ff.

75 *Wentzcke*, wie Note 72, S. 155; zu den Fraktionsberatungen im Vorfeld vgl. *Bernd-Rüdiger Kern*, Georg Beseler – Leben und Werk, Berlin 1982, S. 124.

76 Stenographischer Bericht, S. 4229 – 4233; siehe ferner *Bernhard Mann*, Die Württemberger und die deutsche Nationalversammlung 1848/49, hrsg. von der Kommission für Geschichte des Parlamentarismus und der politischen Parteien, Düsseldorf 1975, S. 247.

77 *Rudolph Haym*, Die deutsche Nationalversammlung von den September-Ereignissen bis zur Kaiserwahl – ein weiterer Parteibericht, Frankfurt (Main) 1849, S. 135 f.

78 *Laube*, wie Note 74, Bd. 3, S. 189.

79 *Alfred Ritter von Arneth*, Aus meinem Leben, Bd. 1: 1819 – 1849, Stuttgart 1893, S. 252.

Simson´s weit zurückstand.“ Georg Beseler[80] fiel auf, daß die Verhandlungen seit Simsons Wahl „einen rascheren und ruhigeren Gang nahmen“. Dies sei „seiner würdigen, sicheren und eleganten Leitung verbunden mit einer allen Parteien erwiesenen vornehmen Repräsentation ... zu danken“.

In seiner Eröffnungsrede am 22. Dezember[81] sprach der neue Präsident Eduard von Simson von der „Fortentwickelung der Geschicke Deutschland´s“, die „untrennbar an das Dasein und die Wirksamkeit dieser hohen Versammlung gebunden“ seien. Die Berliner Eindrücke hatten trotz des Mißerfolgs angeblich doch Hoffnungen zurückgelassen.

> „Ich glaube“, so Simson weiter, „mich dieser ehrenvollsten Bestimmung in Betracht der eigenthümlichen Lage unserer Gegenwart und in Erwägung des guten und freudigen Muthes, den ich von meiner Mission zurückbringe“ - Bravorufe -, „nicht entziehen zu dürfen“.

Doch diese Kundgabe guten und freudigen Mutes mag mehr dem Pflichtbewußtsein als optimistischer Hochgestimmtheit entsprungen sein. Der Leipziger Schriftsteller und Dramatiker Heinrich Laube, wie Robert von Mohl, Gustav Rümelin, Karl Mittermaier dem linken Zentrum des „Württemberger Hofes“ angehörend und von 1849 bis 1867 Leiter des kaiserlichen Hofburgtheaters in Wien, übrigens der einzige Abgeordnete aus Österreich, der nicht habsburgischer Untertan war[82], Laube also berichtet in seinem dreibändigen Werk über das erste deutsche Parlament[83] von der Skepsis des Präsidenten:

> „Er hielt die Aufgaben des Parlaments für sehr schwer, ja für kaum lösbar ... Nur zu gut wußte er, als noch die große Mehrzahl mit vollen Hoffnungssegeln dahin strich, nur zu gut wußte er dies Mißtrauen mit seinem klaren Verstande zu begründen im Privatgespräche! ... Vielleicht weil er sehr wenig Hoffnung hegte für das Gelingen des Ganzen, vielleicht weil er für seinen eng gezogenen formellen Kreis Entschädigung

80 *Beseler*, wie Note 2, S. 81.

81 Stenographischer Bericht S. 4333.

82 Vgl. zu Laube: *Reinhold Hülsewiesche*, Heinrich Rudolf Constanz Laube, in: *Walther Killy* (Hrsg.), Literatur-Lexikon, Autoren und Werke deutscher Sprache, 15 Bde., Gütersloh/ München 1988 – 1993, Bd. 7 (1990), S. 164 – 166. Zu Laubes politischer Einordnung in der Paulskirche ferner: *Huber*, Verfassungsgeschichte, wie Note 2, § 11 II., S. 130 Anm. 23 und § 44 II 2b, S. 616.

83 *Heinrich Laube*, Das erste deutsche Parlament, 3 Bde., Leipzig 1849, Neudruck Aalen 1978, Bd. 3, S. 193 f.

bieten zu müssen glaubte, legte er einen überschwenglichen Ausdruck in das, was er anempfehlen und loben konnte".

Aber der gute Mut des Pflichtbewußten muß den Präsidenten getragen haben, anders hätte er die Last des zunehmend schwierigen Amtes bis zum bitteren Ende in Frankfurt nicht schultern, auch sich das Vertrauen des ganzen Hauses nicht erwerben können, das ihn allmonatlich mit wachsender Mehrheit wieder berief[84]. „Und es wird also jedenfalls der, was die Geschäftsordnung betrifft, vorzüglich befähigte Simson wieder als Präsident aus der Wahlurne hervorsteigen", lobte selbst der linksgerichtete Abgeordnete Nägele im Vorfeld einer Wiederwahl[85]. Noch am 10. Mai 1849 bestätigte das Parlament seinen Präsidenten mit 330 von 338 Stimmen[86]. Simson war zu jener Zeit so erschöpft, daß er ärztliche Hilfe in Anspruch nehmen mußte[87]. Es half ihm der Arzt Dr. Wilhelm Löwe-Calbe, ein Abgeordneter der gemäßigten Linken, der demnächst dem Stuttgarter Rumpfparlament präsidierte[88].

Das wohl einfühlsamste und schönste zeitgenössische Portrait Eduard von Simsons hat Heinrich Laube geschrieben, der die Urbanität des Präsidenten rühmte[89]: „Klassische Kenntnis" werde „durch diesen Ausdruck vorausgesetzt im Gegensatze zu blos moderner, mehr oder minder äußerlich angelernter Wissenschaftlichkeit und Uebung". Daher sei es gekommen,

> „daß Simson ohne die moralische Gewalt Gagern´s, ohne den unterjochenden Einfluß einer großen sittlichen Natur dennoch eine tief aufgeregte, mehr und mehr zu grimmigen Ausbrüchen der Parteiung geneigte Versammlung leiten, sänftigen, zusammen-

---

84 Vgl. die Wahlergebnisse im Stenographischen Bericht, S. 4229 (18. Dez. 1848), S. 4414 (3. Jan. 1849), S. 5040 (6. Febr.), S. 5571 (5. März), S. 6150 (13. April) und S. 6497 (10. Mai).

85 Siehe den Bericht des Abgeordneten Ferdinand Nägele im Heilbronner Tagblatt vom 7. Februar 1849, abgedruckt bei *Bernhard Mann* (Hrsg.), Heilbronner Berichte aus der deutschen Nationalversammlung 1848/49, Heilbronn 1974, S. 127.

86 Stenographischer Bericht, S. 6497 f.

87 Vgl. die Mitteilungen über seine Krankheit im Stenographischen Bericht, S. 6493, 6515 und 6533 f.

88 *B. v. Simson*, wie Note 6, S. 204 f.; zu Löwes Präsidialtätigkeit *Wentzcke*, wie Note 72, S. 259 ff; vgl. auch die Artikel in der Neuen Deutschen Zeitung vom 22. und vom 24. Juni 1849, abgedruckt bei *Gunther Hildebrandt* (Hrsg.), Opposition in der Paulskirche, Reden, Briefe, Berichte kleinbürgerlich-demokratischer Parlamentarier 1848/49, Akademie der Wissenschaften der DDR, Schriften des Zentralinstituts für Geschichte, Bd. 70, Berlin (Ost) 1981, Dokument Nr. 196 und 197.

89 *Laube*, wie Note 74, Bd. 3, S. 190 f.

halten konnte. Den klassisch geformten Geist hielt er ihr scharf entgegen, wenn nichts verfangen wollte, und weil diese Form ein zwar betäubtes, aber doch völlig verstandenes Anerkenntniß fand in der Versammlung, so siegte er immer über den rohen Drang zum Streite".

Bei den gesellschaftlichen Pflichten stand dem Präsidenten die Gattin zur Seite[90], die ihm nach Frankfurt gefolgt war. Ohne materielle Sorgen wohnte man im Hôtel de Russie, dem späteren Postgebäude, wo sich je und je Gäste empfangen ließen, unter ihnen Ludwig Uhland und Frau[91]. Nachdem die Grundrechte des deutschen Volkes vom 27. Dezember 1848 im Reichsgesetzblatt[92] verkündet worden waren, bestand die Hauptaufgabe der verfassunggebenden Versammlung darin, den deutschen Bundesstaat zu gründen und ihm eine rechtliche Ordnung zu geben – ein Weg voller innen- und außenpolitischer Fußangeln.

„Wir sollten", so rief der Präsident anläßlich seiner Neuwahl Anfang Februar 1849 den Abgeordneten zu, „das alte Wort des Homerischen Helden auch unter uns zur Wahrheit werden lassen: daß nichts darauf ankomme, ob die Vögel von rechts oder von links fliegen, und daß es Ein Wahrzeichen nur gebe: des Vaterlandes Errettung"[93].

Eduard von Simson kommt das Verdienst zu, die parlamentarischen Verhandlungen mit ihren Stockungen, Widersprüchen, Winkelzügen und ständigen Friktionen an ihr Ziel geleitet zu haben[94]: am 28. März 1849 konnte er die deutsche Reichsverfassung ausfertigen[95]; die Publikation im Reichsgesetzblatt nennt Simsons Namen als er-

---

90 Clara Simson, geborene Warschauer entstammte einer angesehenen Königsberger Bankiersfamilie; zu Simsons Ehe und Familie vgl. *Alexander Meyer*, Nekrolog auf Martin Eduard Sigismund von Simson, in: Biographisches Jahrbuch und Deutscher Nekrolog hrsg. von *Anton Bettelheim*, Bd. 4, Berlin 1900, S. 307 – 317, S. 309. Vgl. ferner *Knott*, wie Note 52, S. 9.

91 *B. v. Simson*, wie Note 6, S. 163.

92 Reichsgesetzblatt vom 28. Dezember 1848, S. 49. Verabschiedet von der Nationalversammlung bereits am 20. Dezember 1848, vgl. Stenographischer Bericht, S. 4281 – 4298.

93 Stenographischer Bericht, S. 5041. Hierzu und zu Simsons Literaturbegeisterung *Heinrich Spiero*, Erinnerung an Simson, Die Zukunft 1903 (XI. Jahrgang), Nr. 52, S. 515 – 519, insb. S. 517.

94 Interessant hierzu: *Karl Biedermann*, Erinnerungen aus der Paulskirche, Leipzig 1849, S. 278 f.

95 Am 29. März 1849 konnte Simson der Nationalversammlung mitteilen, „ daß hier das rectificirte Exemplar der Verfassungs-Urkunde, auf Pergament gedruckt vorliegt (allgemeine Unruhe) und daß ich es dem Beschlusse der Versammlung gemäß mit dem Büreau unterzeichnen werde, dann aber auf einem Tische im Hause niederlegen lasse, damit die Herren Mitglieder auf den beigelegten Pergamentblättern ihre Namen dazuschreiben." Vgl. Stenographischer Bericht, S. 6099 f.

sten[96]. Ein kostbares Unikat aus Pergament trug zur Beurkundung die Unterschriften von 405 Abgeordneten; seine Überlieferungsgeschichte ist ein eigenes historisches Kapitel[97]. Dem Sieg der kleindeutsch-erbkaiserlichen Partei bei der Frage des Reichsoberhaupts[98] entsprach die Frankfurter Kaiserwahl am selben Tage: von den 538 anwesenden Nationalvertretern stimmten 290 für den preußischen König Friedrich Wilhelm IV[99]. Als Simson dieses Ergebnis bekanntgab, sprach er, im Grunde ein Bekenntnis zur bürgerlichen Revolution, vom „Gesammtwillen der Nation" und der „Erhebung des Jahres 1848". Seine Proklamation endete mit einem Goethe-Zitat: „Dies ist unser! So laßt uns sprechen und fest es behalten!". Und voller Emotion fügte er hinzu: „Gott sei mit Deutschland und seinem neu gewählten Kaiser!"[100]. Da durchbrausten Hochrufe die Paulskirche und die Kirchenglocken in ganz Frankfurt begannen zu läuten[101]. Viele Abgeordnete weinten und umarmten sich im Jubel, so berichtet der extrem linksgerichtete Abgeordnete Wilhelm Zimmermann, der zu den wenigen gehörte, die beiseite standen. Er beobachtete, wie etliche Abgeordnete den preußisch-königlichen Vertrauten Joseph von Radowitz umkreisten:

---

96 Reichsgesetzblatt 1849, S. 101 ff.; abgedruckt auch bei *Ernst Rudolf Huber* (Hrsg.), Dokumente zur deutschen Verfassungsgeschichte, Bd.1: Deutsche Verfassungsdokumente 1803 – 1850, 3. Aufl., Stuttgart/ Berlin/ Köln/ Mainz 1978, Nr. 108, S. 375 ff., zu den Unterschriften S. 396. Siehe auch den Bericht des Abgeordneten Ferdinand Nägele im Heilbronner Tagblatt vom 31. März 1849, abgedruckt bei *Bernhard Mann*, wie Note 85, S. 153.

97 Dargestellt bei *Gerhard Hahn*, Die Reichstagsbibliothek zu Berlin – ein Spiegel deutscher Geschichte. Mit einer Darstellung zur Geschichte der Bibliotheken der Frankfurter Nationalversammlung, des Deutschen Bundestages und der Volkskammer sowie einem Anhang: Ausländische Parlamentsbibliotheken unter nationalsozialistischer Herrschaft und Dokumenten, Düsseldorf 1997, S. 539 ff.

98 Die Entscheidung der verfassunggebenden Nationalversammlung für eine erbliche Kaiserwürde war allerdings denkbar knapp: erst in zweiter Lesung ergab sich hierfür eine Mehrheit, wobei lediglich 267 Stimmen dafür waren, aber 263 dagegen, acht Abgeordnete enthielten sich. Vgl. Stenographischer Bericht, S. 6057 – 6064. Zu der Fraktionsarbeit im Vorfeld, um eine Mehrheit für das Erbkaisertum in der Nationalversammlung zu gewinnen: *Beseler*, wie Note 2, S. 74 f.

99 Stenographischer Bericht, S. 6084 – 6093.

100 Stenographischer Bericht, S. 6093.

101 *Karl Binding*, Der Versuch der Reichsgründung durch die Paulskirche in den Jahren 1848 und 1849, Akademische Rede, Leipzig 1892, S.58; Stenographischer Bericht, S. 6093.

„'Unser Kaiser, wir haben ihn!' riefen die Lettes, Dahlmanns, Arndts. Aber Radowitz sah sehr ernst, angegriffen, wie traurig aus, hob den Finger warnend und sagte (mit) schwerer Betonung: 'Führt ihn durch!'"[102].

Wie bei seinem Zusammentreten, so betrachtete sich das Frankfurter Nationalparlament auch bei der Verabschiedung der Reichsverfassung als souverän: als ausschließlichen Träger der verfassunggebenden Gewalt[103]. Die größeren Einzelstaaten, insbesondere Österreich und Preußen, bekannten sich demgegenüber zum Vereinbarungsprinzip[104]. Auch der Wahlakt bedurfte nach der bestrittenen Auffassung des Frankfurter Parlaments nicht der Zustimmung der einzelstaatlichen Souveräne, sondern allein der Annahme durch den Gewählten[105]. In dieses Dilemma mußte die dreiunddreißigköpfige Kaiserdeputation geraten, die unter Führung Simsons am 30. März nach Berlin aufbrach, um dem preußischen König die Krone anzutragen - auf dem Weg nicht immer freundlich, meist aber beifällig, mitunter begeistert begrüßt[106]. Simson selbst hatte zur Verminderung der ohnedies geringen Chancen beigetragen, indem er – nach dem durchaus vertretbaren Urteil des Historikers Heinrich von Sybel[107] sein „schwerster politischer Mißgriff" – den Reichsverweser nach dessen Rücktritt zum Ausharren in einem Interim bestimmt hatte[108], was den Vollzug

---

102 Vgl. den Brief von Wilhelm Zimmermann an seine Frau, geschrieben in Frankfurt am 28. März 1849 um ¼ 5 Uhr abends, abgedruckt in *Hildebrandt*, wie Note 88, Dokument Nr. 135, S. 269.

103 Siehe hierzu zum einen den Beschluß des Vorparlaments zur Aufgabe der Nationalversammlung, wonach ausdrücklich entschieden sei, „daß die Beschlußnahme über die künftige Verfassung einzig und allein dieser vom Volke zu erwählenden constituierenden Nationalversammlung zu überlassen sei" (abgedruckt bei *Huber*, Dokumente, wie Note 96, Nr. 81, S. 334), sowie den Einleitungssatz der Frankfurter Verfassung: „Die deutsche verfassunggebende Nationalversammlung hat beschlossen und verkündet als Reichsverfassung". Siehe zum anderen auch die Stellungnahme der Kaiserdeputation, abgedruckt bei *Huber*, Dokumente, wie Note 96, Nr. 115, S. 406 ff.

104 Siehe hierzu *Heinrich von Sybel*, Die Begründung des Deutschen Reiches durch Wilhelm I., 7 Bde., München/ Leipzig 1889 bis 1894, Bd. 1 (1889), S. 304 f.

105 Vgl. § 68 der Frankfurter Reichsverfassung.

106 Ausführlich über die Reise nach Berlin der mitreisende Abgeordnete *Friedrich von Raumer* in seinem Brief vom 9. April 1849, abgedruckt in dem Buch: Briefe aus Frankfurt und Paris, 2 Bde., Leipzig 1849, Bd. 2, S. 378 ff.

107 *H. v. Sybel*, wie Note 104, Bd. 1, S. 304.

108 Simson berichtete in der Nationalversammlung selbst über sein Vorgehen (vgl. Stenographischer Bericht, S. 6097 f.): Auf die Ankündigung des Reichsverwesers „Ich finde mich bestimmt, unter den obwaltenden Verhältnissen die Würde eines Reichsverwesers zurückzulegen...", erlaubte sich Simson, „gegen diesen von Sr. kaiserlichen Hoheit kundgegebenen Entschluß eine ehrerbietige Gegenvorstellung zu machen, welche unter Hinweis auf die gegen-

der Reichsverfassung sistierte, weil sich des Erzherzogs Johann Stellung nicht nach deren Maßgaben bestimmte[109].

Am 2. April wurde die Deputation in Berlin – trotz des damals herrschenden Belagerungszustandes - von einem zahlreichen, zumeist bürgerlichen Publikum „mit großem Jubel“ empfangen, wie die Vossische Zeitung berichtete[110]. Doch am folgenden Tag kam die oft beschriebene Ernüchterung im Rittersaal des Schlosses zu Berlin durch die schroffe Erwiderung des Königs, der seine Aversion gegen ein vom Volk geschaffenes Kaisertum zuvor wiederholt und unverhohlen zum Ausdruck gebracht hatte[111]. „Die große Versammlung, die sich deutsche Reichs- oder Nationalversammlung nennt, ... hat weder eine Krone zu geben noch zu bieten“, schreibt der König beispielsweise in einem Brief an Arndt[112]. Dabei gingen die Meinungen über Annehmen oder Ablehnen in der preußischen Politik selbst auseinander. Die Mehrheit im Staatsministerium hoffte auf Annahme[113]. Die altpreußisch-partikularistische Partei traf den Kern, wenn sie in der Reichsverfassung eine Manifestation des revolutionären Prinzips erkannte und die Kaiserwahl für einen revolutionären Akt hielt.

---

wärtige so gefährliche Lage des Vaterlandes ... die dringende Bitte an den Herrn Erzherzog-Reichsverweser enthielt, den eben gegen die Versammelten kundgegebenen Entschluß zurücknehmen zu wollen.“ Nach einer Stunde Bedenkzeit erklärte der Erzherzog: „[Ich] finde nicht von meinem, auf reife Überlegung gegründeten Entschlusse abzugehen.“ Er fügte aber hinzu, daß er sich erst dann „der Pflichten [s]eines Amtes enthoben betrachten könne“, „sobald als es ohne Nachtheil für die öffentliche Ruhe und Wohlfahrt Deutschland's irgend geschehen kann“.

109 So auch *Huber*, Verfassungsgeschichte, wie Note 2, § 63 I, S. 843. Anderer Ansicht *F. Hirsch*, wie Note 43, S. 271, der den Rücktritt des Reichsverwesers als „ein neues Element der Unruhe“ beurteilt, mittenhinein „in die an sich schon angespannte Situation“. Vgl. ferner *Beseler*, wie Note 2, S. 86 und *Ferdinand Nägele* im Heilbronner Tagblatt vom 31. März 1849, abgedruckt bei *Bernhard Mann* (Hrsg.), Heilbronner Berichte aus der deutschen Nationalversammlung 1848/49, Heilbronn 1974, S. 153.

110 Nach *Hachtmann*, wie Note 32, S. 799.

111 *E. Wolff*, wie Note 6, S. 29. Siehe auch *von Gerlach*, wie Note 72, S. 263 (über die Besprechung Simsons mit dem König im Dezember 1848).

112 Schreiben vom 18. März 1849, auszugsweise abgedruckt bei *Klüpfel*, wie Note 64, S. 102 f.

113 Vgl. hierzu *von Gerlach*, wie Note 72, S. 306 f.; siehe auch den Beschluß des preußischen Staatsministeriums über die Kaiserfrage vom 2. April 1849 (*Huber*, Dokumente, wie Note 96, Nr. 111, S. 403 f.) sowie die Erklärung des preußischen Staatsministeriums über die Kaiserfrage vom 2. April 1849 (*Huber*, Dokumente, Nr. 112, S. 404). In beiden Dokumenten kommt allerdings deutlich zum Ausdruck, daß eine Reichsgründung nur mit Zustimmung der Fürsten möglich sein soll, vgl. etwa in der Erklärung (Nr. 112): „Die Regierung... hält also dafür, daß der Beschluß [der Kaiserwahl durch die Paulskirchen-Versammlung] nur für diejenigen Regierungen gültig oder verbindlich ist, die demselben aus freier Entschließung beistimmen“.

Der König stellte in seinem Bescheid die Kaiserwahl wie die Reichsverfassung unter den Vorbehalt des freien Einverständnisses der gekrönten Häupter[114]. Bezeichnenderweise sprach er nur von der deutschen, nicht von der verfassunggebenden Nationalversammlung. Nach der Audienz saß die Deputation zu Gast an der herrschaftlichen Tafel zu Charlottenburg, Simson dem König gegenüber[115] – in peinlicher, drückender, steifer und kalter Atmosphäre, wie ein Teilnehmer berichtet[116]. Simson, der den abschlägigen Inhalt der Antwort Friedrich Wilhelms IV. klar erkannt hatte, bestimmte die Deputation zu einer Erwiderung am 4. April an das preußische Staatsministerium[117], die er selbst empfindlich redigierte[118]. Diese staatsrechtlich meisterhaft gefaßte Replik gründete auf die Feststellung, die Nationalversammlung habe die Einladung zur Annahme der Kaiserwürde auf der Grundlage der Verfassung ausgesprochen. Wie die Kaiserwahl, so setze die Annahme der Krone die Verbindlichkeit der Verfassung voraus. Der König hingegen mache aus der Verfassung einen Entwurf. Ein solcher könne zwar Gegenstand fernerer Beratungen der Regierungen sein, unmöglich aber die Grundlage der gesetzlichen Gewalt eines Reichsoberhauptes. Die Erklärung trug Simson die heftige Kritik von Autoren[119] ein, die zu Unrecht annahmen, der König habe die Kaiserkrone angenommen. Auch hieß es, die Deputation dürfe Berlin nicht verlassen[120]. Doch diese trat schon am fünften

---

114 Die Erwiderung des Königs Friedrich Wilhelm IV. an die Deputation ist abgedruckt bei *Huber*, Dokumente, wie Note 96, Nr.114, S. 405 f.; siehe auch *E. Wolff*, wie Note 6, S. 29 f.

115 *B. v. Simson*, wie Note 6, S. 186.

116 *Friedrich von Raumer*, wie Note 106, Bd. 2, S. 391.

117 *E. Wolff*, wie Note 6, S. 31 f.; die Replik der Kaiserdeputation ist abgedruckt bei *Huber*, Dokumente, wie Note 96, Nr. 115, S. 406 ff. Vgl. auch den Bericht der Kaiserdeputation im Stenographischen Bericht S. 6125 ff.

118 *B. v. Simson*, wie Note 6, S. 190.

119 Vgl. etwa *von Sybel*, wie Note 104, S. 308 f. Simson selbst erinnert sich an eine Broschüre, die damals in Frankfurt in Umlauf gebracht worden sei, vgl. *B. v. Simson*, wie Note 6, S. 194 f. Kritisch zur Replik auch der preußische General von Natzmer, vgl. *Gneomar Ernst von Natzmer* (Hrsg.), Unter den Hohenzollern, Denkwürdigkeiten aus dem Leben des Generals Oldwig von Natzmer, Bd. 4: Aus der Zeit Friedrich Wilhelms IV., II. Teil 1848 – 1861, Gotha 1889, S. 58 f.

120 So schrieb etwa *Heinrich Alexander Freiherr von Arnim* in einem Brief an Simson, „die Deputation dürfte Berlin nicht verlassen, bis sie eine ganz genügende Antwort hat“. Hiervon berichtet er in einem Schreiben vom 7. April an Otto Abel und fügt – die Situation wohlerkennend - hinzu: „Da findet sich aber, daß die 33 in Frankfurt unentbehrlich sind, wenn nicht irgend eine österreichische Intrigue siegen soll ... freilich müssen sie also zurückkommen, - aber nur nicht mit dem bisherigen Bescheide“; Brief abgedruckt bei *W. Lang*, Berlin und Frankfurt.

April mittags die Rückfahrt nach Frankfurt an, wo sie am siebten spät abends anlangte, nachdem sie in Weimar durch einen Fackelzug geehrt worden war[121].

„Sie sitzen da stumm und gesenkten Blicks, aus ihren Gesichtszügen spricht wohl Niedergeschlagenheit, auch hie und da Schmerz und Bekümmernis", so beschreibt der Abgeordnete Nägele[122] die Stimmung der Abgeordneten in der Paulskirche nach dem Berliner Fehlschlag.

Erschöpfung und Austritte schwächten nunmehr das Parlament[123]. Präsident Simson am 7. Mai nach einem Tumult im Saal:

> „Wenn Sie nicht geneigt sind, meine Herren, auf den – im Dienst dieses Hauses – nicht angegriffenen, sondern zerrütteten Zustand meiner Gesundheit so viel Rücksicht zu nehmen, um mir die Handhabung der Geschäftsordnung im Hause möglich zu machen, so bitte ich, einen Anderen an meine Stelle zu setzen, der noch Mark genug in den Knochen hat, um das Amt auszufüllen, dem ich nachgerade aufhöre gewachsen zu sein"[124].

Nur Simsons vermittelnder und beruhigender Einfluß[125] war es jedoch, der verhinderte, daß die Beratungen in der Paulskirche in dieser Phase völlig aus dem Ruder liefen. Friedrich von Raumer beklagt in einem Brief[126]:

> „Leider ist unser vortrefflicher Präsident Simson so krank, daß er nur in kurzen Absätzen die Versammlung leiten kann. Dieser Übelstand hat schlimmere Folgen als man denkt ... In der ersten Hälfte der Sitzung erhoben einige fanatische Mitglieder der Linken wieder solch einen Lärm, daß die Sitzung auf zwei Stunden geschlossen werden mußte."

Mit ungedruckten Briefen aus den Jahren 1848 und 1849, Deutsche Rundschau, Bd. 56 (1888), Heft 10, S. 47 ff., zitiert S. 69.

121 *Raumer*, wie Note 106, S. 395; *Wolff*, wie Note 6, S. 35.

122 Aus einem Artikel im Heilbronner Tagblatt vom 8. Mai 1849, abgedruckt bei *Mann*, Heilbronner Berichte, wie Note 85, S. 159.

123 Vgl. die Austrittserklärungen in den Stenographischen Berichten, etwa S. 6443 f., 6529 f., 6697 f. Siehe ferner zur Frustration und zu den Austrittsüberlegungen der Abgeordneten die Briefe des Abgeordneten Droysen an Justus Olshausen (vom 5. Mai 1849) und an Georg Waitz (vom 11. Mai 1849), abgedruckt bei *Rudolf Hübner* (Hrsg.), Johann Gustav Droysen – Briefwechsel, Bd. 1: 1829 – 1851, Berlin/ Leipzig 1929, Briefe Nr. 342, S. 536 und Nr. 343, S. 537.

124 Stenographischer Bericht, S. 6458.

125 Vgl. *Biedermann*, wie Note 94, S. 279.

126 Brief vom 8. Mai 1849, abgedruckt in: Briefe aus Frankfurt und Paris, wie Note 4, S. 422 ff.

Aufgebracht durch den Beschluß der Paulskirche vom 4. Mai, der alle deutschen Regierungen, Parlamente und Gemeinden ersuchte, die Reichsverfassung zur Geltung zu bringen[127], erklärte die preußische Regierung, dem österreichischen Beispiel folgend, durch Verordnung vom 14. Mai die Mandate der preußischen Abgeordneten für erloschen[128]. Simson blieb seiner Grundüberzeugung treu und hielt die Berliner Regierung zu dieser Abberufung nicht für befugt. Die Nationalversammlung beschloß eine Rechtsverwahrung[129]. Aber die Mehrzahl der preußischen Abgeordneten beugte sich dann doch den Tatsachen der Macht, die stärker waren als die Gebote des Rechts der Paulskirche. Am 20. Mai 1849 erklärten 65 Abgeordnete ihren Austritt, darunter viele bedeutende liberale Mitglieder des Nationalparlaments, neben Simson etwa Arndt, Beseler, Dahlmann, Droysen, Duncker, die beiden von Gagern, Haym, Mathy, Mevissen und Waitz[130]. An dem „Aufruf an die Nation"[131], der den Vollzug der Reichsverfassung mit Gewalt forderte, hätten sich diese Abgeordneten nicht beteiligt[132]. „Moralischen Mut haben diese Männer genug gezeigt" formuliert der Historiker Veit Valentin, „sie sind edle wohlmeinende Reformer, Männer des Gedankens und des Wortes, gedämpft und abgeklärt, maßvoll und deshalb nicht zur äußersten Tat berufen" – „sie sind nicht für den Barrikadenkampf gemacht. Sie sind, ganz ohne Ironie gesprochen, für den Terror zu human"[133].

Noch heute berührend, wie Vater Simson seiner beiden Söhne gedachte, als das Parlament seiner Auflösung entgegenging[134]. Zum Andenken an die mächtig bewegte Zeit bestimmte er dem einen Dahlmanns „Geschichte der englischen Revolu-

---

127 Stenographischer Bericht, S. 6396; abgedruckt auch bei *Huber*, Dokumente, wie Note 96, Nr. 122, S. 418.

128 Siehe den „Zweiten Erlaß des preußischen Staatsministeriums an den Bevollmächtigeten Camphausen bei der Reichszentralgewalt vom 14. Mai 1849", abgedruckt bei *Huber*, Dokumente, wie Note 96, Nr. 125, S. 421 ff. Vgl. ferner *Beseler*, wie Note 2, S. 91.

129 Stenographischer Bericht, S. 6600 f. Siehe ferner *Biedermann*, wie Note 94, S. 159 f.

130 Stenographischer Bericht, S. 6697 f. Vgl. auch bei *Beseler*, wie Note 2, S. 91 f.

131 Vgl. Stenographischer Bericht, S. 6735 f.

132 Vgl. die Begründung des Rücktritts des Reichskabinetts von Gagern, Stenographischer Bericht S. 6496, abgedruckt auch bei *Huber*, Dokumente, wie Note 96, Nr. 124, S. 420 f.

133 *Valentin*, wie Note 66, S. 466.

134 *B. v. Simson*, wie Note 6, S. 205.

tion“[135], dem anderen ein Autogramm Uhlands. Er selbst pflegte die Erinnerung, indem er in seinen Dienstzimmern zu Königsberg, Frankfurt an der Oder und Leipzig die von dem Historienmaler Friedrich Pecht[136] gezeichneten Bilder aufhing, die in lebendigen Gruppen die Fraktionen des Kasinos und des Augsburger Hofes darstellen[137].

Zum Schluß noch einmal die Frage: War Eduard Simson zuzeiten ein Revolutionär – der Mann, der die Grundrechte verfocht und das Mehrheitsprinzip, die Klassiker verehrte, tätige Gewalt ablehnte und am Tisch des Königs speiste? Ja, er war ein Revolutionär, ein bürgerlicher Revolutionär 1848/49, der die liberalen Postulate für legitim hielt: eine Legitimität, kraft deren neues Recht aus parlamentarischer Wurzel erwachsen sollte. Julius Duboc[138] umschrieb Simson einmal als „Revolutionär in Frack und Glacéhandschuhen“, einen Mann eben, der die Gewalt der Straße scheute, „sich von den Irrungen und Blendungen, die das Parteigetriebe im Einzelnen erzeugte, immer frei zu erhalten“ wußte. Ein Mann aber, der zeitlebens seine ganze Kraft dafür gab, einen parlamentarischen Rechtsstaat aufzubauen. Daß es Eduard Simson beschieden war, sich im Zeichen des durch Herrscherverträge und Volkswillen gegründeten konstitutionellen Kaiserreiches an verantwortlichen Stellen am Aufwachsen dieses Rechtsstaates zu beteiligen, bezeugt eine Kontinuität, die zu den glücklichen Zügen der deutschen Geschichte gehört.

---

135 Friedrich Christoph Dahlmanns Rolle als politischer Vordenker der Kasino-Partei und der Erbkaiserlichen in der Paulskirche liegt nicht zuletzt in diesem 1844 erschienenen, noch im selben Jahr auch in einer englischen Version gedruckten, knappen und klaren Geschichtswerk begründet. Dahlmann zog die englische Verfassung - als weiterentwickelte germanische Verfassung – den Ergebnissen der Französischen Revolution vor, befürwortete insbesondere ein starkes Königtum (absolutes Veto) und ein Zweikammersystem. Dieses Modell der liberal geprägten konstitutionellen Monarchie beeinflußte nachhaltig das Verfassungskonzept der Paulskirche. Simson schenkte seinem Sohn gewissermaßen das Programm, nach dem die liberale Mitte gehandelt hatte. Vgl. zu Dahlmann: *Erich Angermann*, in: Neue Deutsche Biographie, hrsg. von der Bayerischen Akademie der Wissenschaften, Bd. 3, Berlin 1957, S. 478 – 481.

136 Der 1814 in Konstanz geborene und 1903 in München verstorbene Historien- und Porträtmaler, Lithograph und Schriftsteller August Friedrich Pecht lebte 1848/49 in Frankfurt. Bekannt wurde er nicht zuletzt durch seine Porträts von Dahlmann und Heinrich Heine; vgl. *Ulrich Thieme/ Felix Becker* (Begr.), Allgemeines Lexikon der Bildenden Künstler von der Antike bis zur Gegenwart, hrsg. von *Hans Vollmer*, 37 Bände, Leipzig 1907 bis 1950, Bd. 26 (1932), S. 335.

137 *B. v. Simson*, wie Note 6, S. 207.

138 *Julius Duboc*, Achtundvierziger, in: Die Zukunft, Bd. 19 (1897), S. 586 – 594, zitiert S. 588 f.

Nicht überraschend also, wenn die Ideale von 1848/49 immer wieder in den Reden Simsons hervorleuchten, eindrucksvoll etwa in der Konfliktzeit am 10. Februar 1866, als Simson im preußischen Abgeordnetenhaus für die Redefreiheit der Parlamentarier kämpft[139]. Mutig griff er damals die preußische Königliche Regierung an, die sich, so Simson, gegen alles stelle, „was der Freiheit auch nur entfernt ähnlich sieht".

> „Die Herren können nicht regieren... mit einer freien Presse; sie können nicht regieren ohne Einfluß auf die Zusammensetzung der Gerichte... – sie können nicht regieren, ohne Einfluß auf die Wahlen zum Landtag... ; sie können nicht regieren mit einer freien Kommunal-Verwaltung; sie können schließlich nicht regieren mit einem Hause, in welchem ... unbedingte Redefreiheit waltet!"

Und, so prophezeit er den Ministern:

> „Sie stehen im Kampfe mit den geistigen und sittlichen Mächten der Gegenwart: Sie werden diesen Mächten früher oder später weichen müssen, deren Gewicht und Bedeutung Sie unterschätzen".

139 Vgl. Stenographische Berichte - Haus der Abgeordneten, wie Note 7, 1866 Bd. 1, S.168 – 175, zitiert S. 174 f.

Gerhard Lingelbach

Martin Eduard von Simson - ein Mann adelt parlamentarische Institutionen

- Zum Wirken Simsons als Präsident des preußischen Abgeordnetenhauses, des Reichstages des Norddeutschen Bundes und des deutschen Zollparlaments -

Martin Eduard Simson scheint für Präsidentenämter wie geschaffen gewesen zu sein. In fünf Präsidentschaften deutscher Volksvertretungen sowie in das Präsidentenamt des Reichsgerichts war er gewählt. Und dies stets mit achtenswerten Leistungen und Wirkungen, die ihn wohl auch immer zum Vorschlag für weitere Ämter auszeichneten. - So war er Präsident:

- der deutschen Nationalversammlung zu Frankfurt am Main;
- des preußischen Abgeordnetenhauses;
- des Reichstages des Norddeutschen Bundes;
- des Deutschen Zollparlaments;
- des Deutschen Reichstages und schließlich
- des höchsten deutschen Gerichts seit Errichtung desselben.

Nimmt man das Gothaer Nachfolgeparlament sowie das Erfurter Unionsparlament hinzu, waren es sieben sogar. Wie kommt es, daß ein Mann immer wieder auf den Stuhl des Präsidenten gewählt wird und dort auch stets auf zumeist längere Zeit akzeptiert - zumindest aber geachtet oder respektiert wird? - Gründe dafür gibt es viele und für jedes Amt waren es die der Zeit entsprechenden, mit Sicherheit dürften jedoch dazu gehören:

Seine begnadete *Begabung.* Diese ermöglichte es ihm, im Alter von achtzehn Jahren die juristische Promotion abzuschließen. Und mit fünfundzwanzig Jahren führen ihn seine Begabung, gepaart mit Fleiß, Ausdauer und Zielstrebigkeit, die ihm ein ganzes Leben eigen waren, in ein Ordinariat an der Königsberger Universität.

Sein Rede- und Lehrtalent, von dem ein Zeitgenosse sagte, „Simson spricht Musik", und ein anderer bemerkte dazu: „er habe die Klarheit Goethes mit dem Schwung Schillers verbunden"[1]. - Dabei darf man gewiß nicht übergehen, daß es ein pathetisches Zeitalter war, aber wenn man sich sein Lebenswerk vornimmt, finden sich jahrein wie jahraus durchaus Bestätigungen für diese Gabe:

- Das kontinuierliche *Wachsen seiner Autorität,* im ganzen und in jedem einzelnen seiner Ämter.
- Sein ausgeglichener *Charakter* verbunden mit einer „königlichen Erscheinung".
- Die Art seines *Umgangs mit der Macht* und mit den Mächtigen. Zu denken ist hierbei unter anderem an *Bismarck,* aber auch an *Preußens König Wilhelm.*

Dabei war *Simson* in seinen Ämtern nie eine *bequeme Person,* eine Figur gar, die man zum Präses macht, um dann selbst um so besser der eigenen Interessen wegen leichtes oder auch bloß leichteres Spiel zu haben, wie dies in der Politik gelegentlich zu erleben ist. Er war jedoch auch kein Mann, der im Geheimen Fäden und Intrigen schmiedete, offen und aufrichtig bekannte er sich zu seinen Auffassungen.

Wenn man sich *Martin Eduard Simson* nähert, dann wird einem auch bewußter, was es für ihn und seinesgleichen hieß, zur Elite der damaligen Gesellschaft zu gehören. Und wenn wir zu Beginn des neuen Jahrhunderts einer neuen Elite bedürfen, woran es kaum Zweifel geben dürfte, dann können Charaktere wie der *Simsons* durchaus als Vorbild mit anstehen. Er war nämlich respektablen Tugenden und Zeiten übergreifenden immateriellen Werten verpflichtet; kurz: er war eine Persönlichkeit jener geistigen Elite des vergangenen Jahrhunderts, die ohne Arroganz uneigennützig zu *dienen* sich verstand.

---

1 *Eduard von Simson*. Erinnerungen aus seinem Leben. Zusammengestellt von B. v. Simson, Leipzig 1900 [im folgenden *E. v. Simson, ...*], S. 98. Eine Vielzahl der Lebensereignisse sind diesen Erinnerungen entnommen; da sie nicht quellenmäßig belegt sind, war eine Verifizierung oftmals unmöglich.

Simson steht in der deutschen Verfassungsgeschichte gleichsam als Symbol für die Legitimation der Körperschaft, der er jeweils präsidierte - als Volksvertretung. In diesem Sinne „adelte" er die Institution.

Bei der Würdigung seines 150. Geburtstages im Frühjahr 1985 wurde dies in einer der Ansprachen herausgestellt: Er - Simson - *habe* im April 1849 dem König Friedrich Wilhelm IV. im Namen des deutschen Volkes die Kaiserwürde angetragen und die Schmach der brüsken Ablehnung erfahren müssen. - Im Dezember 1870 war er es wiederum, der als Präsident des Norddeutschen Reichstages nunmehr König Wilhelm von Preußen die Kaiserkrone antragen durfte, die dieser jetzt anahm. - Somit werde durch die Person *Simsons* und das von ihm repräsentierte Amt bezeugt, daß die Reichsgründung - allen anderen Vereinseitigungen bloßer Einigung „von oben" zum Trotz - nicht bloßes Fürstenwerk war, sondern daß an ihr eine nach allgemeinem Wahlrecht zustandegekommene Volksvertretung, von unten, mit selbstbewußter „Überzeugung an diesem entscheidenden Ereignis mitgewirkt hat"[2].

Der Beitrag geht im folgenden auf die Präsidentenämter ein, die *Simson* nach der Zeit der Nationalversammlung und vor seinem Reichspräsidentenamt innehatte.

Präsident des preußischen Abgeordnetenhauses

Bereits im Sommer 1849 - am 7. August - trat Eduard *Simson* als Abgeordneter der Stadt Königsberg in die Zweite Kammer des preußischen Parlaments ein - später erhielt diese Kammer die Bezeichnung preußisches Abgeordnetenhaus[3].

Simson wurde in der ersten Sitzung zum Vizepräsidenten gewählt. Es stimmt nicht, daß er sich dieses Amt mit einer Drohung - falls er nicht Präsident werde, würde er zurücktreten - verschafft habe. Verfassungsrechtlich war das Präsidentenamt zu diesem Zeitpunkt für ihn gar nicht möglich, die Vollendung des vierten Lebensjahr-

---

2 *Weizsäcker, R. v.*, Rede anläßlich des 150. Geburtstages von Simson. in: *Kirchner, H.* (Hrsg.): Eduard von Simson. Ein großer Parlamentarier und Richter. Reden und Aufsätze zu seinem Gedenken, Karlsruhe 1985,S. 11.

3 Verfassung Preußens vom 31. Januar 1850. In: Deutsche Staatsgrundgesetze in diplomatisch genaue Abdrucke. Hrsg. *K. Binding* Heft IV: Preußen, Leipzig 1912.

zehnts war vorgeschrieben. *Simson* war zu diesem Zeitpunkt noch im neununddreißigsten Lebensjahr. Auch das Abstimmungsergebnis spricht vielmehr für die eingangs erwähnte mehrheitliche Akzeptanz. Er vereinte 268 Stimmen auf sich, 140 Abgeordnete sprachen sich gegen ihn aus.

Gemeinsam mit *Auerswald*[4] und *Beckerath*[5] trat *Simson* an die Spitze der Zentrumsfraktion des preußischen Abgeordnetenhauses. Diese gemäßigten Liberalen hatten nichts mit der späteren Zentrumspartei zu tun, waren jedoch mit ihrer Entscheidung ein Schritt zur Bildung politischer Parteien.

Simsons Tätigkeit als Vizepräsident und ab 1862 als Präsident des preußischen Abgeordnetenhauses wurde weit über das Königreich Preußen hinaus aufmerksam verfolgt. *Ernst von Bodelschwingh*[6] nannte *Simson* schon nach wenigen Monaten „den ausgezeichnetsten Redner dieser Kammer"[7].

Simson war nicht nur im Parlament selbst tätig, sondern organisierte in den Parlamentsferien ein Hilfswerk für die im Feldzug in Schleswig-Holstein Kriegsversehrten sowie die Angehörigen der Gefallenen[8]. Diese Tätigkeit für das Hilfswerk brachte *Simson* mit den Problemen und Nöten der Kriegsbeschädigten zusammen, deren Wünsche er später - nicht zuletzt in anderen Präsidentenämtern - nach besten Kräften zu unterstützen suchte.

Am 30. April 1851 brachte *Simson* eine Interpellation wegen des noch fehlenden Gesetzes über die Ministerverantwortlichkeit ein. Dies hatte Artikel 61 der preußi-

---

4 *Auerswald, Hans Adolph Erdmann v.* (1792-1848): Generalmajor im preußischen Heer, in der Nationalversammlung Vorsitzender des Militärausschusses, Konzeption für deutsche Wehrverfassung erarbeitet; bei der Frankfurter Septemberrevolution im Zusammenstoß mit Aufständischen getötet.

5 Beckeradt, Hermann v. (1801-1870): Einer der Führer des rheinischen Liberalismus; mühte sich um Vermittlung zwischen Parlament und preußischer Regierung und um die Annahme der Kaiserkrone durch Friedrich Wilhelm IV.; von der Nationalversammlung zum Reichsfinanzminister bestellt; gehörte dann dem Erfurter Unionsparlament an.

6 Bodelschwingh, Ernst v. (1794-1854): preußischer Beamter, dann preußischer Minister, riet zu liberalen Reformen; 1849 Mitglied der Zweiten Kammer und Präsident des Verwaltungsrates der Union; ab 1852 Regierungspräsident in Amsberg.

7 Stenographische Berichte über die Verhandlung der 2. Kammer 1849/50, S. 2521.

8 *Haym R.*, Das Leben Max Dunckers, Berlin 1891, S. 129.

schen Verfassung[9] gefordert. In der Justizkommission unter dem Vorsitz *Simsons* wurde nunmehr ein Entwurf beraten, der zwar veröffentlicht, aber bis zum Jahre 1918 nicht rechtskräftig wurde.

Zu einem Zwischenfall im preußischen Parlament kam es am 4. April 1852: An diesem Tag schützte *Simson* den rheinisch-westfälischen Industriellen *Friedrich Harkort*[10]. Diesem drohte wegen seines 1851 erschienenen Buches „Bürger- und Bauernbrief"[11] ein Prozeß. *Simson* erklärte, er könne nicht finden, daß in der Schrift der Angriff des Verfassers auf die Junker eine Störung des öffentlichen Friedens darstelle, denn es rege sich ja auch niemand auf, wenn ein Angriff auf die Philister erfolge. Damit setzte er sich entgegen der herrschenden Meinung für Harkort ein, ein Beleg für die Haltung Simsons, Unbequemem nicht auszuweichen. Jedoch barg der Fall ein allgemeines Problem: Es war das erste Mal, daß die Immunität eines Abgeordneten[12] in Preußen zum Zweck der Strafverfolgung aufgehoben werden sollte. - Simson konnte diesen Versuch zwar für den Fall Harkort abwehren, jedoch zeigte sich dabei zugleich, daß die Reaktion erstarkt war. Es galt in Preußen wieder als strafbar, wenn der Adel kritisiert wurde. Zudem offenbarte sich, daß der preußische König Friedrich Wilhelm IV. nicht gewillt war, die von ihm selbst im Frühjahr 1850 beschworene Verfassung zu halten und auszufüllen. Simson mit seinem Weitblick hielt das nötige Augenmaß, um seinerzeit darüber hinaus nicht in diesen Streit einzugreifen. - Im übrigen lehnte er in dieser Zeit einen Ruf nach Jena auf einen juristischen Lehrstuhl der dortigen Universität ab[13].

---

9 Vgl. Art. 61 Preußische Verfassung: „Die Minister können durch Beschluß einer Kammer wegen des Verbrechens der Verfassungsverletzung, der Bestechung und des Verraths angeklagt werden. Ueber solche Anklage entscheidet der oberste Gerichtshof der Monarchie in vereinigten Senaten..."

10 Harkort, Friedrich (1793-1880): Industrieller und Politiker, fortschrittliche kulturpolitische Gedanken, die seine liberale Haltung ausdrücken. Stand in der preußischen Nationalversammlung auf Seiten des Königtums, später Mitglied des preußischen Abgeordentenhauses und des Norddeutschen Reichstages, des Zollparlaments und des Deutschen Reichstages; später errichtete er Arbeiterkrankenkassen und Wohltätigkeitseinrichtungen.

11 *Harkort, F. v.,* Bürger- und Bauernbrief, Leipzig 1851.

12 Friedrich Harkort war von 1861 - 1868 Mitglied des preußischen Abgeordnetenhauses.

13 Brief Simsons vom 17. Januar 1862, in: *E. v. Simson,* a. a. O., S. 300-301. Im Universitätsarchiv Jena ließ sich dies nicht belegen.

Dabei war Simson zeitweise froh, das auch drückende Amt eines Präsidenten loszuwerden. So schrieb er im Winter 1862 in einem Brief aus Berlin:

> „Du wirst inzwischen gesehn haben, daß ich auch das Präsidium - ohne weitere Anfechtungen von oben her - los geworden bin. Es war mir höchst komisch, durch allerlei Mittelspersonen die Versicherungen von Fortschrittsmännern zu empfangen, daß sie mir sehr gern „in eklatanter Majorität" ihre Stimmen zum Präsidenten geben würden. Ich antwortete with arrogant humility, daß ich mir das gedacht hätte, da ich ja wüßte, daß sie nichts anderes im Sinne hätten, als den guten Fortgang der Geschäfte, und es sehr nahe läge, zu diesem Behuf die formale Leitung in schon versuchte Hände zu legen und das insbesondere einem neuen Versucht vorzuziehen. Aber Einfluß auf meine Entschließungen könnte ich dem nicht einräumen. Die Abtheilungswahlen müssen Dich, wie uns Alle, überrascht haben. Danach erscheinen die Fortschrittsmänner wie eine verschwindende Minorität: gewiß mit Unrecht. Daß sie allmählig das linke Centrum (v. Bockum, Harkort, Stavenhagen und weiter.Immermann, Aßmann pp.) auffressen, halte ich nach der Naturgeschichte aller Parlamente für unausweichlich. Was uns fehlt, sind übrigens - zur Zeit - nicht Stimmen, sondern Talente. In der Fraktion sprechen jetzt alle Zaunkönige, da der große Donnerer weggeblieben ist. Freilich wird durch seine Abwesenheit auch viele Reizung der Gegener - ich meine unnöthige - erspart werden. Gott helfe weiter!
>
> Die Andeutung über meine Motive, eine Nachwahl anzunehmen, hat in vielen Blättern gestanden und ist so verbreitet, daß ich meines Theils von einer Erneuerung derselben gerne abstehe..."[14]

In dieser Situation ging er nach Königsberg, um dort an der Juristischen Fakultät zu lehren. Durch eine Episode aus dieser, seiner Professorenzeit wird berichtet, daß in einer Disputation über einen juristischen Streitfall soviel Durcheinander angerichtet worden war, daß niemand mehr das Wesentliche zu erkennen vermochte. Da habe Simson, der bis dahin schweigend zugehört hatte, eingegriffen und mit wenigen Sätzen den Sachverhalt in der Weise klargestellt, daß die Lösung zu finden war[15].

Wie sehr Simson an der Freiheit des Wortes lag, zeigte sich an seinem Eingreifen in die Auseinandersetzungen um die „Preß-Ordonnanz" vom 1. Juli 1863, wo er u. a. sagte:

> „Die Herren können nicht regieren (so sehr sie es auch wollen möchten) mit einer freien Presse; sie können nicht regieren ohne Einfluß auf die Zusammensetzung der Gerichte, und sollte dadurch das Ansehn der Justiz in diesem Lande untergraben werden - sie können nicht regieren ohne Einfluß auf die Wahlen zum Landtag, und sollte da-

14 *E. v. Simson,* a. a. O., S. 348-349.

15 *E. v. Simson,* a. a. O., S. 303-304.

durch ein scheinbares Resultat gewonnen werden, wodurch das Gegentheil von dem ausgesprochen wird, was wirklich in dem Herzen der Nation lebt,- sie können nicht regieren mit einer freien Kommunal-Verwaltung; sie können auch schließlich nicht regieren mit einem Hause, in welchem die durch den Artikel 84 vorgesehene unbedingte Redefreiheit waltet!"[16]

Präsident des deutschen Zollparlaments

Nachdem im Jahre 1834 der erste Deutsche Zollverein gegründet worden war, trat nach der Gründung des Nordeutschen Bundes mit den süddeutschen Staaten durch den Zollvereinigungsvertrag vom 8. Juli 1867 ein neuer Zollverein ins Leben. Höchstes Organ desselben war das *Deutsche Zollparlament.* Diesem kam die Aufgabe zu, die Einheit des Zollgebiets und der Zollgrenzen, die vertragsmäßig gesichert waren, auch durchzusetzen. Insoweit war das Zollparlament ein beachtlicher Baustein auf dem Wege zur deutschen Reichseinheit.

Bereits mit der Gründung des Norddeutschen Bundes 1866 waren Gedanken aufgekommen, daneben einen süddeutschen Bund (bestehend aus Bayern, Württemberg, Baden und dem südlich der Mainlinie liegenden Teil Hessen-Darmstadts) als Gegengewicht zum preußisch dominierten Norddeutschen Bund zu schaffen. Dies hätte die Zweiteilung der Nation heraufbeschworen. In dieser Situation erinnerte man sich daran, daß 1847 der badische Abgeordnete Karl Mathy[17] die Ausweitung des Zollvereins zum Zollparlament als den sichersten Weg zur deutschen Einheit bezeichnet hatte[18]. Mathy - inzwischen badischer Handelsminister und seit Juli 1866 Minister-

16 *E. v. Simson,* a.a.O., S. 359. Art. 84 der Preußischen Verfassung lautet: „Sie [die Abg.-G.L.] können für ihre Abstimmungen in der Kammer niemals, für ihre darin ausgesprochenen Meinungen nur innerhalb der Kammer auf den Grund der Geschäftsordnung (Art. 78) zur Rechenschaft gezogen werden..."

17 Mathy, Karl (1807-1868): bis zu seiner Entlassung wegen der Teilnahme am Hambacher Fest 1832 im badischen Staatsdienst, in der Nationalversammlung entschiedener Gegner der Radikalen; 1845 Staatsrat und Mitglied der badischen Regierung, Mitglied des Erfurter Unionsparlaments, danach Rückkehr in den badischen Staatsdienst.

18 *Blum, R.,* Ausgewählte Reden und Schriften, Heft 1, Leipzig o.J., S. 156 ff..

präsident sowie Handels- und Finanzminister des Großherzogtums Baden - versuchte nun sein altes Ziel, das Zollparlament, durchzusetzen[19].

Ein Zollparlament könne - so die Auffassung Mathys und seiner Anhänger - in den Bereichen des Handels, der Wirtschaft, der Finanzen, der Steuern und der Zölle einen Reichstag ersetzen und somit an einer endgültigen Herstellung der Reichseinheit mitwirken. Als Fernziel sollten dann Handels- und Zollverträge zwischen Deutschland und Österreich erstrebt werden. In diesem - 1868 zustande gekommenen - Zollparlament saßen die Abgeordneten des Norddeutschen Reichstages neben den Deputierten der süddeutschen Länder, die auf je einhunderttausend Einwohner einen Vertreter gewählt hatten. Alle bei der Eröffnung des Zollparlaments am 27. April 1868 anwesenden Abgeordneten waren sich bewußt, daß dies der erste Schritt hin zu einem aus Abgeordneten aller deutschen Staaten bestehenden Gremium seit dem Zusammenbruch der Nationalversammlung 1849 war.[20]

Für die Repräsentanz - die Präsidentschaft der Vertretungskörperschaft - dieses Zollparlaments eine geeignete Persönlichkeit zu finden, war so notwendig wie heikel. Legt man wiederum die eingangs knapp umrissenen Qualitäten Simsons zu Grunde, war es fast eine logische Folge, daß Eduard Simson am 29. April 1868 zum Präsidenten des Zollparlaments gewählt wurde. Neben ihm wurden der Bayerische Ministerpräsident Fürst Hohenlohe-Schillingsfürst zum ersten und der Württembergische Herzog von Ujest zum zweiten Vizepräsidenten gewählt.[21] Die Berliner Kaufmannschaft gab diesem frisch gewählten Zollparlament ein Frühstück, auf dem Bismarck sprach, während Simson den Toast auf den Handels- und Gewerbestand der Hauptstadt ausbrachte[22].

Mit Simson als erfahrenem Präsidenten an der Spitze des Zollparlaments war es möglich, daß die drohenden schweren Zusammenstöße jedesmal rechtzeitig verhindert werden konnten. So stand als Streitgegenstand das Problem der Einführung eines nach dem Dezimalsystem eingeteilten Geldsystems, für das sich der hessische

---

19 *Freitag, G.*, Karl Mathy. Geschichte seines Lebens, Leipzig 1869.

20 *Blum, H.*, Persönliche Erinnerungen, S. 20-21.

21 *Hohenlohe-Schillingsfürst*, Band 1, S. 304-307, vgl. *Blum, K.*, a. a. O., S. 183.

22 *Poschinger, H. v.*, Fürst Bismarck und die Parlamentarier, Band 1: Die Tischgespräche des Reichskanzlers, 2. Aufl., Berlin 1894, S. 7.

Politiker Bamberger einsetzte[23]. Auch hier bewährte sich das vermittelnde - und doch das große Ganze nicht aus dem Auge verlierende - Geschick Simsons. Er half den Weg zur späteren Reichseinheit mit zu bereiten, allen Gegnern und Anfeindungen zum Trotz. Simson, wie auch die anderen Präsidiumsmitglieder wurden in den folgenden Jahren immer wieder in diese von ihnen bereits ausgeübten und ausgefüllten Ämter gewählt[24].

Von besonderer Tragweite wurden die eher nebenbei, aber nicht ohne Absicht gemachten Bemerkungen zum deutschen Nationalstaat. Bereits im Mai 1870 rechnete man mit einem deutsch-französischen Krieg. Im Kriegsfall müßten alle Deutschen zusammenstehen und die Nation wieder zu einer Einheit werden lassen, so die Auffassung Simsons. Damit war zum einen *Bismarcks,* zum anderen aber auch Simsons Stunde gekommen. Wenn auch Bismarck behauptete, daß 1866 die materielle Macht den Dynastien beider Seiten und nicht den Parlamenten folgte[25], so war die Einigung des Reiches von 1871 ohne die Volksvertretungen nicht mehr durchsetzbar. Dazu waren die Macht und die Ausstrahlung der Parlamente in der Zeit des Norddeutschen Bundes - auch durch einen Anteil Simsons - maßgeblich gewachsen. Von daher hatte Simson einerseits einen unmittelbaren Anteil an der Reichseinigung, andererseits verkörperte sich in ihm die erwähnte Mitwirkung der Volksvertretung - zu dieser Zeit noch in Gestalt des Zollparlaments.

Für jene Zeit nach 1866 sind nicht viele Worte Bismarcks über sein Verhältnis zu Simson überliefert. Einige davon sind allerdings nicht frei von Seitenhieben, die bis ins Verletzende gehen. So beginnt etwa Bismarck am 21. Mai 1868 eine nur knapp zwei Minuten lange Ansprache in der Berliner Börse zu Ehren der Mitglieder des Zollparlaments mit den Worten, er könne „den Vorsitzenden des Zollparlaments, Dr. Simson, nicht ganz freisprechen von einem gewissen Egoismus, von dem er (Bismarck) sich „fern halten" wolle[26].

---

23 *Blum,K.,* a. a. O., S. 35 ff, Vgl. Drucksache Nr. 7 des Zollparlaments.

24 *Hohenlohe-Schillingsfürst,* Band 1, S. 369.

25 *Bismarck,* Gedanken und Erinnerungen, Band 1, S. 296.

26 Die Ansprachen des Fürsten Bismarcks 1848-1894, Hrsg. *H. v. Poschinger,* 2. Aufl., 1895, S. 12.

In diesen beiden Persönlichkeiten trafen unterschiedliche Charaktere aufeinander: Zeitgenossen beschrieben die geistigen Qualitäten Simsons wie folgt:

Beschrieben wird Simson u. a.:

> „Simson faßte sehr schnell. Seine Aufmerksamkeit war nie zerstreut. Er konnte vortrefflich zuhören, woher es ein besonderes Vergnügen war ihm vorzulesen, faßt so groß wie ihn vorlesen zu hören. Er lebte überhaupt sehr in der Gegenwart, weder durch Sehnsucht nach der Vergangenheit noch durch vorzeitiges Sorge um das, was später kommen würde, abgezogen. Er liebt es die Dinge rasch zu erledigen und war ein besonderer Feind aller Verschleppung. Er war in hohem Grade Optimist, geneigt, alles von der guten Seite und in hoffnungsvollem Lichte zu sehen. Mit dieser Eigenschaft, die er selbst seinen ‚unheilbaren Sanguinisnus' nannte und die ihm als Politiker manche Enttäuschung bereitet hat, stand in einem gewissen Zusammenhang sein Vertrauen und seine Neigung zu allem Neuen; jede Erfindung reizte ihn, sie womöglich sogleich zu erproben.
>
> Er war vielleicht nicht immer im einzelnen durch nüchterne praktische Erwägung vor Fehlgriffen geschützt, aber um so sicherer im allgemeinen durch maßvolle Besonnenheit auf der rechten Bahn erhalten; bei sehr erregbaren, nicht starken Nerven, von moralischem Mut. Ein beharrlicher Freund des Rechts und der Freiheit, dessen Beredte und doch oft schweigsame Lippe sich vornehmlich dann öffnete, wenn sein Rechtsgefühl oder sein logisches Bewußtsein verletzt war,- aber zugleich Royalist nicht nur aus Überzeugung, sondern, bei begeisterter Anhänglichkeit an das Haus der Hohenzollern, auch aus entschiedener Vorliebe. Die konstitutionelle Monarchie war ihm die Blüte des Staatslebens,- auch die Rechte der Krone, nach seiner Ansicht, ein unentbehrlicher Schutz der bürgerlichen Freiheit gegen Tyrannei, wie sich denn das Volk häufig reaktionär gezeigt hat als die Fürsten.
>
> Catonische Starrheit, Tugendheldenthum war ihm fremd und unsympathisch, aber nichts auf der Welt hätte ihn vermocht, um Haaresbreite von seiner Überzeugung abzuweichen. Mit vornehmen Selbstgefühl verband er tiefe Bescheidenheit unter Schätzung seiner Fähigkeiten und Leistungen"[27].

Präsident des Reichstages des Norddeutschen Bundes

Eigentlich nimmt es nicht wunder, daß Eduard Simson den Präsidentensessel des Reichstages des Norddeutschen Bundes einnahm. Und doch war es so selbstverständlich nicht, denn dieses Parlament kam in einer höchst schwierigen und diffizilen Genesis zuwege. Wer nunmehr an der Spitze stehen sollte, mußte entschiedene

27 *E. v. Simson*, a.a.O., S. 420 f.

Parlamentsqualitäten und -fähigkeiten aufweisen. Man denke nur an den Verfassungskonflikt im preußischen Abgeordnetenhaus wenige Monate zuvor.

Bismarck hatte die Situation, 1866 einen Krieg durchzufechten, geschickt genutzt. Der Plan der Regierung, die Entscheidung um die Vorherrschaft in Deutschland mit Waffengewalt zu erzwingen, war zwar beim Volk nicht populär, Kriegsbegeisterung war nirgendwo. Aber Bismarck setzte sich letztlich durch. Es kam dann zur Einigung der norddeutschen Staaten zum Norddeutschen Bund. [28].

Die Friedensverträge mit Württemberg am 13., mit Baden am 17. und Bayern am 22. August wurden durch Schutz- und Trutzbündnisse ergänzt, die vorläufig geheim blieben. Nunmehr war der Norddeutsche Bund entstanden. Bismarck beauftragte den bewährten Weggefährten *Simsons - Max Duncker*[29] *- den* Entwurf einer Verfassung des Norddeutschen Bundes aufgrund der Reichsverfassung von 1849, der Erfurter Beschlüsse von 1850 sowie der preußischen Vorschläge von 1866 zu erarbeiten.

Diese Erfurter Verfassung mußte nochmals bearbeitet werden, da Preußen die deutschen Mittel- und Kleinstaaten bewußt als Verbündete und nicht als Vasallen oder gar Unterworfene behandelt wissen wollte. Damit war ein wichtiger Schritt in der deutschen Geschichte getan: Ohne Zustimmung des Parlaments konnte kein Staatsvertrag mehr beschlossen werden. Das sollte 1870 entscheidend werden.

Simson wurde im März 1868 zum Präsidenten des konstituierenden norddeutschen Reichstages gewählt. Er äußerte sich dazu mit den Worten:

> „Mit Freuden nehme ich die Adresse des Norddeutschen Reichstages entgegen, die den Beweis liefert, daß die Saat des vorigen Jahres glücklich aufgegangen ist. Es sind Besinnungen und Hoffnungen ausgesprochen, welche die meinigen sind und die einst ihrer Erfüllung entgegen reisen können. Sie berühren in Ihrer Ansprache den Ort, an welchem Sie mir die Adresse überreichen. Daß die wiederhergestellte Stammburg der Hohenzollern am Tage ihrer Einweihung Zeuge des Ausspruchs des Norddeutschen

---

28 So traten am 15. August Sachsen-Weimar-Eisenach, Sachsen-Altenburg, Sachsen-Coburg-Gotha, Braunschweig, Oldenburg, beide Schwarzburg, Reuß jüngere Linie, Waldeck, beide Lippe und die Handelsstädte bei. Am 21. August folgten beide mecklenburgischen Großherzogtümer (Mecklenburg-Schwerin, Mecklenburg-Strelitz), am 26. September Reuß ältere Linie, am 8. Oktober Sachsen-Meiningen und am 21. Oktober das Königreich Sachsen.

29 *Duncker, Max* (1811-1886); Historiker und Politiker; Mitglied der Paulskirche; Professor in Tübingen; Hauptwerk: „Geschichte des Altertums", 7 Bände, 1852-57.

> Reichstags gegen mich ist, beweist, daß die Vorsehung mit dem Geschlecht, daß hier entsproß, daß sie mit Preußen war und ist."[30]

Die Wahl leitete der Alterspräsident *von Frankenberg-Ludwigsdorf,* unter dessen Vorsitz *Simson* bereits 1850 zum Präsidenten des Volkshauses in Erfurt gewählt worden war. Später schrieb *Heinrich von Sybel,* man habe ihm, *Simson,* damit eine Genugtuung für 1849 geben wollen, was zweifelsohne der Fall war.

Simson klagte dem Abgeordneten *Hans Blum - Sohn* des in Wien *erschossenen Robert Blum* -, daß die reaktionäre Innenpolitik Preußens die Einigung Deutschlands erschwere. Der alterfahrene Parlamentarier nutzte aber die Gunst der Stunde. Er wußte zu genau, daß *Bismarck* die Abgeordneten dringend brauchte. Die preußischen Etats der Konfliktzeit mußten nachträglich ebenso legitimiert werden, wie die lediglich durch den Sieg, aber keineswegs durch das Recht begründeten Gebietsvergrößerungen des Norddeutschen Bundes. Dabei fand *Simson* unter den Abgeordneten der norddeutschen Mittel- und Kleinstaaten zahlreiche alte Gesinnungsfreunde aus Frankfurt am Main, Gotha und Erfurt wieder, auf die er sich in diesen Auseinandersetzungen verlassen konnte. Wieder einmal bewährten sich die Eigenschaften *Simsons.* Man ist geneigt, an eine Sentenz von *Franz Grillparzer* aus dessen *Reisetagebüchern zu* erinnern, daß *„nur aus der Verbindung eines Charakters mit einem Talente das hervorgeht, was man Genie nennt"*[31]. Eine solche Genialität machte die notwendige Vermittlungsarbeit *Simsons* zur Bewältigung dieses Konflikts erfolgreich.

Jüngere Abgeordnete, die das Revolutionsjahr 1848 und seine Ereignisse als Kinder oder als Studenten erlebt hatten, sahen zudem in *Simson* ihr großes Vorbild und bemühten sich, ihn zu unterstützen. Diese generationsbedingte Zusammensetzung des norddeutschen Parlaments begünstigte die Beförderung der Reichseinheit. Ältere, erfahrene Parlamentarier auf der einen sowie hoffnungsvoller und tatendurstiger Nachwuchs auf der anderen Seite machten sich in den ereignisreichen Jahren zwischen 1867 bis zur Reichsgründung 1871 gemeinsam daran, die verfassungsrechtliche Grundlage der Reichseinheit zu schaffen. Dies ist eine der hervorhebenswerten Tatsachen. Und daran hat *Simson* als Integrationsfigur entscheidend mitgewirkt.

---

30 *E. v. Simson*, a. a. O., S. 366.

In jenem Norddeutschen Reichstag bewies *Simson* immer wieder sein Verhandlungsgeschick. So zum Beispiel als der antragsfreudige Abgeordnete *Lasker*[32] die Redefreiheit in allen Landtagen beantragte, für die sich auch *Simson* stets eingesetzt hatte.

Der Konflikt folgte auf den Fuß. Der Reichstag verabschiedete ein entsprechendes Gesetz, das aber vom Bundesrat verworfen wurde. Nun hätte es zermürbende, aber bei der politischen Kräftekonstellation letztlich fruchtlose Debatten geben können; auf diese verzichtete *Simson.* Als aber am 23. Mai 1870 das norddeutsche Strafgesetzbuch verabschiedet wurde, war die Redefreiheit stillschweigend in diesem festgelegt worden und passierte nunmehr ohne Beanstandung die Klippe des Bundesrates.

Noch einmal ein Wort zum Verhältnis *Simsons zu* Mächtigen. Gebeugt hat er sein Haupt wohl selten, aber er hat deshalb weder sinnlos gestritten, noch auf energischen Widerspruch verzichtet, wenn es darauf ankam.

So zum Beispiel als es bei der Debatte um die Polenfrage[33] am 28. Februar 1863 erneut zu einer heftigen Konfrontation mit Bismarck kam. Hier kennzeichnete *Simson* mit bissigen Worten die Polenpolitik Bismarcks als „Donquichoterie und Seiltänzerei".

> „Ich verlange nicht" - so hatte Simson unter dem Beifall des Hauses ausgeführt - „denn das Verlangen wäre ein übermäßiges - , daß eine Regierung alle Zeit den kühnen Flug des Genies einzuhalten im Stande sein soll. Mehr gerechtfertigt wäre schon die mildere Forderung, daß sie den ruhigen, sicheren Gang des Talents und der Erfahrung zu gehen verstände. Aber in jedem Falle, meine Herren, wird die Bewunderung dafür, daß jemand nicht fällt, die Bewunderung, die man ja jedem Seiltänzer würde zuwenden müs-

---

31 *Grillparzer, F.,* Reisetagebücher, Berlin 1971, S. 139.

32 Lasker, Eduard (1829-1884): Publizist und Politiker, Verfechter liberaler Ideen, Mitbegründer der National-liberalen Partei 1866; Mitglied des (Norddeutschen) Reichstages 1867-1884; an der Wirtschafts- und Justizgesetzgebung maßgeblich beteiligt. [vgl. *Laufs, A.,* Eduard Lasker, 1984]

33 In Polen war 1863 ein Aufstand ausgebrochen. Am 26. Februar 1863 beantragten in diesem Zusammenhang die Abgeordneten *Carlowitz* und *v. Hoverbeck,* Preußen möge weder die russische Regierung in ihrem Kampfe gegen die Aufrührer noch die Aufständischen unterstützen. In der Diskussion um eine preußische Intervention in Polen hatte dann schließlich auch Bismarck vor dem Abgeordnetenhaus das Wort ergriffen.

sen (Sehr wahr! Sehr richtig! Bravo!) eine Bewunderung sein, nach der nicht Jedermanns Gaumen und Jedermanns Appetit stünde." (Sehr wahr! Bravo!)[34]

Daß solche Äußerungen Bismarck tief verletzt haben, wird aus einer mehr als dreißig Jahre später getroffenen Bemerkung deutlich. Als er auf seine Frage nach dem Befinden von *Simson* zur Antwort erhielt:

> „Es geht ihm sehr gut, er ist frisch und wohl, nur die Beine wollen nicht mehr so recht", erwiderte Bismarck: „Simson hat, ebenso wie Virchow, Sybel und Gneist, in alten Zeiten uns viele Schwierigkeiten gemacht, sie nannten uns Minister Seiltänzergesellschaft,- da brauchten wir allerdings unsere Beine"[35].

Bismarck brachte seine Einstellung zu *Simson* auch dadurch zum Ausdruck, daß er es vermied, ihn namentlich anzusprechen. Er pflegte *Simson* immer nur als „den Herrn Abgeordneten für Königsberg"[36] zu bezeichnen. Von besonderem Interesse ist in diesem Zusammenhang die Unterredung aus dem Jahr 1879, in der Bismarck *Simson* schließlich bewegte, das Amt des Präsidenten des Reichsgerichts anzunehmen. Am 4. Oktober 1880 hat Bismarck in Friedrichsruh hierüber seinem Hausarzt Eduard Cohen berichtet. Die Aufzeichnungen Cohens, die vom selben Tage datieren, sollen an dieser Stelle im Wortlaut wiedergegeben werden, zumal sie die bislang überlieferten Darstellungen[37] in ein anderes Licht setzen.

Der Hintergrund dieses Gesprächs mit Bismarck war folgender:

Am 11. April 1877 war das Gesetz über die Errichtung des Reichsgerichts verkündet worden[38]. Im Rahmen der durchzuführenden Justizreform sollte auch das Appellationsgericht Frankfurt an der Oder, dessen Präsident Eduard *Simson* seit 1869 war, aufgelöst werden. Simson wurde in diesem Zusammenhang im Oktober 1878 gebe-

---

34 Stenographische Berichte des Hauses der Abgeordneten über die 19. Sitzung am 28. Februar 1863, S. 401 f.

35 Gespräch Bismarcks in Gegenwart der Gräfin von Eichstädt-Peterswaldt in den Jahren 1894-1898 in Friedrichsruh und Varzin; abgedruckt in: Bismarck, Die Gesammelten Werke, Bd. 9: Gespräche, Von der Entlassung bis zum Tode Bismarcks, hrsg. und bearbeitet von *Willy Andreas,* S. 444.

36 Stenographische Berichte über die Verhandlung der 2. Kammer, 29. Sitzung vom 24. Februar 1851, S. 338, 339.

37 Vgl. auch *E. v. Simson,* a.a.O., S. 391 ff; *Wolff*, a. a. O., S. 64.

38 RGBl 1877, S. 415.

ten, sich zu seinen Vorstellungen über eine mögliche Weiterverwendung zu äußern. Er ließ erkennen, später gerne das Amt des Präsidenten des Kammergerichts selbst übernehmen zu wollen. Als jedoch von seiten des preußischen Justizministeriums angefragt wurde, ob er auch mit einem höherem Amt an dem in Leipzig zu errichtenden Reichsgericht einverstanden sei, lehnte Simson zunächst entschieden ab.[39] Auch in einem weiteren Gespräch mit dem Justizminister Leonhardt und dem damaligen Staatssekretär des Reichsjustizamtes, seinem Freund Heinrich von Friedberg, beharrte Simson auf seiner ablehnenden Haltung.

In dieser Situation kam es zu dem von Bismarck nachgesuchten Gespräch mit Simson, über das Cohen dann wie folgt berichtet:[40]

> „Als Bismarck Manteuffel aufforderte, das Elsaß zu übernehmen, schützte dieser seine schwerkranke Frau vor. Bismarck sagte trocken: Nach dem Befinden ihrer Frau Gemahlin habe ich in diesem Augenblick nicht gefragt, sondern nur, ob Sie dem König und dem Vaterland diesen notwendigen Dienst leisten wollen. Manteuffel wurde rot und sagte.- Sie haben recht, ich nehme an. Einige Tage darauf trug er Simson das Präsidium des Reichsgerichts an. Dieser entschuldigte sich mit seinem Alter, er wolle sich zurückziehen. Bismarck erzählte die Geschichte mit Manteuffel und schloß.- das war noch einmal wie ein Römer gesprochen! Was sind Sie eigentlich für ein Landsmann? Ihre Söhne werden es ihnen nie verzeihen, wenn Sie eine solche Ehre ausschlagen. Simson reiste ab und telegrafierte sofort.- Ja."

Die Frage Bismarcks nach der Landsmannschaft des konvertierten Simson erscheint geradezu als eine Anspielung auf die über 30 Jahre zurückliegende, bereits berichtete Konfrontation in dem Konflikt um den Publizisten *von Rochau*. - Eine Folge, die wohl nie ausbleibt, wenn zwei starke Persönlichkeiten aufeinandertreffen.

Abschließend noch knapp zu einer Präsidentschaft Simsons, die in der Überschrift nicht angegeben ist, die aber ebenso zu den des Merkens werten Ämtern Eduard *Simsons* gehört: Er war nicht nur von 1885 bis zu seinem Tode Präsident dieser einer weiteren Institution, er war Gründungspräsident der *Deutschen Goethegesellschaft.*

---

39 *E. v. Simson*, a. a. 0., S. 391 ff..

40 *Bismarck,* Gesammelte Werke, Bd. 8, Gespräche, S. 381.

Präsident der Goethegesellschaft

Simson ist als junger Mann Goethe noch begegnet. An dessen 80. Geburtstag - im Jahre 1829 - reiste *Simson* nach Weimar und suchte den Dichterfürsten auf. Er war Goethe in einem Empfehlungsschreiben als „ein stattlicher ... Jüngling ... von großen Hoffnungen“ angekündigt worden. Gewiß hat dieses Erlebnis prägend auf ihn gewirkt und seine literarischen Neigungen bestärkt. *Simson* las gern antike Schriftsteller im Original. Als hoffierter Mann von Ruhm und Geist und bestallt in vielen Ämtern und Würden bekam er zudem viele signierte Bücher, so daß sich eine beachtliche Autographensammlung in *Simsons* Bibliothek fand. Als Politiker beschäftigte ihn die im vergangenen Jahrhundert debattierte Presse- und Redefreiheit, als Jurist interessierte ihn das Urheber- und Autorenrecht sowie das Patentrecht im besonderen.

Wie oft im Leben spielte ein besonderes - eher zufälliges - Ereignis eine Rolle:

Das im Januar 1876 im Zuge der Rechtsvereinheitlichung erlassene *Reichsgesetz zum Schutz der Werke der bildenden Kunst und der Photographie*[41] enthielt eine Lücke - die rechtliche Sicherung des Nachlasses verstorbener Autoren. Mit Hilfe der Rechtsform Stiftung konnte ein gewisser Schutz erzielt werden. Als nun im April 1885 Goethes Enkel Walther verstarb und damit die Linie Goethe männlicherseits endete, bestand das Problem des Goethe-Nachlasses. Enkel Walther hatte das gesamte Erbe seines Großvaters - so auch das Gartenhaus an der Ilm, das Haus am Frauenplan sowie das Goethesche Schrift- und Zeichengut - als Stiftung der Großherzogin Sophie von Sachsen-Weimar-Eisenach testamentarisch vermacht. Das großherzogliche Ehepaar wiederum gründete unter maßgeblicher juristischer Mitwirkung *Simsons* eine Stiftung, deren Leitung der Herderforscher *Suphan* übernahm. Auf *Simsons* Mitwirkung geht die Aufnahme des Schillerschen Nachlasses und die Einrichtung eines Goethemuseums im Haus Am Frauenplan, dem heutigen Goethe-Museum, mit zurück.

Für die Pflege des geistigen Nachlasses des großen Dichters setzte Simson sich mit dem Vorschlag der Gründung einer Gesellschaft ein. Diese wurde als *Deutsche*

41 Gesetz vom Februar 1876 (RGBl S. 112).

Goethegesellschaft am 21. Juni 1885 ins Leben gerufen. Simson übernahm für ein Jahrzehnt die Präsidentschaft. Seinem Wirken in diesem Präsidentenamt ist zu danken, daß eine Reihe von Nachlässen in das Goethe-Schiller-Archiv eingebracht und möglicherweise nur dadurch in ihrer weitgehenden Geschlossenheit erhalten wurden. Meinhardt weist in seiner Simson-Biographie[42] in diesem Zusammenhang auf den zweifelsohne - indes nicht nur in der Person Simsons - existenten Zusammenhang zwischen dem Bemühen mancher Paulskirchenparlamentarier um die Literatur der Goethezeit einerseits und deren von Aufklärung und Humanismus der Zeit der literarischen und philosophischen Klassik geprägten geistigen Horizonte andererseits hin.

Man möchte dies um den Gedanken ergänzen, daß in von Simson ein Stück deutscher Kulturgeschichte lebte, das auch sein politisches Wirken - nicht zuletzt in den verschiedensten Präsidentenämtern - in der Simson eigenen Qualität und geistigem Reichtum überhaupt erst ermöglichte.

---

42 *Meinhardt, G.,* Eduard von Simson. Der Parlamentspräsident und die Reichseinheit, Bonn 1981, S. 152.

Elmar Wadle

Von Versailles nach Leipzig

- Notizen zu vier Tagen im Leben des Eduard von Simson -

I. Einleitung

Am 1. Mai 1879, wenige Tage nachdem er zum Präsidenten des Reichsgerichts ernannt worden war, konnte Eduard Simson sein goldenes Promotionsjubiläum feiern[1]. Aus diesem Anlaß erreichten ihn zahlreiche Ehrungen. Der Reichstag, dessen Präsident Simson gewesen war, ließ ihm durch eine große Deputation ein Ehrengeschenk überbringen, eine kunstvoll gearbeitete Kassette, in der sich eine Adresse befand. Simsons Sohn Bernhard beschreibt die Kassette folgendermaßen:

> „Von einer Themis gekrönt, zeigt die Kassette an den vier Ecken die Bronzefiguren der Städte, in denen Simson gewirkt hatte, Königsberg, Berlin, Frankfurt am Main und Frankfurt an der Oder, mit ihren Wappen".

Die beiden Städte, die im Titel dieser Notizen genannt werden, sind nicht dabei. Das Fehlen Leipzigs erklärt sich leicht daraus, daß Simsons Leipziger Zeit in jenen Tagen gerade erst begonnen hatte. Daß der Name Versailles fehlt, verstand sich für die angereisten Parlamentarier wohl von selbst, denn Simson hatte nie ein Amt inne, das in der fernen französischen Stadt angesiedelt gewesen wäre. Mit „Versailles" dürften die Zeitgenossen eher die damals oft kolportierte, durch zahlreiche Gemälde und Schriften verherrlichte Szene vom 18. Januar 1871 verknüpft haben, also die feierliche Proklamation des deutschen Kaisers im Spiegelsaal des Schlosses.

---

1 Eduard von Simson, Erinnerungen aus seinem Leben, zusammengestellt von *Bernhard von Simson*, Leipzig 1900, S. 410-414, hier S. 411.

Wenn der Titel dieses Beitrages Versailles und Leipzig in eine Reihe stellt, so hat das einen besonderen Grund: Zunächst soll hervorgehoben sein, daß der bekannte Tag der Kaiserproklamation, der vor allem ein Tag der Fürsten und des Militärs und weniger ein Tag des Volkes, allenfalls eines „Volkes in Waffen" war, nicht der einzige Tag von Versailles gewesen ist; es hat vielmehr zuvor noch einen Tag von Versailles gegeben, einen Tag der Parlamentarier, der gewählten Repräsentanten des Volkes also. Und dieser Tag war nicht zuletzt ein Tag des Eduard Simson in seiner Eigenschaft als Präsident des Parlaments, das gerade im Begriffe war, sich zum Deutschen Reichstag zu erweitern.

Als Parlamentarier hat Simson das Ziel der deutschen Einheit nie aus den Augen verloren. Diesem Ziel galt auch seine Tätigkeit am Reichsgericht. Versailles und Leipzig stehen insofern in einer Reihe.

II. Versailles

Schauen wir zunächst auf die Ereignisse des ersten Tages von Versailles[2].

Das Programm des 18. Dezember 1870 - es handelt sich um einen Sonntag - weist aus, daß an diesem Tag etwas Besonderes gewürdigt werden sollte. Auf Wunsch des Königs fand der Empfang nach dem Gottesdienst statt. Die Deputation des Reichstags mit Simson an der Spitze erschien gegen 10 Uhr vor der Schloßkapelle auf der Place d'Armes; dort versammelten sich um das Denkmal Ludwig XIV. der Kronprinz mit seinem Stab, die Prinzen des königlichen Hauses, die deutschen Fürsten, die Generäle und Offiziere, um den König zu erwarten. Den Parlamentariern wurden die Plätze zugewiesen. Der König, so Bernhard Simson, „kam mit der gewohnten Pünktlichkeit und schritt auf Simson zu, um ihn zu begrüßen". Ob dies wirklich so

2 Über die Deputation des norddeutschen Reichstages berichten ausführlich: *Simson,* Erinnerungen (Anm. 1), S. 375-382, und *Karl Winterfeld*, Vollständige Geschichte des deutsch-französischen Krieges von 1870 und 1871, Berlin 1871, S. 578-582; auch: *Ernst Wolff*, Eduard von Simson, Berlin 1929, S. 57-59; *Günther Meinhardt*, Eduard von Simson, Bonn 1981, S. 128-133. Der genaue Ablauf der Ereignisse vom 18. Dezember ist kaum mehr zu rekonstruieren, die Schilderung bei *Winterfeld* scheint der Wirklichkeit am nächsten zu kommen; sie enthält auch die Rede Simsons, die Adresse des Reichstages und die Rede des Kaisers im Wortlaut.

geschehen ist, ist nicht ganz klar; in einem anderen Bericht, der sehr viele Einzelheiten enthält, heißt es:

> „Derselbe, d.h. der König, betrat, dem glänzenden Gefolge um wenige Schritte voran, die Kirche, nach allen Seiten den Gruß der versammelten Soldaten erwidernd, und nahm Platz zur Rechten des Altars, an seiner Seite die Prinzen und Fürsten. Die vordersten Reihen der linken Seite waren von den Abgeordneten eingenommen, die sämtlich erschienen waren. Nach dem Gesang eines Militärchors ‚Ehre sei Gott in der Höhe' und einem von der Militärmusik begleiteten Choral hielt der Hof- und Missionsprediger Rogge die Predigt, die auf die Bedeutung des Tages Bezug nahm".

Bernhard Simson erwähnt noch, daß Rogge neben der Bedeutung des Tages noch den „Zweck der Deputation" hervorgehoben habe.

Auf diese erste Begegnung folgte gegen zwei Uhr nachmittags der Empfang im Gebäude der Präfektur, das der König während seines Aufenthalts in Versailles bewohnte. Der Empfang fand im großen Festraum statt, der „im modernsten Ornamentschmuck gehalten" war. Auf den Korridoren, welche die Eintretenden passieren mußten, versahen Mannschaften der Stabswache des großen Hauptquartiers die Ehrenposten. Die Delegation, deren Größe in den genannten Quellen nicht genau beschrieben wird, nahm ihre Plätze ein; einige Mitglieder des Reichstages, die ohnehin in Versailles anwesend waren – so etwa General von Moltke –, hatten sich der Delegation angeschlossen. Dann erschien der König, nach ihm das Gefolge. Der König nahm Aufstellung am Ende des Saales. Zur Rechten standen der Kronprinz, die Prinzen Karl und Albrecht von Preußen, sowie die in Versailles anwesenden deutschen Fürsten. Zur Linken des Königs standen der Bundeskanzler, also Bismarck, die Herren vom Zivil- und Militärkabinett, die Flügel-Adjutanten, der „Hofstaat". Simson eröffnete die Feierlichkeit mit einer „Anrede", die er einige Tage zuvor während der Reise nach Versailles entworfen hatte; in Epernay war er im Hause des Herrn Moet, „dem Chef der Champagner-Firma Moet et Chandon prächtig einquartiert" worden und hatte sich vom gemeinsamen Diner zurückgezogen, „um seine kurze Ansprache an den König zu ersinnen". Die Rede Simsons nahm Bezug auf den Anlaß der Reise, die Beratungen und Beschlüsse des Reichstages über die Verträge mit den süddeutschen Staaten und die zwei Verfassungsänderungen,

> „mittelst deren dem künftigen deutschen Staat und seinem höchsten Oberhaupt Benennungen gesichert werden, auf denen die Ehrfurcht langer Jahrhunderte geruht, auf de-

ren Herstellung das Verlangen des deutschen Volkes, sich zu richten niemals aufgehört hat".

Simson bezog sich damit auf die viel diskutierten Bezeichnungen „Deutsches Reich" und „Deutscher Kaiser". Die Rede fährt dann fort:

> „Ew. Majestät empfangen die Abgeordneten des Reichstages in einer Stadt, in welcher mehr als ein verderblicher Heereszug gegen unser Vaterland ersonnen und ins Werk gesetzt worden ist. Nahe bei derselben sind – unter dem Druck fremder Gewalt – die Verträge geschlossen, in deren unmittelbarer Folge das Reich zusammenbrach.
>
> Und heut darf die Nation von eben dieser Stelle her sich der Zusicherung getrösten, daß Kaiser und Reich im Geist einer neuen lebensvollen Gegenwart wieder aufgerichtet und ihr, wenn Gott ferner hilft und Segen giebt, in Beidem die Gewißheit von Einheit und Macht, von Recht und Gesetz, von Freiheit und Frieden zu Teil werden".

Simson bat, die Adresse des Reichstages, die auf Pergament geschrieben und in einen roten Einband eingeschlossen war, verlesen zu dürfen. Der König genehmigte und Simson verlas die Adresse, die zunächst auf den Kriegsverlauf und die Beratungen zur deutschen Einheit Bezug nahm. Dann heißt es:

> „Dank den Siegen, zu denen Ew. Majestät die Heere Deutschlands in treuer Waffengenossenschaft geführt hat, sieht die Nation der dauernden Einigung entgegen.
>
> Vereint mit den Fürsten Deutschlands naht der Norddeutsche Reichstag mit der Bitte, daß es Ew. Majestät gefallen möge, durch Annahme der deutschen Kaiserkrone das Einigungswerk zu weihen.
>
> Die Deutsche Krone auf dem Haupt Ew. Majestät wird dem wieder aufgerichteten Reiche deutscher Nation Tage der Macht, des Friedens, der Wohlfahrt und der im Schutz der Gesetze gesicherten Freiheit eröffnen".

Es folgen Dankesworte an König und Heer im zeitüblichen Stil; sie münden in den Satz:

> „Mächtig und siegreich hat sich das vereinte Deutschland im Kriege bewährt. Unter seinem höchsten Feldherrn, mächtig und friedliebend wird das geeinigte Deutsche Reich unter seinem Kaiser sein".

Nach der Verlesung wurde das Dokument dem König übergeben, der es einem Adjutanten weiterreichte.

Daraufhin verlas der König eine längere Antwort. Nach Worten des Dankes und der Genugtuung über das Waffenglück kommt er auf die Verträge zu sprechen, „welche der Einheit der Nation einen organischen Ausdruck geben werden". Wörtlich heißt es dann weiter:

„Der Reichstag hat, gleich den verbündeten Regierungen, diesen Verträgen in der Überzeugung zugestimmt, daß das gemeinsame staatliche Leben der Deutschen sich um so segensreicher entwickeln werde, als die für dasselbe gewonnenen Grundlagen von unsern süddeutschen Bundesgenossen aus freier Entschließung nach Maßgabe ihrer eigenen Würdigung des nationalen Bedürfnisses, bemessen und dargeboten worden sind. Ich hoffe, daß die Vertretungen der Staaten, denen jene Verträge noch vorzulegen sind, ihren Regierungen auf dem betretenen Wege folgen werden.

Mit tiefer Bewegung hat Mich die durch Se. Majestät, den König von Bayern an Mich gelangte Aufforderung zur Herstellung der Kaiserwürde des alten Deutschen Reichs erfüllt. Sie, meine Herren, bringen Mir im Namen des Norddeutschen Reichstages die Bitte, daß Ich Mich dem an Mich ergehenden Rufe nicht entziehen möge.

Ich nehme gern aus Ihren Worten den Ausdruck des Vertrauens und der Wünsche des Norddeutschen Reichstages entgegen. Aber Sie wissen, daß in dieser so hohe Interessen und so große Erinnerungen der deutschen Nation berührenden Frage nicht Mein eigenes Gefühl, auch nicht Mein eigenes Urteil Meinen Entschluß bestimmen kann.

Nur in der einmüthigen Stimme der deutschen Fürsten und freien Städte und dem damit übereinstimmenden Wunsche der deutschen Nation und ihrer Vertreter werde Ich den Ruf der Vorsehung erkennen, dem Ich mit Vertrauen auf Gottes Segen folgen darf.

Es wird Ihnen wie Mir zur Genugthuung gereichen, daß Ich durch Se. Majestät den König von Bayern die Nachricht erhalten habe, daß das Einverständnis aller deutschen Fürsten und freien Städte gesichert ist und die amtliche Kundgebung desselben bevorsteht".

Nach dieser Rede schritt der König auf Simson zu, begrüßte ihn „auf das Huldvollste und kündigte ihm die Verleihung des Sterns zum Rothen Adler-Orden zweiter Klasse an. Seine Majestät reichte dann allen Mitgliedern die Hand und sprach mit jedem eigene Worte. Ein Hoch des Präsidenten auf den König Wilhelm, den obersten Feldherrn des deutschen Heeres, schloß die Feier"[3]. Am Abend speisten die Abgeordneten des Parlaments an der königlichen Tafel.

Soweit der äußere Ablauf.

Bei aller Freundlichkeit und Feierlichkeit ist nicht zu verkennen, daß die Rede Wilhelms „dem Reichstag in dem Prozeß der Wiederaufrichtung von Kaiser und Reich

3 *Winterfeld*, Vollständige Geschichte (Anm. 2), S. 581.

eine deutlich nachrangige Rolle zugewiesen" hat[4]. Der preußische König war immer noch geprägt von großen Reserven gegen die Annahme des Titels „Deutscher Kaiser". Es ist bekannt, welche Mittel Bismarck eingesetzt hat, um diesen Widerstand zu überwinden, insbesondere der erwähnte „Kaiser-Brief" des bayerischen Königs ging auf eine Initiative Bismarcks zurück. Entsprechendes gilt letztlich auch für die Initiative des norddeutschen Reichstages und die durch eine besondere Delegation feierlich überbrachte Adresse. Bismarck, der die Rede des Königs vorbereitet hatte, mußte auf dessen Stimmung Rücksicht nehmen. Deshalb wird man auch Simson kaum verübeln können, daß seine Rede „in höchst erfurchtsvoller Diktion abgefaßt war"[5]; sie nahm Rücksicht auf die Schwierigkeiten des Einigungswerkes, sie konnte es auch, da die Adresse selbst die Rolle des Parlaments hinreichend deutlich herausgestrichen hat.

Wie groß die Hindernisse waren, die überwunden werden mußten, zeigt auch die Tatsache, daß der Empfang der Deputation in Versailles auf gewisse „Bedenken und Schwierigkeiten" gestoßen war; er sollte zunächst gar nicht oder doch nicht in der feierlichen Form stattfinden, wie es dann tatsächlich geschah[6]. König Wilhelm soll allenfalls bereit gewesen sein, die Delegation allein zu empfangen, mithin nicht im Beisein der in Versailles anwesenden deutschen Fürsten.

Der König soll auch fest erklärt haben, daß er die Reichstagsdeputation nicht eher empfangen werde, bis er vom König von Bayern die Nachricht würde erhalten haben, daß alle deutschen Fürsten beistimmten. Diese Nachricht nun lief am 17. Dezember in Versailles ein. Die Abgeordneten waren aber bereits am Abend des 16. Dezember in Versailles angekommen. Die Folge war, daß Bismarck auf Zeit spielte; Simson ließ er vermelden, daß er durch ein Fußleiden ans Haus gefesselt sei, aber gleichwohl möglichst bald eine Unterredung mit ihm haben möchte. Daraufhin ging Simson zu Bismarck. Die erwartete kurze Unterredung währte dann doch mehrere Stunden. Sie ging zu Ende, als der Tag bereits dämmerte. Simson mußte hören, daß

4 *Wolfgang J. Mommsen, D*as Ringen um den nationalen Staat, Die Gründung und der innere Ausbau des Deutschen Reiches unter Otto von Bismarck 1850-1890, Propyläen-Geschichte Deutschlands 7/1, Berlin 1993, S. 256.

5 Ebenda.

6 Vgl. *Simson*, Erinnerungen (Anm. 1), S. 378.

die Abgeordneten mit einem längeren Aufenthalt in Versailles rechnen müßten, da er, Bismarck unpäßlich sei und den König nicht sprechen könne.

Es sieht so aus, als sei das erwähnte Fußleiden Bismarck gerade zur rechten Zeit gekommen. Noch war die Nachricht aus Bayern ja nicht eingetroffen. Gleichwohl nutzte Bismarck die Unterredung, um mit Simson die königliche Antwort auf die Adresse des Reichstages zu besprechen. Dabei soll Bismarck den Wortlaut jener Antwort vor sich gehabt haben, die Friedrich Wilhelm mehr als zwei Jahrzehnte zuvor der ebenfalls von Simson geführten Delegation des Paulskirchenparlaments erteilt hatte[7]. Simson scheint etwas verwundert gewesen zu sein, daß Bismarck dies als „Witz der Geschichte“ bezeichnete, so berichtet jedenfalls Bernhard Simson aus den Unterlagen des Vaters; er fügt die Vermutung bei, daß jene ältere Antwort anscheinend mehr dazu gedient habe, um unliebsame Anklänge zu vermeiden.

Am folgenden Tag bestellte der Kronprinz Simson zu sich; dort erkundigte sich der Prinz u.a. nach der Vorgeschichte der Adresse und kam auch auf die Haltung Bayerns zu sprechen. Der Kronprinz gab zu erkennen, daß er die Ansichten Bismarcks nicht in vollem Umfang teilte, während Simson nicht verhehlte, daß er in diesem Punkte der Meinung des Kanzlers sei[8]. Als Simson gegen 10 Uhr abends in sein Quartier zurückkehrte, fand er die amtliche Bekanntmachung über den Empfang der Deputation durch den König vor. Mittlerweile war – wie bereits erwähnt – das Schreiben König Ludwigs II. von Bayern in Versailles bekannt geworden. Die Situation war gerettet, der feierliche „erste“ Tag von Versailles konnte am nächsten Morgen beginnen.

Man sieht, daß das gute Zusammenspiel mit Bismarck nicht unerheblich war für das Gelingen der Deputation. Daß Simson und die Abgeordneten des norddeutschen Reichstages aus ehrlicher Überzeugung das Ziel der Einigung Deutschlands mitgetragen haben, ändert nichts an der Tatsache, daß Bismarck auch den Reichstag als Instrument zur Beförderung eben dieses Zieles eingesetzt hat; der widerstrebende preußische König sollte nicht nur durch den König von Bayern, sondern auch durch

---

7 Dazu ebenfalls *Simson*, Erinnerungen, S. 173 ff.

8 Ebenda S. 379.

die demokratisch legitimierten Repräsentanten des Volkes zur richtigen Entscheidung gebracht werden.

Die zeitgenössische Literatur hat die Rolle des norddeutschen Reichstages mit Simson an der Spitze im Rahmen der Bismarckschen Reichsgründungspolitik eher zurückhaltend beurteilt[9]. Vor allem die populäre Literatur hat die Delegation nach Versailles entweder gar nicht oder nur am Rande erwähnt. Der „zweite" Tag von Versailles, der Tag der Kaiserproklamation im Beisein der Fürsten, trat, alles andere überstrahlend, in den Vordergrund. Bedenkt man, daß viele dieser Darstellungen stark durch monarchistisches Gedankengut geprägt sind, so kann das nicht verwundern. Bismarck sah die Dinge wohl etwas differenzierter, weshalb neuere Untersuchungen die Rolle des norddeutschen Reichstages und damit auch jene Simsons und der von ihm geführten Delegation höher einschätzen[10]. Letztlich wird man behaupten dürfen, daß Bismarck das politische Potential einzuschätzen wußte, das mit der nationalen Haltung der meisten Parlamentarier verbunden war. Und zu diesen Parlamentariern gehörte auch der Nationalliberale Eduard Simson.

Vor diesem Hintergrund ist es nicht verwunderlich, daß Simson einige Jahre später zum Kandidaten Bismarcks für das Amt des Reichsgerichtspräsidenten wurde. Damit wende ich mich dem zweiten Stichwort zu: „Leipzig".

II. Leipzig

Verbindet sich mit dem Namen Versailles nur ein einziger wichtiger Tag im Leben Simsons, so ist es eine ganze Reihe denkwürdiger Tage, die Simsons Wirken mit Leipzig verbinden. Hier soll auf drei Tage näher eingegangen werden: den Tag der Vereidigung als Reichsgerichtspräsident; den Tag der Auszeichnung mit dem höchsten preußischen Orden, dem Schwarzen Adlerorden; schließlich den Tag der

---

9 Näheres bei *Meinhardt,* Simson (Anm. 2), S. 131-133.

10 Vgl. etwa *Gustav Adolf Rein*, Die Reichsgründung in Versailles. 18. Januar 1871, München 1958, bes. S. 29-33; *Hans-Joachim Schoeps*, Der Weg ins deutsche Kaiserreich, Frankfurt a.M. u.a., 1880, S. 199-201.

Grundsteinlegung des Reichsgerichtsgebäudes, den letzten feierlichen Auftritt im Präsidentenamt.

Zum 1. Oktober 1879 traten die Reichsjustizgesetze in Kraft; am selben Tag wurde in Leipzig das Reichsgericht eröffnet[11]. Die Stadt, die nach einer „Redeschlacht" im Reichstag zum Sitz des neuen Gerichts bestimmt war, feierte ein großes Fest, denn man wußte, so hatte der Oberbürgermeister gemahnt, „ganz Deutschland wird an diesem Tag auf uns sehen". Man hatte auch Glück. Am 1. Oktober, einem Mittwoch, herrschte schönstes Wetter, „die Stadt prangte im Flaggenschmuck, schwarzweißrot und weißgrün". Die feierliche Eröffnung fand in der Aula der Universität statt. Staatssekretär Friedberg, der Chef des Reichsamtes der Justiz, sprach als erster und vereidigte Eduard Simson als Präsidenten und Freiherrn von Seckendorff, zuvor Generalprokurator in Köln, als Oberreichsanwalt; danach verpflichteten und vereidigten Simson die Reichsgerichtsräte und Seckendorff die Reichsanwälte. Simson und Seckendorff hielten Reden, im Namen der Rechtsanwaltschaft beim Reichsgericht sprach der Geheime Justizrat Dorn. Zum Abschluß ergriff der Staatssekretär Friedberg noch einmal das Wort und erklärte „den Akt der Eröffnung des Reichsgerichts für geschlossen". Das letzte Wort hatte indes Simson:

> „Gestatten Sie mir als ersten Ausspruch des eröffneten Gerichts einen Hochruf zu bringen auf die unser deutsches Vaterland beherrschenden Gewalten: Se. Majestät der Kaiser, die mit ihm im Reich verbündeten Fürsten und ‚freien Städte', sie leben hoch!"

Die Versammlung stimmte – wie üblich – in das dreimalige Hoch ein.

Am Nachmittag traf sich eine große Gesellschaft im Gewandhaus zum Festmahl, zu dem die sächsische Regierung eingeladen hatte; fünfzehn Gänge, zehn Weine, vier Toasts auf Kaiser, König, Reichsgericht und Leipzig beschäftigten die rund 160 Gäste von zwei bis sechs Uhr nachmittags. Um acht Uhr bereits ging es weiter, man traf sich zum Abendfest im neuen Theater, es gab Musik und Tanz und drei kalte Büffets. Ein Berliner Berichterstatter war angeblich „ganz erschüttert von der Ver-

11 Näheres bei *Hans Schulz*, Leipzig und das Reichsgericht, Leipzig 1929, bes. S. 6 ff., 11 ff.; im Anhang (S. 26-30) sind die am Eröffnungstag gehaltenen Reden nach einer „stenographischen Aufzeichnung" wiedergegeben; die Ansprachen werden hiernach zitiert. Ein Stahlstich im Frontispiz zeigt die Vereidigung Simsons. Zur Eröffnung des Reichsgerichts vgl. noch *Wolff*, Simson (Anm. 2), S. 62 ff., S. 165-167 (Rede Simsons).

tilgungsfähigkeit der Gäste“ (Hans Schulz), kein Wunder, viele waren als zahlende Teilnehmer erschienen.

Für uns sind zwei Aspekte dieses Tages bemerkenswert, zum einen die Rede Simsons, zum anderen und vor allem die Tatsache, daß er als erster Präsident berufen worden ist.

Es liegt auf der Hand, daß alle Redner des Tages auf die Bedeutung des Reichsgerichts eingegangen sind und den festen Willen formulierten, die gestellte große Aufgabe zu meistern. Simsons Ansprache[12] kennzeichnet besonders deutlich den politischen Rang des neuen Gerichts. Er sagte:

> „Neben den Pfeilern, die das Reich seit seinem Erstehen tragen, – der Einheit des Heeres, der auswärtigen Angelegenheiten, der Beziehungen des Verkehrs, - erhebt sich mit dem heutigen Tage ein vierter von gleicher Stärke, von gleicher Bedeutung, zu gleichem Behuf: die Gemeinsamkeit des Rechtslebens in unserem Vaterlande. Auch in dieser Beziehung bildet das Reich fortan ein einheitliches Gebiet: und das Reichsgericht, – nicht etwa ein Gericht mehrerer oder aller deutscher Staaten (wie deren unsere Geschichte mehr als Ein ruhmgekröntes aufzuweisen hat), - nicht eingeschränkt auf größere oder kleinere Gruppen von Rechtsbestimmungen und Rechtsverhältnissen, – tritt in die ordentliche Reihe unserer Rechtsinstitutionen, ein Zeugnis der selbständigen unbedingten Justizhoheit des Reiches selber.“

Damit hebt Simson überdeutlich hervor, daß das neue Gericht eine Institution des Reiches selbst war, nicht ein gemeinsames Gericht mehrerer verbündeter, aber letztlich selbständiger Staaten.

In diesem Zusammenhang muß daran erinnert werden, daß die Vorbehalte gegen solche Einrichtungen des Reiches keineswegs gering waren; sie hatten ja auch gewisse Erfolge gezeitigt bei der Diskussion um die Reichsjustizgesetze[13]. So war insbesondere die Möglichkeit eingeräumt worden, auf „Landesebene“, ein mit dem

---

12 *Schulz*, Leipzig (Anm. 11), S. 27 f.

13 Außer *Schulz*, Leipzig (Anm. 11), vgl. noch: *E. Müller*, Die ersten fünfundzwanzig Jahres des Reichsgerichts, in: Die ersten 25 Jahre des Reichsgerichts, Sonderheft des Sächsischen Archivs für Deutsches Bürgerliches Recht, Leipzig 1904, S. 7-55, bes. S. 9 ff.; *Walter Simons*, Das Reichsgericht, in: *Julius Magnus* (Hg.), Die Höchsten Gerichte der Welt, Leipzig 1929, S. 3-28, bes. S. 5 ff.; *Adolf Lobe*, Die äußere Geschichte des Reichsgerichts, in: *ders.* (Hg.), Fünfzig Jahre Reichsgericht am 1. Oktober 1929, Berlin/Leipzig 1929, S. 1-19; *Elmar Wadle*, Das Reichsgericht im Widerschein denkwürdiger Tage, in: Juristische Schulung 1979, S. 343-365; *Kai Müller*, Der Hüter des Rechts, die Stellung des Reichsgerichts im deutschen Kaiserreich 1879-1918, Baden-Baden 1997, bes. S. 31 ff.

Reichsgericht konkurrierendes eigenes Revisionsgericht zu schaffen; von dieser Möglichkeit hat dann allerdings nur Bayern Gebrauch gemacht. Zur Zeit der Diskussion um die neue Gerichtsorganisation war lange Zeit noch offen, ob sich auch andere Staaten so verhalten würden. Preußen, der größte Staat hingegen verzichtete von vornherein auf sein altes Obertribunal und schuf auch keinen Ersatz. Dieser Verzicht ließ es als unausweichlich erscheinen, daß der Präsident des neuen Reichsgerichts ein Preuße werden mußte.- Die Frage war nur, wer würde es werden?

Wir wissen nicht genau, wie groß der Kreis der möglichen Kandidaten[14] war. Als sicher darf aber gelten, daß auch Eduard Pape, der erfolgreiche Präsident des Bundes- bzw. Reichsoberhandelsgerichts, als Kandidat in Betracht gezogen wurde. Es gibt viele gute Gründe für die These, daß Bismarck selbst Pape nicht als Reichsgerichtspräsidenten gewünscht hat. Werner Schubert[15] hat darauf hingewiesen, daß es wohl politische Gründe gewesen sind, die Bismarck zu dieser Haltung gebracht haben. Er soll Pape schroff abgelehnt haben wegen dessen Nähe zum Zentrum und insbesondere zu dessen Anführer Windthorst oder, wie Friedberg, der Justizstaatssekretär, selbst formulierte, wegen seiner „ultramontanen Tendenzen". Ein solcher Mann paßte trotz aller hervorragender Qualitäten als Jurist nicht in die noch vom Kulturkampf geprägte politische Landschaft.

Die Plausibilität der Ablehnung Papes ist freilich noch kein hinreichender Grund für die Ernennung Simsons. Simson war Präsident des Oberlandesgerichts Frankfurt an der Oder, das im Zuge der Reorganisation der preußischen Justiz aufgelöst werden mußte. Simson stand also zur Verfügung. Er selbst wollte Präsident des Kammergerichts werden, um nach Berlin umziehen zu können. Deshalb lehnte er die Anregung des preußischen Justizministers, eine „hohe Stelle" am Reichsgericht zu übernehmen, zunächst ab. Bismarck gelang es jedoch, Simson umzustimmen. Über dieses

---

14 Zur Kandidatenfrage vgl. etwa: *Heinrich von Poschinger*, Fürst Bismarck und der Bundesrat Bd. I, Stuttgart/Leipzig 1897, bes. S. 57-61, S. 60 f. (zu Pape und Simson); *Werner Schubert*, Die Aufhebung des Berliner Obertribunals im Jahre 1879 und die Übertragung des Präsidiums des Reichsgerichts an Eduard von Simson, in: *Gerhard Köbler* (Hg.), Wege europäischer Rechtsgeschichte, Karl Kroeschell zum 60. Geburtstag, Frankfurt a.M. 1987, S. 419-441, bes. S. 434 ff.; *Müller*, Hüter (Anm. 13), S. 115 ff.

15 *Schubert*, Aufhebung (Anm. 14), S. 435 f.; ähnlich: *Müller*, Hüter (Anm. 13), S. 117.

Geschehen ist vielfach berichtet worden[16]; deshalb wird auf eine Wiedergabe an dieser Stelle verzichtet.

Man wird bei alledem kaum sagen können, Simson habe Bismarck besonders nahe gestanden. Es gab zwar seit den späten 60er Jahren mehrere Kontakte, bei denen Bismarck erkennen ließ, daß er Simson besonders schätzte[17]. Die freundlichen Worte, die Bismarck gelegentlich für den Juristen fand, sind wohl weniger einer besonderen persönlichen Hochschätzung, als eher einem politischen Kalkül entsprungen. Simson seinerseits hatte im Prozeß der Reichsgründung, nicht zuletzt beim vorhin geschilderten ersten Tag von Versailles, deutlich zu erkennen gegeben, daß er Bismarcks politische Ansichten teilte. Als national-liberaler Abgeordneter und gut preußisch gesinnter Parlamentarier repräsentierte Simson einen großen Teil jener politischen Gruppierung, die geeignet erschien, die von Fürsten bestimmte Reichsgründung mit demokratischem Öl zu versehen; Bernhard von Simson schreibt unter Bezug auf die Fahrt des Jahres 1879 unter Anspielung auf einen Satz der 1849 gefallen sein soll[18]:

> „Allerdings war von der Flasche demokratischen Öls jetzt nur noch der volle Tropfen übrig geblieben."

In der Situation des Jahres 1879 mußte Simson als einer der geeignetsten Kandidaten erscheinen. Als Parlamentarier hatte er die Reichsgründung mit voller Begeisterung mitgetragen und diese Haltung als Präsident des Reichstages bestätigt. Simson war Preuße durch und durch und repräsentierte zugleich die parlamentarisch-demokratische Seite des neuen Reiches. An der Spitze des neuen Gerichts, das ja ein Reichsgericht war, mußte er als Verkörperung demokratischen wie rechtsstaatlichen

---

16 Vgl. *Simson*, Erinnerungen (Anm. 1), S. 391 ff.; *Wolff*, Simson (Anm. 2), S. 64 f.; *Schubert*, Aufhebung (Anm. 14), S. 435 f.

17 Dazu die einschlägigen Passagen bei *Simson*, Erinnerungen (Anm. 1), S. 361 ff. Im übrigen vgl. man noch: *Gerd Pfeiffer*, Biographische Skizzen zu Eduard von Simson, in: *Wolfgang Dietz/Dietrich Pannier* (Hg), Festschrift für Hildebert Kirchner zum 65. Geburtstag, München 1985, S. 289-314, hier bes. S. 300 ff.

18 *Simson*, Erinnerungen, S. 375.- 1849 soll Simson auf ein Wort Ludwig Uhlands in der Paulskirche hingewiesen haben, wonach niemand über Deutschland herrschen werde, der nicht von einem Tropfen demokratischen Öls gesalbt sei; darauf habe Kronprinz Wilhelm geantwortet: „Ja .... mit einem Tropfen, aber hier haben wir davon eine ganze Flasche." Dazu: *Simson*, Erinnerungen, S. 188 f.

Gedankenguts erscheinen. Er war ein Gewährsmann für die Integration der willkommenen parlamentarischen Kräfte in das neue Reich.

In diese Einschätzung paßt m. E. auch gut die Tatsache, daß Simson die höchste Auszeichnung, die Verleihung des Schwarzen Adlerordens, mit dem zugleich die Erhebung in den erblichen Adelsstand verbunden war, aus der Hand Kaiser Friedrichs empfangen sollte[19].

Der Kaiser verfügte die Auszeichnung am 18. März 1888 und ließ Simson am 20. März folgendes telegraphieren[20]:

> „Ich verleihe Ihnen Meinen hohen Orden vom Schwarzen Adler in aufrichtiger Anerkennung der wahrhaft patriotischen Gesinnungen, mit welchen Sie von jeher den deutschen Einheitsbestrebungen unausgesetzt Ihre besten Kräfte widmeten und mehr wie einmal in hochwichtigen Stunden das Wort zu führen berufen waren, bis endlich das große Ziel, nach dem wir strebten, erreicht war. Mögen Sie noch lange in ungeschwächter Kraft diese Auszeichnung Meines Hauses tragen. Friedrich"

Man darf die Nobilitierung Simsons wohl zu jenen Auszeichnungen rechnen, die die Richtung andeuten sollten, die Friedrich der deutschen Politik gegeben hätte, wenn seine Regentschaft länger als 99 Tage gedauert hätte[21]. Es kann als sicher gelten, daß Friedrich

> „... die monarchischen Prärogativen nicht aufgegeben hätte und nicht die militärmonarchische Tradition Preußens, er wäre nicht zum machtlosen Monarchen im parlamentarischen System geworden, aber man kann doch annehmen, daß er mit den Liberalen, und nach Möglichkeit einer liberalen Mehrheit, regiert hätte, mit liberalen Beratern und liberalen Zielen, im Sinne eines aristokratischen moderaten Whig-Liberalismus."

Man geht kaum fehl, wenn man einen Gleichklang zwischen solcher Politik und den politischen Grundüberzeugungen Simsons annimmt.

---

19 Über die Beziehungen zum Kronprinzen und die Ordensverleihung vgl. *Simson*, Erinnerungen (Anm. 1), S. 347 ff., 396 ff.

20 Ebenda, S. 399 f.

21 *Thomas Nipperdey*, Deutsche Geschichte 1866-1918, Bd. II, München 1993, S. 420, ebenda auch das im Text folgende Zitat. Zu Kaiser Friedrich vgl. auch: *Mommsen*, Ringen (Anm. 4), S. 678 ff.

Die zahlreichen Kontakte Simsons mit dem Kronprinzen weisen in diese Richtung. Nach der Gründung des norddeutschen Bundes gab es vielfach Gelegenheit zur „näheren Verständigung"[22]. Am ersten Tag von Versailles bemühte sich der Kronprinz am Vorabend der Übergabe der Adresse um Simson und nach dem offiziellen Empfang beim König um die Delegation des Reichstages; er bat sie zu einem Gespräch „durchaus privaten Charakter(s)" in sein Hauptquartier, eine Geste, die Bernhard von Simson nicht erwähnt. Auch in der Folgezeit hielten Kronprinz und Kronprinzessin persönliche Beziehungen zu Simson.

Die Verleihung des Schwarzen Adlerordens war die letzte große Geste der Anerkennung, die Simson zuteil wurde.

Es war allerdings nicht das letzte Mal, daß Simson im Rampenlicht der Öffentlichkeit stand. Dies geschah bei der Grundsteinlegung des neuen Reichsgerichtsgebäudes am 31. Oktober 1888[23].

Auch dieser Tag verlief festlich, setzte indes andere Akzente als man sie bei der Eröffnung des Reichsgerichts erlebt hatte.

Am Morgen wurden in Gegenwart des jungen Kaisers Wilhelm II. und des Königs von Sachsen der Grundstein gelegt. Das Zeremoniell war das übliche: Verlesung der Urkunde, Hammerschläge (die der Kaiser ausführte), Weiherede und Chorgesang. Zum Abschluß sprach Simson eine wohl formulierte Dankadresse an die Majestäten. Die Rede ist kurz. Nur eine Passage fällt auf: Simson scheint die Rolle des Kaisers stärker hervorzuheben als es die Verfassung von 1871 vorsah, denn Simson verbindet das Reich in besonderer Weise mit der Person des Kaisers[24]:

> „Das Reich, in dessen Namen Recht zu sprechen wir berufen sind, verkörpert sich für uns in der allerhöchsten Person des Kaisers, dem Mittelpunkt des nationalen Empfindens. Seine Hulderweisung reiht sich an die seiner beiden erhabenen Vorfahren. Das Archiv des Reichsgerichts bewahrt die kostbaren Zeugnisse eines gleich gnädigen Sinnes der drei Kaiser auf."

---

22 *Simson,* Erinnerungen (Anm. 1), S. 387.

23 Zur Grundsteinlegung vgl. insbesondere *Schulz,* Leipzig (Anm. 11), S. 21 f.; *Wolff,* Simson (Anm. 2), S. 169 f., S. 197 f. (Rede zur Grundsteinlegung).

24 *Wolff,* Simson, S. 157.

Etwas relativiert wird die Rolle des Kaisers durch den anschließenden Dank für den landesherrlichen Schutz und Schirm, den der König von Sachsen dem Gericht gewähre. Schließlich mündet die Rede wie üblich in einen Hochruf auf die Majestäten.

Das Bild des greisen Redners hat bei manchen der Anwesenden einen tiefen Eindruck hinterlassen, einer von ihnen schreibt[25]:

> „Simsons Erscheinung war von eigenartigem malerischem Reiz. An starker Farbenwirkung fehlt es jedenfalls nicht. Man denke sich einen breiten Mann, den unter dem bordeauxroten Barett eisgraues Haar schmückt, mit großen, dunkelschattigen Augenhöhlen und einem mächtig und kraftvoll gezeichneten Mund; der blutsamtene Schulterumschlag ist mit aschgrauem Pelz eingefaßt und von dort fällt bis auf die breiten Füße ein roter weitbauschiger Talar; quer über die Brust sticht mit blendendem Glanz aus all dem Dunkelrot der Kleidung das gelbe Band des Schwarzen Adlers in die Augen und unter ihm auf der Herzgegend sitzt der mächtige Ordensstern mit weißlichem Silberglanze. So steht er vor dem Kaiser und sein Auftreten hat für mich etwas Ergreifendes. Man denkt unwillkürlich daran, daß dieselbe Stimme, die hier spricht, in feierlichen Augenblicken auch an das Ohr des heldenhaften Großvaters des jung und blühend dastehenden Kaisers gedrungen ist, und man sieht gleichsam noch diese greisen Locken, verklärt von dem vollen Gnadenstrahl des sterbenden Friedrich. Zu diesem historischen Fluidum kommt der feste, ruhige Blick, die klare ernste Sprache des Mannes, an dessen Stelle man sich in diesem Augenblicke keinen anderen denken möchte. Was er spricht, geht absichtlich über die Bedürfnisse der verbindlichen Formsprache nicht hinaus. Er sagt als Präsident des Reichsgerichts einen formschönen Dank und reißt dann sein Barett vom greisen Haupt, um auf den Kaiser und den König Albert ein donnerndes Hoch auszubringen."

Nach der Rede zog man zum Frühstück in das Foyer des neuen Gewandhauses; es folgte ein Konzert mit Arien von Haydn und Wagner. Danach reisten die Majestäten ab, die Stadt bat die Gäste zum Festmahl in das Buchhändlerhaus. Es gab die üblichen Toaste. Bemerkenswert ist, daß Miquel als Oberbürgermeister von Frankfurt am Main auf Simson einen Toast ausbrachte und sagte „er sei das natürliche Spiegelbild der Phasen der deutschen Einheitsentwicklung"[26].

Simson hatte an diesem Festmahl nicht mehr teilgenommen. Seine Gesundheit war offenbar nicht mehr die beste. Im Frühjahr 1890 erlitt er einen Schlaganfall; im August desselben Jahres beantragte er seine Versetzung in den Ruhestand.

---

25 *Wolff*, Simson, S. 69 f.

26 Ebenda, S. 22.

In den letzten Jahren seiner Tätigkeit am Reichsgericht hatte sich das Deutsche Reich stark verändert. Die politischen Kräfte hatten begonnen, sich zu verschieben. „Kaiser" und „Reich" hatten ein neues Gesicht bekommen; im Reichstag hatten sich die Parteiverhältnisse verändert. Die Hoffnung auf einen ebenso liberalen wie nationalen Kaiser und König waren verflogen. Der Augenzeuge, der Simsons letzten Auftritt so begeistert feierte, und der freundliche Toast des Frankfurter Oberbürgermeisters auf Simson können nicht überdecken, daß die Zeit der parlamentarischen Kämpfer für die deutsche Einheit vorbei war.

Das Wirken Simsons war noch einige Jahrzehnte in der Erinnerung lebendig, dann wurde es unterdrückt. Im Mai 1933 ließ sein Nachfolger im Amt, Reichsgerichtspräsident Bumke, das Bild Simsons, das ebenso wie die Bilder der anderen Reichsgerichtspräsidenten im Gerichtsgebäude hing, von der Wand entfernen und im Keller verschwinden. Dies geschah, wie Erich Ebermeier[27] im September 1947 schreibt, „ohne Befehl und noch lange vor den Nürnberger Gesetzen"; und weiter heißt es hier:

> „Befragt, was ihn hierzu bewog, erklärte er [gemeint ist Bumke] mit diplomatischem Lächeln, man müsse den neuen Herren in kleinen Dingen nachgeben. Uns aber schien dies, damals nur ahnungsweise, der Anfang vom Ende der deutschen Justiz".

Es ist gut, daß man sich nach dem Zusammenbruch wieder an Simson erinnert hat[28]. Diese Tagung wird dafür sorgen, daß die Erinnerung fortdauert.

---

27 *Erich Ebermayer*, Das Reichsgericht vor 1933, in: Prisma 1947 Heft 11, S. 21-25.

28 Hervorzuheben ist insbesondere die Feier zum 175. Geburtstage Eduard von Simsons am 10. Oktober 1985 in Karlsruhe; die Feier ist dokumentiert in: *Hildebert Kirchner* (Hg.), Eduard von Simson. Ein großer Parlamentarier und Richter. Reden und Aufsätze zu seinem Gedenken, Karlsruhe 1985. Aus der Zeit danach sind hervorzuheben: *Gerd Pfeiffer*, Eduard von Simson (1810-1899). Präsident der Deutschen Nationalversammlung von 1848/49, des Deutschen Reichstages nach 1871 und des Reichsgerichts, in: *Helmut Heinrichs u.a.* (Hg.), Deutsche Juristen jüdischer Herkunft, München 1983, S. 101-115; *ders.*, Eduard von Simson, in: *Franz-Josef Düwell/Thomas Vormbaum* (Hg.), Recht und Juristen in der deutschen Revolution 1848/49, Baden-Baden 1998, S. 5-46.

Hermann Weber

Eduard von Simson - eine deutsch-jüdische Symbiose?

I. Einleitung

Nach so vielen eingehenden Vorträgen zu *Eduard von Simson*, zu seinem Leben, seiner Tätigkeit als Hochschullehrer und Richter, insbesondere aber zu seinem Wirken als Parlamentarier und erstem Präsidenten des Reichsgerichts soll ich nun sprechen zu „Eduard von Simson - eine deutsch-jüdische Symbiose?". Die Aufgabe ist nicht ganz einfach - und das aus zwei Gründen:

Einmal läßt sich die mit dem Thema gestellte Frage nicht beantworten, ohne noch einmal - wenn auch knapp - die exemplarische Biographie und die glanzvolle berufliche und politische Karriere *Eduard von Simsons* Revue passieren zu lassen - ein Unterfangen, mit dem gewisse Wiederholungen zu bereits Gesagtem unvermeidlich verbunden sind: Wiederholungen, die aber vielleicht auch den Vorteil haben, unter einem spezifischen Aspekt noch einmal in knapper Form das ganz ungewöhnliche Leben und die ganz ungewöhnliche Lebensleistung *Eduard von Simsons* zusammenzufassen, die in den bisherigen Vorträgen breit aufgefächert worden sind.

Die zweite Schwierigkeit liegt im historischen Blickwinkel: Nach dem, was zwischen Deutschen und Juden in der Zeit nach 1933 vorgefallen ist, lassen sich Fragen wie die nach einer „deutsch-jüdischen Symbiose" im 19. Jahrhundert nicht mehr beantworten, ohne daß dem Betrachter Verfolgung und Vernichtung der Juden in Deutschland im 20. Jahrhundert vor Augen stehen. Gerade das aber kann dazu führen, daß der Blick auf die politische Bühne des 19. Jahrhunderts getrübt wird - womit die Gefahr verbunden ist, daß die historische Rückschau der Lebensleistung gerade der Protagonisten einer Integration der Juden in das politische und kulturelle

Leben Deutschlands im 19. Jahrhundert nicht gerecht wird. *Wilfried Fiedler* hat vor dieser Gefahr in einer biographischen Arbeit über *Gabriel Riesser* - zeitweise Stellvertreter *von Simsons* als Präsident des Paulskirchen-Parlaments und wie dieser Jude und Jurist - eindringlich gewarnt[1]. Auf die Gestalt *Gabriel Riessers* - die manche Parallelen zu *Eduard von Simson*, gerade in dem hier zu behandelnden Aspekt deutsch-jüdischer Symbiose aber auch signifikante Unterschiede aufweist - wird im folgenden noch einmal ausführlicher zurückzukommen sein[2].

II. Noch einmal: Leben und Werk Eduard von Simsons

Nun aber zunächst - wie angekündigt - in knapper Zusammenfassung noch einmal Leben und Lebensleistung von *Eduard von Simson*[3]: *von Simsons* Herkunft wird von *Felix Hirsch* wie folgt geschildert:

> „*Martin Eduard Sigismund Simson* war ein Kind der napoleonischen Ära. Er wurde am 10. November 1810 in Königsberg als Sohn jüdischer Eltern geboren. Seine Vorfahren waren lange in Ostpreußen ansässig oder aus Schlesien und Pommern gekommen. Sein

---

1 *Wilfried Fiedler*, Gabriel Riesser - Für verfassungsrechtliche Freiheit und Gleichstellung der Juden, in: *Franz Josef Düwell/Thomas Vormbaum* (Hrsg.), Recht und Juristen in der deutschen Revolution 1948/49, Baden-Baden 1998, S. 47 ff. (89 ff.).

2 Vgl. unten V.

3 Die biographische Darstellung basiert auf folgenden Darstellungen (in zeitlicher Reihenfolge): *Bernhard v. Simson*, Eduard von Simson. Erinnerungen aus seinem Leben, Leipzig 1900; *Herman v. Petersdorff*, Martin Eduard Sigismund (v.) Simson, in: Allg. Dt. Biographie Bd. 54 (Nachträge bis 1899: Scheud-Walther), 1908, Nachdruck Berlin 1971, S. 348 ff.; *Hugo Sinsheimer*, Eduard v. Simson, in: *ders.*, Jüdische Klassiker der Deutschen Rechtswissenschaft, Frankfurt am Main 1953, S. 225 ff.; *Felix Hirsch*, Eduard von Simson. Das Problem der deutsch-jüdischen Symbiose im Schatten Goethes und Bismarcks, in: Geschichte in Wissenschaft und Unterricht 16 (1965), S. 261 ff.; *G. Meinhardt*, Eduard von Simson. Der Parlamentspräsident Preußens und die Reichseinigung, Bonn 1981; *Hildebert Kirchner* (Hrsg.), Eduard v. Simson. Ein großer Parlamentarier und Richter. Reden und Aufsätze zu seinem Gedenken (mit den Reden zur Feier des 175. Geburtstags am 10. November 1985 in Karlsruhe und zwei biographischen Skizzen zu von Simson von dem damaligen Präsidenten des BGH *Gerd Pfeiffer*); *Gerd Pfeiffer*, Eduard von Simson. Präsident der Deutschen Nationalversammlung von 1848/49, des Deutschen Reichstages nach 1871 und des Reichsgerichts, in: *Helmut Heinrichs/Harald Franzki/Klaus Schmalz/Michael Stolleis*, Deutsche Juristen jüdischer Herkunft, München 1993, S. 85 ff.; *ders.*, Eduard v. Simson, in: *F. J. Düwell/Th. Vormbaum* (o. Fußn. 1), S. 5 ff.; *Peter Mast*, Eduard v. Simson, in: „Ostdeutsche Gedenktage 1999", Bonn 1998, S. 121 ff.; *Kai Müller*, Der Hüter des Rechts. Die Stellung des Reichsgerichts im Deutschen Kaiserreich 1879-1918, Baden-Baden 1997, S. 115 ff. - Im folgenden werden hierzu im allgemeinen nur wörtliche Zitate nachgewiesen.

Vater *Zacharias Jakob Simson* war Kaufmann und später vereidigter Wechselmakler. Er hatte sich mühsam heraufarbeiten müssen; selbst Lesen und Schreiben soll er sich selbständig angeeignet haben. Dagegen hatte seine Frau eine sorgfältige Erziehung genossen. Sie entstammte der Familie *Friedländer*, deren bedeutendstes Mitglied ihr Onkel, der Berliner Stadtrat *David Friedländer*, war, der in der preußischen Judenemanzipation eine hervorragende Rolle spielte. *Simson* hat ihn als junger Mann öfters besucht"[4].

Eduard von Simson war also Kaufmannssohn; auch mütterlicherseits stammte er aus einer - sehr angesehenen - Königsberger Kaufmannsfamilie: Der Großvater der Mutter, *Joachim Moses Friedländer* (ca. 1712 bis 1776), war der Begründer des Bankhauses *Friedländer & Sohn*, das bis 1934 in Königsberg bestand; zwei seiner Söhne - einer von ihnen der bereits erwähnte Großonkel *von Simsons*, der Vorkämpfer der Judenemanzipation *David Friedländer* (1750 bis 1834), auf den (wie auf *Gabriel Riesser*) noch einmal zurückzukommen sein wird[5] - „heirateten in die Berliner Unternehmerfamilien *Ephraim* und *Itzig* ein und verbanden so verwandtschaftliche Bindungen mit geschäftlichen Interessen"[6]. Die Herkunft aus dem Kaufmannsstand teilte *von Simson* mit vielen deutschen Juristen jüdischer Herkunft im 19. Jahrhundert - kein Zufall, standen doch den Juden bis zum Beginn des 19. Jahrhunderts außer den kaufmännischen Berufen nur wenig Möglichkeiten beruflichen Aufstiegs zu Gebote. 1823 entschlossen sich die Eltern, ihre Kinder (und mit ihnen *Eduard von Simson*) in Königsburg evangelisch taufen zu lassen; sie traten später auch selbst zum Christentum über.

Nach Schulbesuch und Studium in Königsberg bereits mit 18 Jahren unter Verleihung der venia legendi promoviert, begibt sich *Eduard von Simson* auf die - im Eingangsvortrag von *Klaus-Peter Schroeder*[7] erwähnte - zweijährige „peregrinatio academica", auf der er in Weimar auf Empfehlung *Zelters* den alten Geheimrat *Goethe* zu dessen 80. Geburtstag besucht und später in Bonn in ein nahezu freundschaftliches Verhältnis zu dem fast 35 Jahre älteren Althistoriker *Barthold Georg Niebuhr* tritt; die späteren Folgen von *Niebuhrs* Einfluß auf *von Simson* für dessen wissen-

---

4 *Hirsch* (o. Fußn. 3), S. 263 f.

5 Vgl. unten III.

6 *Stefi Jersch-Wenzel*, in: *Michael Brenner/Stefi Jersch-Wenzel/Michael A. Meyer*, Deutsch-Jüdische Geschichte der Neuzeit, Bd. II: Emanzipation und Akkulturation 1780-1871, München 1996, S. 73.

7 *Klaus-Peter Schroeder*, Eduard von Simson, Professor, Richter und Parlamentarier, o. S. 1 (3 f.).

schaftliche Karriere hat *Bernd-Rüdiger Kern* in seinem Vortrag geschildert[8]. 1831 nimmt er seine Lehrtätigkeit an der Königsberger Universität auf, wird 1833 außerordentlicher Professor für römisches Recht und erhält 1836 eine ordentliche Professur für römisches und preußisches Recht, die er mit Unterbrechungen bis 1860 wahrnimmt. Parallel läuft die Karriere als Richter: ab 1834 zunächst Hilfsarbeiter, danach Richter beim Tribunal des Königreichs Preußen (später Oberlandesgericht) in Königsberg, ab 1860 Vizepräsident, ab 1869 Präsident des Oberappellationsgerichts in Frankfurt an der Oder und schließlich - Krönung seiner Richterlaufbahn - am 23.4.1879 Ernennung zum ersten Präsidenten des Reichsgerichts - ein Amt, das er bis 1891 innehatte. Schon diese Karriere als Professor und Richter hätte *Eduard von Simson* einen ehrenvollen Platz in der Geschichte der deutschen Juristen gesichert (auch wenn nicht übersehen werden kann, daß seine schriftstellerische Neigung gering war, sein wissenschaftliches Werk deshalb wohl nicht nur wegen der Doppelbelastung mit Lehr- und Richteramt und der bald hinzutretenden Absorption durch die noch zu erwähnende politische Tätigkeit schmal geblieben ist).

Die politische Laufbahn beginnt mit der Wahl *von Simsons* in die Stadtverordnetenversammlung seiner Vaterstadt im Jahre 1846. Zwei Jahre später wird er in die deutsche Nationalversammlung in Frankfurt am Main, das Paulskirchen-Parlament, gewählt und wird im Oktober 1848 Vizepräsident, am 15. Dezember 1848 Präsident der Nationalversammlung. Später übernimmt er den Vorsitz in sechs weiteren deutschen Parlamenten: im Gothaer Nachparlament (1849), im Erfurter Unionsreichstag (1850), im Preußischen Abgeordnetenhaus (1859 bis 1861), im Norddeutschen Reichstag (1867 bis 1871), im Zollparlament (1868 bis 1870) und schließlich im Reichstag des neu gegründeten Reichs (1871 bis 1874). Das Schwergewicht seiner Tätigkeit in der gesamten Zeit als Parlamentarier legt *von Simson* - das zeigen schon die von ihm innegehabten Präsidentenämter - nicht in erster Linie auf die Durchsetzung eigener politischer Vorstellungen, sondern auf die Organisation und Moderation des Parlamentsbetriebs und auf die Repräsentation des Parlaments nach außen. Dabei wird von Zeitgenossen immer wieder auf das Redetalent von *Simsons* verwiesen: „*Simson* spricht Musik. Seine Rede klingt wie Orgelton feierlich und voll, pa-

---

8 *Bernd-Rüdiger Kern*, Professor in Königsberg, Richter am Tribunal und Appellationsgericht, o. S. 26 (41 f.).

thetisch" (so der Schweizer Staatsrechtler *Bluntschli*)[9], „Honig fließt von seinen Lippen" (*Rudolph von Jhering*)[10], *Simsons* Rede „war ein vollendetes Meisterwerk, die ... mir ... die hellen Tränen entlockte, ... es ist eigentlich in jenem Augenblick kein Auge trocken geblieben" (Kronzprinz *Friedrich von Preußen*)[11] und - ein wenig ironisch - *Berthold Auerbach*: „Der Mann redete Talare"[12]. *Eduard von Simson* wird so zum maßgeblichen Repräsentanten des deutschen Parlamentarismus in der Zeit von der Paulskirchenversammlung bis zur Reichsgründung im Jahre 1871. In dieser Funktion als „Chorführer der Deutschen" - so die Formulierung *Karl Frenzels*[13] - oder vielleicht eher des deutschen Parlamentarismus (und weniger in der Rolle, die er bei der Durchsetzung seiner gemäßigt-liberalen, später dem Nationalliberalismus nahestehenden politischen Vorstellungen gespielt hat) liegt die bleibende Bedeutung *von Simsons* für die politische Geschichte Deutschlands.

Am Ende seiner Laufbahn übernimmt *Eduard von Simson* schließlich noch eine bedeutende kulturelle Aufgabe: Zeitlebens hat er, der - so *Peter Mast* - „wie die meisten seiner Zeitgenossen mit den Idealen der klassischen deutschen Literatur aufgewachsen (war) ..., die auch für sein politisch-parlamentarisches Wirken die ethische Grundlage geboten hatten"[14], an der Verehrung *Goethes* festgehalten. *Goethes* Werk war ihm ständig präsent und seine regelmäßige Lektüre; die „sechzigbändige Ausgabe letzter Hand, die er besaß, hatte er wiederholt von Anfang bis Ende gelesen und mit Verweisungen und Randbemerkungen gefüllt"[15]. So zögerte *von Simson* trotz seiner dienstlichen Belastung als Präsident des Reichsgerichts nicht, das Amt

---

9 *Johann Kaspar Bluntschli*, Denkwürdiges aus meinem Leben, Bd. III, Nördlingen 1884, S. 219.

10 *Rudolf von Ihering*, 1852-1868. Briefe und Erinnerungen, Berlin 1907, S. 38; ausführlich zitiert bei *H. Sinzheimer* (o. Fußn. 3), S. 230 f.

11 Zur Ansprache *v. Simsons* als Wortführer der Delegation des Norddeutschen Reichstags an Wilhelm I. am 18. Dezember 1870 in Versailles (abgedruckt in: *v. Simson* [o. Fußn. 3], S. 380 Fußn. 1); vgl. Kaiser Friedrich III. Das Kriegstagebuch von 1870/71, Leipzig 1926, S. 277; mit leicht abweichendem Wortlaut *F. Hirsch* (o. Fußn. 3), S. 274, und *H. Sinzheimer* (o. Fußn. 3), S. 229, jeweils unter Angabe anderer Abdruckstellen.

12 Zitiert bei *H. v. Petersdorff* (o. Fußn. 3), S. 353 (ohne Quellenangabe).

13 In der Gedächtnisrede auf *v. Simson* als Präsidenten der Goethe-Gesellschaft im Jahre 1900 in Weimar, in: Fünfzehnter Jahresbericht der Goethe-Gesellschaft - abgedruckt als Anlage zum Goethe-Jahrbuch 21 (1900) -, S. 3 ff. (6).

14 *P. Mast* (o. Fußn. 3), S. 126.

15 *F. Hirsch* (o. Fußn. 3), S. 267.

des Gründungspräsidenten der am 21. Juni 1885 in Weimar gegründeten deutschen Goethe-Gesellschaft zu übernehmen; in diesem Amt, das er noch 10 Jahre hindurch erfolgreich führte, hat er - wie *Gerhard Lingelbach* im einzelnen dargestellt hat[16] - nach dem Tod von *Goethes* Enkel *Walther* die Überführung des an die Großherzogin *Sophie* von Sachsen-Weimar-Eisenach gefallenen Nachlasses in eine Stiftung organisiert und juristisch unterstützt. Später konnte auch der Nachlaß *Schillers* für die Stiftung erworben werden. Die Bemühungen *von Simsons* „um die Literatur der Goethe-Zeit, in der ja er und seine Mitkämpfer in der Frankfurter Paulskirche wurzelten, schlossen den Kreislauf dieses großen Lebens"[17] - und damit eine Lebensleistung, die Kaiser *Friedrich III.* während seiner kurzen Regierungsperiode im Jahre 1888 durch die Verleihung des Schwarzen Adlerordens und die mit ihr verbundene Erhebung *von Simsons* in den erblichen Adelsstand gewürdigt hatte.

Insgesamt also ein geradezu märchenhaftes Leben und eine märchenhafte Karriere, die den Sohn des jüdischen Kaufmanns und Wechselmaklers - welcher selbst in seiner Jugend noch zu arm für einen geordneten Bildungsweg gewesen war - aus dem Königsberg des Biedermeier und der Vormärzzeit in die Mitte der politischen Kämpfe der Zeit und in die repräsentativsten Ämter führte, die Parlamentarismus und Gerichtsbarkeit in Deutschland zu seiner Zeit zu vergeben hatten. Besonders bemerkenswert ist dabei, wie sich in der Biographie *von Simsons* immer wieder früh Begonnenes, mitunter auf den ersten Blick auch zunächst Gescheitertes doch noch glücklich vollendet: Genannt seien hier neben der bereits erwähnten Begegnung des 19jährigen mit *Goethe* an dessen 80. Geburtstag - die ihre späte Erfüllung im Amt des Präsidenten der Goethe-Gesellschaft und der Überführung des Goethe-Nachlasses in eine Stiftung gefunden hat - vor allem *von Simsons* früher, zunächst gescheiterter Einsatz für die Gründung eines Reichsgerichts und die spätere Übernahme der Präsidentschaft eben dieses Gerichts sowie seine zweifache Rolle als Wortführer von Delegationen, die preußischen Königen die deutsche Kaiserkrone angeboten haben:

---

16 *Gerhard Lingelbach*, Präsident des preußischen Angeordnetenhauses, des Reichstags des Norddeutschen Bundes, des Deutschen Zollparlaments und der Goethe-Gesellschaft, o. S. 71 (85 ff.).

17 *G. Meinhardt* (o. Fußn. 3), S. 152.

Wie *Pfeiffer* im einzelnen dargestellt hat, durchzieht

> „wie ein roter Faden .... *Simsons* Leben das Bemühen um die Errichtung eines Reichsgerichts ... *Simson* ist .... der einzige deutsche Jurist gewesen, der in der Paulskirche, im Erfurter Parlament und schließlich in der Justizkommission an den Grundlagen des zu errichtenden Reichsgerichts mitgearbeitet hat. In diesem Sinne“ - so *Pfeiffer* - „können wir *Simson* als den ‘Vater des Reichsgerichts’ bezeichnen. Unter diesem Blickwinkel erscheint seine Ernennung zum ersten Präsidenten des Reichsgerichts im Jahre 1879 als eine Krönung seines erfüllten und erfolgreichen Lebens“[18].

Am 3. April 1849 bat *Eduard von Simson* als Wortführer der Delegation der Deutschen Nationalversammlung den preußischen König *Friedrich Wilhelm IV.* im Rittersaal des Weißen Schlosses in Berlin in bewegten Worten um die Annahme der deutschen Kaiserkrone. Wie bekannt und hier mehrfach geschildert, hat *Friedrich Wilhelm IV.* diese Bitte abgelehnt; wie *von Simson* berichtet, soll *Prinz Wilhelm* bei einem Empfang, den er der Delegation am Abend nach der Ablehnung der Kaiserkrone durch seinen Bruder, den König, gegeben hat, auf *von Simsons* Worte „Ludwig Uhland ... hat vor wenigen Tagen gesagt: ‘es wird niemand über Deutschland herrschen, der nicht mit einem Tropfen demokratischen Oels gesalbt worden ist,’ geantwortet haben ‘Ja...das glaube ich auch, mit einem *Tropfen*, hier aber haben wir davon eine ganze *Flasche*’“[19]. Am 18. Dezember 1870 trug *von Simson* zum zweiten Mal (diesmal in Versailles) als Wortführer einer Parlamentsdelegation (diesmal einer Delegation des Norddeutschen Reichstags) einem preußischen König (diesmal *Wilhelm I.*) die Bitte vor, daß es „Ew. Majestät gefallen möge, durch Annahme der deutschen Kaiserkrone das Einigungswerk zu weihen“[20]. Beobachter haben vermerkt, die Tatsache, daß *Wilhelm I.* diesmal die Bitte erfüllt habe, könne darauf zurückzuführen gewesen sein, daß „von der Flasche demokratischen Oels jetzt nur noch der volle Tropfen übrig geblieben“ war[21]. *Richard von Weizsäcker* hat allerdings zu Recht darauf hingewiesen, daß gerade dieses

---

18 *G. Pfeiffer*, in: *H. Kirchner* (o. Fußn. 3), S. 25 (28 f.).

19 *B. v. Simson* (o. Fußn. 3), S. 189 (Hervorhebungen im Original); zitiert auch bei *F. Hirsch* (o. Fußn. 3), S. 271 f.

20 So der Text der Adresse des Norddeutschen Reichstags, vgl. *B. v. Simson* (o. Fußn. 3), S. 376.

21 *B. v. Simson* (o. Fußn. 3), S. 375; ähnlich *H. v. Petersdorff* (o. Fußn. 3), S. 360; vgl. auch *Werner Conze*, Die deutsche Nation, Göttingen 1963, S. 75, nach dem die König *Wilhelm I.* von *von Simson* angebotene Krone „nicht als eine Krone von Volkes Gnaden gemeint“ war und bei allem weiteren „die Volksvertretung ausgeschlossen blieb“.

„wiederholte, nunmehr erfolgreiche Angebot durch denselben Parlamentspräsidenten bezeugt, daß die Reichsgründung nicht allein nur ein Fürstenwerk 'von oben' war, sondern daß auch eine nach allgemeinem Wahlrecht gewählte Volksvertretung 'von unten' mit Überzeugung an diesem entscheidenden Ereignis mitgewirkt hat“[22].

Überblickt man noch einmal Ablauf und Erfolge des Lebens *Eduard von Simsons* - das heute vor genau 100 Jahren in dessen schon etwas vereinsamter Wohnung in der stillen Rauchstraße am Tiergarten im alten Berliner Westen ein sanftes Ende gefunden hat -, so liegt es nahe, in der sagenhaften Karriere des Sohns des jüdischen Kaufmanns und Wechselmaklers aus Königsberg, in seinem Aufstieg zum ersten Repräsentanten des deutschen Parlamentarismus, zum Präsidenten des Reichsgerichts und zu einem maßgeblichen Vertreter des deutschen Geisteslebens im 19. Jahrhundert das besonders eindringliche Bild einer gelungenen deutsch-jüdischen Symbiose im Zeitalter der Judenemanzipation in Deutschland zu sehen. So formuliert denn auch *Felix Hirsch* im Jahre 1965:

„*Eduard von Simson* war ein Mensch voller Spannungen und Kontraste. Mit einer Würde ohnegleichen residierte er über deutsche Parlamente von historischer Bedeutung und bot in ihrem Namen zweimal einem Hohenzollernherrscher die Kaiserkrone an. Dennoch können wir ihn nicht als einen der Hauptführer des deutschen Liberalismus im Zeitalter der Reichseinigung preisen; er war war kein deutscher *Cavour*. Er war ein einflußreicher und beliebter Universitätsprofessor in jugendlichen Jahren, wenn andere Gelehrte kaum an Habilitierung denken, er hat aber nie ein bedeutsames wissenschaftliches Buch geschrieben. Er beendete eine glanzvolle juristische Karriere als der erste Präsident des neugeschaffenen Reichsgerichts, aber kein großes Gesetzeswerk ist mit seinem Namen verknüpft. Trotz alledem bleibt er eine der faszinierendsten Gestalten in der deutschen Geschichte des 19. Jahrhunderts. Was immer die letzten drei Jahrzehnte an Herzeleid und Enttäuschung gebracht haben, hat nichts von seiner menschlichen Anziehungskraft zerstört. Er bleibt für uns ein Bindeglied zwischen dem goldenen Zeitalter von Weimar und dem Bismarckreich. .... Besser als irgendeine andere Gestalt symbolisiert *Eduard von Simson* den Anfangserfolg der deutsch-jüdischen Symbiose im 19. Jahrhundert“[23].

Und noch einmal zusammenfassend *Felix Hirsch*:

„Das Leben *Eduard von Simsons* hat für den Historiker eine weit über seine Einzelleistungen hinausgehende Bedeutung. Es liefert überzeugenden Beweis für die These, daß die deutsch-jüdische Symbiose im 19. Jahrhundert ausgezeichnete Erfolgsmöglichkeiten besaß. Dies war auch der feste Glaube unserer Väter und Großväter ... Erst das

---

22 *Richard v. Weizsäcker*, in: *H. Kirchner* (o. Fußn. 3), S. 11.

23 *F. Hirsch* (o. Fußn. 3), S. 261.

Heraufkommen des Vulgärantisemitismus nach dem Ersten Weltkrieg und der entmenschte Faschismus haben diese aufkeimende Symbiose brutal zerstört"[24].

Aber handelt es sich beim Leben von *Simsons* wirklich um eine solche Symbiose? Die Tatsache, daß die Organisatoren unseres Symposions mein Thema mit einem Fragezeichen versehen haben, zeigt, daß sie selbst zumindest gewisse Zweifel hieran hegen. Der Frage soll nun im einzelnen nachgegangen werden.

III. Juden und Judenemanzipation im Deutschland des 19. Jahrhunderts

Die Antwort auf die gestellte Frage macht es notwendig, einleitend wenigstens kurz auf die Lage der Juden im Deutschland des 19. Jahrhunderts, auf ihre fortschreitende Emanzipation und bürgerliche Gleichstellung, aber auch auf Gegenbewegungen im heraufdämmernden rassischen Antisemitismus einzugehen. Im Rahmen eines kurzen Vortrags muß ich mich dabei natürlich auf knappe Striche beschränken.

Eduard von Simson war hineingeboren in die Epoche zwischen 1780 und 1871, in der sich der langwierige und hindernisreiche Prozeß der deutschen Judenemanzipation vollzogen hat[25]. Dieser Prozeß erst hat die Juden in Deutschland aus dem „jüdischen Mittelalter" herausgeführt, das *Reinhard Rürup* wie folgt schildert:

> „Jahrhundertelang wurde das Leben der Juden durch Verfolgung und Vertreibung, Unterdrückung und Ausbeutung bestimmt. Die überlieferte jüdische Existenz war durch die prinzipielle Unsicherheit des Aufenthalts, durch diskriminierende 'Judenrechte' und durch die in aller Regel erbärmlichen Verhältnisse, aber auch durch die scharfe Trennung von Juden und Christen, durch die innere und äußere Geschlossenheit einer jüdischen Lebenswelt geprägt. Die jeweiligen Landesherren ließen sich die 'Schutzbriefe' der Juden teuer bezahlen, ohne sich um die langfristige Sicherung der Lebens- und Erwerbsmöglichkeiten ihrer 'Schutzjuden' zu kümmern. So lebten die Juden in weitgehender Isolation von der übrigen Bevölkerung, am Rande, ja eigentlich außerhalb der christlich-ständischen Sozialordnung. Sie waren, wie es 1801 ein wenig beschönigend in einem badischen Regierungsgutachten hieß, 'bloß im Staate geduldete

---

24 *F. Hirsch* (o. Fußn. 3), S. 277.

25 Vgl. etwa diese Epochenbildung bei *M. Brenner/St. Jersch-Wenzel/M. A. Meyer* (o. Fußn. 6), passim.

Untertanen, die zwar dessen Schutz genießen, aber keine Mitglieder der bürgerlichen Gesellschaft sind'"[26].

Erste Änderungen dieser Situation bahnen sich mit zwei Entwicklungen innerhalb des Judentums im späten 17. und dann vor allem im 18. Jahrhundert an: der Herausbildung einer schmalen Schicht risikofreudiger, erfolgreicher jüdischer Unternehmer (zunächst in der Gruppe der sogenannten „Hofjuden") und dem Auftreten einer kleinen Gruppe jüdischer Intellektueller um *Moses Mendelssohn* in Berlin, die sich „nicht nur der allgemeinen Bildung der Zeit öffnete, sondern sich als einen aktiven Teil der europäischen Aufklärungsbewegung verstand"[27]. Unter Einfluß dieses Kreises entstand das „für die öffentliche Diskussion über die Lage und zukünftige Verfassung der Juden wichtigste Werk", das 1781 und erneut 1783 in überarbeiteter Fassung erschienene Buch des preußischen Kriegsrates *Christian Wilhelm Dohm* (1751 bis 1820) „Über die bürgerliche Verbesserung der Juden". Die Schrift „richtete sich keineswegs nur an das allgemeine gebildete und gelehrte Publikum, sondern auch und vor allem in den praktischen, zukunftsweisenden Argumentationen und Vorschlägen an die staatlichen Entscheidungsträger in Preußen und die Regierungen anderer deutscher Länder"; angeregt hatte sie neben *Moses Mendelssohn Dohms* Verleger, der zeitlebens der Aufklärung verbundene Berliner Schriftsteller und Publizist *Friedrich Nicolai* (1733 bis 1811)[28]. Unter dem Einfluß der Diskussionen, die durch *Dohms* Schrift ausgelöst worden waren, folgten die Toleranzpatente *Josef II.* in Österreich (1781/82), das Preußische Judenedikt von 1812 und ähnliche Emanzipationsregelungen in anderen Bundesstaaten; die Chance, auf dem Wiener Kongreß eine einheitliche Emanzipationsregelung für den gesamten Deutschen Bund durchzusetzen, blieb freilich - trotz preußischen und österreichischen Drängens - ungenutzt[29].

Es ist bemerkenswert (und wohl kein Zufall), daß *von Simsons* Familie mütterlicherseits Bezug zu beiden genannten Entwicklungen im 18. Jahrhundert hatte: Sein Ur-

---

26 *Reinhard Rürup*, Die Emanzipation der Juden, in: *H. Heinrichs/H. Franzki/Kl. Schmalz/M. Stolleis* (o. Fußn. 3), S. 1 ff. (1).

27 *R. Rürup* (o. Fußn. 26), S. 1 f.

28 *St. Jersch-Wenzel* (o. Fußn. 6), S. 16 f.; dort auch die Zitate. Zu *Dohm* vgl. ferner: *Michael Graetz*, in: *Mordechai Breuer/Michael Graetz*, Deutsch-Jüdische Geschichte in der Neuzeit, Bd. I: Tradition und Aufklärung 1600-1780, München 1996, S. 317 f.

29 *M. Graetz* (o. Fußn. 28), S. 317 f.; *R. Rürup* (o. Fußn. 26), S. 3 f.; *St. Jersch-Wenzel* (o. Fußn. 6), S. 32 ff.

großvater, *Joachim Moses Friedländer*, war ein erfolgreicher Unternehmer. Dessen Sohn - der bereits erwähnte Vorkämpfer der Judenemanzipation *David Friedländer* - war ebenfalls erfolgreicher Kaufmann und hatte in eine Berliner jüdische Unternehmerfamilie eingeheiratet[30]. Beide gehörten also zu der schmalen Oberschicht erfolgreicher jüdischer Unternehmer, der die Mehrzahl der in ärmlichen Verhältnissen lebenden Juden gegenüberstand. *David Friedländer* war aber darüber hinaus „treuer, doch bald radikaler Schüler" *Moses Mendelssohns*[31]. In den Jahren 1787 bis 1792 hatte er an der Spitze der „Generaldeputierten" der jüdischen Gemeinden Preußens den Kampf für mehr Bürgerrechte begonnen[32]. Aus Enttäuschung über die zunächst weitgehend stockende Reform faßte er 1799 in einem „Sendschreiben" an den Berliner Propst *Wilhelm Abraham Teller* für sich und für eine Anzahl gleichdenkender „Hausväter" die Möglichkeit des Übertritts zur protestantischen Kirche ins Auge, machte diese aber von einer Reihe von Bedingungen abhängig, die für einen traditionsgebundenen Juden ebenso unakzeptabel waren wie für die Vertreter der christlichen Kirche. Das Übertrittsangebot wurde denn auch sowohl durch den Propst *Teller* als auch durch den Theologen *Schleiermacher* abgelehnt[33]. Unmittelbar nach dem preußischen Emanzipationsedikt von 1812 machte *Friedländer* dann noch einmal Vorschläge zu einer grundlegenden religiösen Reform des Judentums, in deren Rahmen vom Christentum alle diejenigen äußeren Merkmale übernommen werden sollten, die ihrem Wesen nach nicht spezifisch christlich waren[34]. Diese Bestrebungen - für die ein *Heinrich Heine* nur Spott übrig hatte[35] - hatten nur teilweise Erfolg. Wesentlich erfolgreicher waren schon zuvor die politischen Bemühungen *Friedländers* um die politische Gleichstellung der Juden gewesen: Nach der Preußischen Städteordnung von 1808 war der Erwerb des Bürgerrechts für Juden wie für Christen gleicherweise nur an ein festgelegtes Mindesteinkommen geknüpft. Das ermöglichte, daß der Bankier *Salomon Veit* als Stadtverordneter und *Friedländer* selbst als

---

30 *St. Jersch-Wenzel* (o. Fußn. 6), S. 73.

31 *M. Graetz* (o. Fußn. 28), S. 324.

32 *M. Graetz*, aaO.

33 *M. Graetz* (o. Fußn. 28), S. 324 ff.

34 *M. A. Meyer*, in: *M. Brenner/St. Jersch-Wenzel/M .A. Meyer* (o. Fußn. 6), S. 126.

35 *M. A. Meyer* (o. Fußn. 34), S. 219.

Stadtrat in die Selbstverwaltungsgremien der Stadt Berlin gewählt wurden[36]. Als weiterer Schritt folgte 1812 das bereits erwähnte Preußische Emanzipationsedikt.

Anders als 1791 im revolutionären Frankreich stellte dieses Edikt, ebenso wie die genannten anderen Toleranz- und Judenedikte, freilich nicht in einem einzigen Gesetzgebungsakt die volle Rechtsgleichheit her, sondern versuchte, einen - in der Praxis mit vielen Rückschlägen verbundenen - Prozeß in Gang zu setzen, in dem eine langfristig angelegte „bürgerliche Verbesserung" der Juden, ihre Wandlung „aus vor- und außerbürgerlichen Existenzen" zu Bürgern, mit einer schrittweisen Gewährung von Menschen- und Bürgerrechten für die Juden Hand in Hand gehen sollte; die „volle Rechtsgleichheit" sollte nach diesem Konzept „den krönenden Abschluß der kollektiven Umerziehung bilden"[37]. Zur vollen rechtlichen Gleichstellung der Juden kam es - nach Vorläufergesetzen in Baden 1862 und Württemberg 1861/64 - erst mit dem im Juli 1869 vom Norddeutschen Bund erlassenen „Gesetz betreffend die Gleichberechtigung der Konfessionen in bürgerlicher und staatsbürgerlicher Beziehung", das nach der Reichsgründung 1871 für das gesamte Deutsche Reich übernommen wurde[38]. Einige Jahre zuvor hatte bereits die Habsburger Monarchie anläßlich des „Ausgleichs" zwischen Österreich und Ungarn für beide Reichshälften den gleichen Schritt getan[39]. Bei dieser Grundentscheidung blieb es in Deutschland bis zur Entrechtung der Juden nach 1933.

Bekannt ist freilich, daß die rechtliche Gleichstellung nach 1871 nicht ohne weiteres und nicht sofort zu einer auch gesellschaftlichen Gleichstellung geführt hat, den Juden also auch nach der rechtlichen Gleichstellung manche Karrieren verschlossen blieben[40]; hierauf kann an dieser Stelle ebenso wenig detailliert eingegangen werden wie auf die schon wenige Jahre nach der rechtlichen Gleichstellung erkennbaren Anzeichen eines neuen militanten Antisemitismus; genannt seien als Stichworte hier

---

36 *M. Brenner*, in: *M. Brenner/St. Jersch-Wenzel/M.A. Meyer* (o. Fußn. 6), S. 270 f.

37 *R. Rürup* (o. Fußn. 26), S. 3.

38 *R. Rürup* (o. Fußn. 26), S. 24; *M. A. Meyer* (o. Fußn. 34), S. 300 ff.; *Thomas Nipperdey*, Deutsche Geschichte 1800-1866, München 1983, S. 251.

39 *M. A. Meyer* (o. Fußn. 34), S. 301.

40 Vgl. hierzu etwa *Thomas Nipperdey*, Deutsche Geschichte 1866-1918. Bd. I: Arbeitswelt und Bürgerwelt, München 1990, S. 396 ff., insb. S. 400 ff.

nur der Berliner Antisemitismusstreit von 1879[41] und die antisemitische Wende der „Christlich-Sozialen Arbeiterpartei“ des Berliner Hofpredigers *Adolf Stoecker* im selben Jahr[42].

IV. Eduard von Simson zwischen Judentum und Christentum: Der Weg der vollständigen Assimilation

Wenden wir uns nun wieder *Eduard von Simson* und der Frage zu, wie sein Leben und seine Laufbahn in die Geschichte der jüdischen Emanzipation in Deutschland verflochten sind. Symbolisiert er wirklich „besser als irgend eine andere Gestalt ... die deutsch-jüdischen Symbiose im 19. Jahrhundert“[43]?

Eine Antwort auf die gestellte Frage ist nicht möglich, ohne ausdrücklich noch einmal auf eine bereits erwähnte Tatsache zu verweisen: Im Jahre 1823 hatten sich *Eduard von Simsons* Eltern entschlossen, ihre Kinder evangelisch taufen zu lassen. *Eduard*, der älteste Sohn, war damals 13 Jahre alt. In der gesamten Zeit seiner beruflichen und politischen Laufbahn also war *von Simson* zwar Deutscher jüdischer Herkunft, aber kein Jude im Sinne eines Angehörigen der jüdischen Religionsgemeinschaft, sondern (evangelischer) Christ. Alle rechtlichen Diskriminierungen der Juden im 19. Jahrhundert, wie sie eben geschildert worden sind, galten aber nur gegenüber Juden, die an ihrer Religion festhielten, also zu einem Übertritt zum Christentum nicht bereit waren. Die Einschränkungen des bürgerlichen Status der Juden waren in jener Zeit ausschließlich religiös bestimmt; eine rassisch definierte Diskriminierung war der Epoche *von Simsons* noch unbekannt. Zwar sprach man gelegentlich von den „getauften Juden“; das änderte aber nichts daran, daß „die Taufe stets als ein eindeutiger Schritt der Lösung aus dem Judentum respektiert“ wurde und bis ins Kaiserreich „allemal die Befreiung von allen rechtlichen Diskriminierungen“ bedeutete, „die weiterhin auf den Juden lasteten“[44]. *Heinrich Heine* hat die

41 Vgl. dazu die Dokumentation von *Walter Boehlich* (Hrsg.), Der Berliner Antisemitismusstreit, Frankfurt a.M. 1965.

42 *Th. Nipperdey* (o. Fußn. 40), S. 495 ff., insb. S. 498.

43 *F. Hirsch*, aaO (o. Fußn. 23).

44 *R. Rürup* (o. Fußn. 26), S. 19 f.; dort auch die Zitate.

Taufe denn auch - in der ihm eigenen despektierlichen Ausdrucksweise - als „Entréebillett zur europäischen Kultur" bezeichnet[45].

Die Taufe öffnete den Juden die meisten Karrieren, die ihnen vor allem in der ersten Hälfte des 19. Jahrhunderts ohne sie noch verschlossen waren. Das hat zur Folge gehabt, daß nicht wenige Juden in der ersten Hälfte des 19. Jahrhunderts ähnlich wie *Heinrich Heine* ohne innere Hinwendung zum Christentum das Entréebillett nicht nur in die europäische Kultur, sondern auch in die berufliche Karriere gelöst und mit der Taufe bezahlt haben; genannt seien hier nur die beiden ersten Juden, die einen Lehrstuhl an einer rechtswissenschaftlichen Fakultät in Deutschland erhalten haben: *Siegfried Zimmern* in Heidelberg und Jena und *Eduard Gans*, der glanzvolle Nachfolger *Hegels* an der Friedrich-Wilhelm-Universität zu Berlin[46].

Bei *Eduard von Simson* liegt der Fall allerdings anders: Einmal gehört er zu denjenigen, denen - wie dem Enkel *Moses Mendelssohns*, *Felix von Mendelssohn-Bartholdy* - bereits die Eltern in jungen Jahren die „Entscheidung für die Konversion abgenommen haben"[47]. Darüber hinaus steht fest, daß *von Simson* die Hinwendung zum Christentum nicht - im Stile *Heines* - als opportunistische Anpassung verstanden, sondern sie bewußt gelebt und vollzogen hat: Anders als *Friedrich Julius Stahl*, der ebenfalls in jungen Jahren vom Judentum zum evangelischen Christentum konvertiert war und sich später nicht nur mit Staat und Staatsverfassung, sondern intensiv auch mit Kirche und Kirchenverfassung beschäftigt und eine Theorie der Kirchenverfassung entwickelt hat, die bis heute „nichts von ihrer Aktualität verloren" hat, „indem sie - freilich in ... einseitiger Übersteigerung - sich um die Wahrung der Grundgedanken der Reformation bemüht"[48], und anders auch als *von Simsons* jüngerer Bruder *August*, der sich dem Studium der evangelischen Theologie gewidmet

45 Vgl. etwa *Volkmar Hansen*, Heinrich Heine, in: *W. Killy*, Literatur-Lexikon, Bd. 5, Gütersloh/München 1990, S. 129 ff. (131); vgl. aber auch dort S. 135 zu *Heines* insgesamt doch sehr viel differenzierterem Verhältnis zur (auch jüdischen) Religion.

46 Vgl. zu beiden *R. Rürup* (o. Fußn. 26), S. 17 f., 18 f., und die monographischen Darstellungen von *Christoph Krampe*, Sigmund Wilhelm Zimmer. Systematiker des römischen Rechts in der Frühzeit der Emanzipation, und *Johann Braun*, Eduard Gans. Ein homo politicus zwischen Hegel und Savigny, beide in: *H. Heinrichs/H. Franzki/Kl. Schmalz/M. Stolleis* (o. Fußn. 3), S. 27 ff. bzw. S. 45 ff.

47 *R. Rürup* (o. Fußn. 26), S. 19.

48 *Christoph Link*, Friedrich Julius Stahl. Christlicher Staat und Partei der Legitimität, in: *H. Heinrichs/H. Franzki/Kl. Schmalz/M. Stolleis* (o. Fußn. 3), S. 59 ff. (82 f.).

hat, Prediger am berühmten Collegium Fridericianum in Königsberg, später Lehrer an dieser Anstalt und zuletzt Professor an der Königsberger Universität wurde und dessen Arbeiten über den Propheten Hosea und über das Buch Hiob in ihrer Zeit viele Anerkennung gefunden haben[49], ist *Eduard von Simson* kirchlich freilich nicht stärker hervorgetreten.

Auch der umfangreiche, ein wenig trockene Erinnerungsband, den sein Sohn *Bernhard*, ein Historiker der Ranke-Schule, „unter Verwendung der Papiere und Briefe *Eduard von Simsons*“ zusammengestellt hat, bringt wenig Aufschluß über *von Simsons* Verhältnis zu Religion und Kirche: Berichtet wird, daß *Eduard*, der - wie erwähnt - im Jahre 1823 getauft worden war, 1825 „durch den Consistorialrath *Kähler*“ eingesegnet worden ist, „einen Mann, der einen großen Einfluß auf ihn gewann und dem und seiner Familie er vielen Dank schuldig wurde“. Einer der Söhne *Kählers* „wurde *Simsons* vertrauter Freund, auch zu einer der Töchter, die seine Genossin im Konfirmandenunterricht war, blieb er bis zu ihrem Tode in freundschaftlicher Beziehung“[50]. Bei einem Besuch in England im Jahre 1847 hat *von Simson* nicht nur die britische Schwurgerichtsverfassung studiert und die seltene Gelegenheit wahrgenommen, die Bank von England mit über 1000 Angestellten, damals die größte der Welt, zu besichtigen, sondern - so die erwähnten Erinnerungen - seinen Aufenthalt auch benutzt, um den Gottesdienst der englischen Unitarier in London kennen zu lernen[51]. In den 60er Jahren des 19. Jahrhunderts hört er besonders gern die Predigten *Müllensiefens* in der Berliner Marienkirche[52]; dieser hat später auch die Ansprache bei der Beisetzung der Gattin *von Simsons* in Berlin gehalten, die schon in der Amtszeit *von Simsons* als Präsident des Reichsgerichts in Leipzig verstorben war[53]. Als *von Simson* 1862 im Wahlbezirk Montjoie (heute: Monschau)/Malmedy/ Schleiden in das Preußische Abgeordnetenhaus gewählt wird (sein Gegenkandidat war der Dompropst von Trier), wundert er sich „in Betracht, daß der Wahlbezirk auf 450.000 Seelen nur 20.000 Protestanten enthält“, über seine Wahl[54].

---

49 *B. v. Simson* (o. Fußn. 3), S. 4.

50 *B. v. Simson* (o. Fußn. 3), S. 12 f. (dort auch die Zitate).

51 *B. v. Simson* (o. Fußn. 3), S. 89.

52 *B. v. Simson* (o. Fußn. 3), S. 374 Fußn. 2.

53 *B. v. Simson* (o. Fußn. 3), S. 396.

54 *B. v. Simson* (o. Fußn. 3), S. 353.

Alles das trägt die Feststellung von *Felix Hirsch*, daß *Eduard von Simson* „bis ans Ende ein aufrichtiger liberaler Protestant war“[55]; wie man ergänzen darf, bietet er damit ein Gegenbild zu dem konservativ-lutherischen Verständnis des reformatorischen Christentums bei *Friedrich Julius Stahl*, für den die Religiosität das „Zentrum seiner Persönlichkeit“ gewesen war[56] (und nimmt das vorweg, was man später - nicht immer ganz ohne Soupçon - als „Kulturprotestantismus“ bezeichnet hat). Umgekehrt hat die bewußte Zuwendung *von Simsons* zum Christentum diesen nie veranlaßt, seine Vorfahren zu vergessen. Er verleugnete nie seine jüdische Herkunft; auch seine Frau, *Clara Warschauer*, die Tochter eines angesehenen Königsberger Bankiers, die er am 14. Februar 1834 geheiratet hatte, stammte aus einer jüdischen Familie[57]. Ihr Bruder *Robert*, der spätere Gründer des Bankhauses *Warschauer & Co.* in Berlin, einer der bedeutendsten Finanzfachleute Preußens und des öfteren der Gegenspieler *Bleichröders*, wurde einer von *von Simsons* engsten Freunden[58]. Schon zuvor, auf seiner Bildungsreise vor der Aufnahme der Lehrtätigkeit an der Universität, hatte *von Simson* im selben Hause wie *Ludwig Börne* gewohnt, „dessen Ansichten er zwar nicht teilte, der ihm aber den Zugang zur zeitgenössischen, bereits stark von demokratischen Ideen befruchteten deutschen Literatur öffnen half“[59]. *von Simson* hat den Lebensweg *Börnes* auch später verfolgt und seine sämtlichen Schriften sorgfältig gelesen[60]. Immer wieder, wenn sich dazu Gelegenheit ergab, hat sich *von Simson* für die bürgerliche Gleichstellung der Juden eingesetzt; erwähnt seien hier nur die Rolle, die er als Richter beim Tribunal des Königreichs Preußen in Königsberg in der sogenannten *Falkson'schen* Ehesache gespielt hat (in der das Tribunal im Ergebnis eine von einem Königsberger mosaischen Glaubens in Großbritannien mit einer englischen Christin geschlossene Ehe für gültig erklärt hatte)[61] und

---

55 *F. Hirsch* (o. Fußn. 3), S. 265.

56 *Ch. Link* (o. Fußn. 48), S. 82.

57 *E. Petersdorff* (o. Fußn. 3), S. 351, nach dem sich „wie auch sonst in diesem Schritt“ zeigt, „daß S. sich nicht geflissentlich von seinen angestammten Kreisen trennte“.

58 *G. Meinhardt* (o. Fußn. 3), S. 23; zu *Robert Warschauer* vgl. *Karl Winterfeld*, Vollständige Geschichte des deutsch-französischen Krieges von 1870 und 1871 von seiner ersten Entstehung an, Berlin 1871, S. 570.

59 *G. Meinhardt* (o. Fußn. 3), S. 19; vgl. auch *F. Hirsch* (o. Fußn. 3), S. 267, nach dem *Börnes* „Talent und Geistreichtum“ auf *v. Simson* Eindruck machte, aber *Börnes* „arrogante Feindseligkeit gegen Goethe“ ihm „außerordentlich mißfiel“.

60 *B. v. Simson* (o. Fußn. 3), S. 51.

61 Ausführlich *G. Meinhardt*, S. 24 f.

die Befürwortung der Petition des Oberrabbiners *Abraham Sutro* 1859 im Preußischen Abgeordnetenhaus, bei der es um die bürgerliche Gleichstellung der Juden ging[62]. So ist es denn auch kein Wunder, daß noch unter den Freunden, die *von Simson* regelmäßig in seiner letzten Wohnung am Tiergarten in Berlin besuchten, neben dem Historiker *Heinrich von Sybel* zwei Juden, nämlich *Heinrich Friedberg* (erster Staatssekretär des neu begründeten Reichsjustizamts von 1876 bis 1879 und späterer preußischer Justizminister von 1879 bis 1889) und der langjährige (zunächst nationalliberale, ab 1881 freisinnige) Reichstagabgeordnete *Ludwig Bamberger*, waren[63]. Das unverkrampfte Verhältnis *Eduard von Simsons* zu seiner Herkunft wird noch einmal in einer berühmten, häufig erzählten Anekdote erkennbar, die *Felix Hirsch* wie folgt wiedergibt:

> „Es war im Erfurter Unionsparlament, daß *Bismarck* und *Simson* zum ersten Mal enger zusammenarbeiteten. *Bismarck*, der gerade zum Schriftführer gewählt worden war, hatte das Präsidium unter *Simsons* Leitung in einen ganz unnötigen Konflikt mit zwei Zeitungsvertretern verwickelt. Als *Simson* ihm seine Mißbilligung über sein Verfahren sehr deutlich ausdrückte, antwortete ihm *Bismarck*, sein Benehmen könne wohl nur von einem Edelmanne gewürdigt werden. *Simson* erwiderte: 'Das wagen Sie mir zu sagen, der ich auf die Geschichte meines Stammes von 4000 Jahren zurücksehe?'"[64]

Kommen wir zur Ausgangsfrage zurück: Sicher liegt es nahe, in dem geschilderten Leben *von Simsons*, in seiner Zuwendung zur deutschen Kultur (und zum Christentum), verbunden mit einem unverkrampften Umgang mit der eigenen jüdischen Herkunft und mit den jüdischen Weggenossen, eine „deutsch-jüdische Symbiose" zu sehen. Blickt man genauer hin, handelt es sich freilich um etwas anderes: Unter Symbiose versteht die Biologie - so die Definition des „Brockhaus" -, das „Zusammenleben *artverschiedener*, aneinander angepaßter Organismen zu gegenseitigem Nutzen"[65]. Deutsch-jüdische *Symbiose* wäre nach dieser Definition ein Zusammenleben zwischen Deutschen und Juden, in dem beide *artverschieden* bleiben, also an ihrer jeweils eigenen Identität festhalten, was beim jüdischen Teil der Symbiose zumindest das Festhalten an der eigenen Religion voraussetzen würde. Der Weg *von*

---

62 *F. Hirsch* (o. Fußn. 3), S. 264.

63 *H. v. Petersdorff* (o. Fußn. 3), S. 363.

64 *F. Hirsch* (o. Fußn. 3), S. 265; vgl. schon *Hans Blum*, Fürst Bismarck und seine Zeit, Bd. 1, München 1894, S. 226; *ders.*, Eduard von Simson, in: *ders.*, Vorkämpfer der deutschen Einheit - Lebens- und Charakterbilder, 1899, S. 55 f.; *G. Pfeiffer*, in: *H. Kirchner* (o. Fußn. 3), S. 44 f.

65 Brockhaus-Enzyklopädie, 13. Aufl., Bd. 21, Artikel „Symbiose", Mannheim 1993, S. 517.

Simsons wird mit dem Begriff der deutsch-jüdischen Symbiose also nicht richtig erfaßt. Zitieren wir eine andere Definition des „Brockhaus“: Danach bezeichnet man in der Soziologie

> „jede Angleichung im gesellschaftlichen Leben, insbesondere einen Vorgang der Durchdringung und Verschmelzung, bei dem einzelne oder Gruppen die Traditionen, Lehr- und Verhaltensmuster anderer Gruppen übernehmen und in diesen allmählich aufgehen ..., das Hineinwachsen in die eigene oder fremde Kultur“

als *Assimilation*[66]. Um eine solche Assimilation (an die deutsche Kultur, aber auch an die in seiner Heimatstadt vorherrschende Form der christlichen Religion) handelt es sich beim insoweit exemplarischen Leben *Eduard von Simsons*. Wie wir wissen, ist *von Simson* diesen Weg bewußt gegangen (und hat in ihm auch den richtigen Weg für das Judentum in Deutschland als ganzes gesehen). Das zeigt seine bereits erwähnte Stellungnahme im Preußischen Abgeordnetenhaus zur Petition des Oberrabbiners *Abraham Sutro* im Jahre 1859. In dieser Petition ging es um die bürgerliche Gleichstellung der Juden; *von Simson* sprach seine Überzeugung aus,

> „daß, je mehr man die Juden mit Entgegenkommen behandle, statt sie zu unterdrücken, um so mehr würden sie in die Nation und die Substanz des Staates hineinwachsen und sich zum Christentum bekennen“[67].

Dazu formuliert er eine Erinnerung an seine Jugendzeit:

> „In meiner Vaterstadt können Sie Straßen, die überwiegend von jüdischen Familien bewohnt werden, fast von Haus zu Haus verfolgen, und die merkwürdige Wahrnehmung machen, daß seit dem Jahre 1812 und besonders in dem ersten Jahrzehend nach demselben, die ganzen Familien, mindestens die vorhandenen Kinder, zum Christenthum übergetreten sind, selbst wenn die Eltern bei dem Bekenntniß ihrer Väter beharrten. Das, meine Herren, hat meines Erachtens einen tiefen psychologischen Grund. Das Märtyrerthum, das auf dem Judenthume lag und theilweise noch liegt, ist einer der Gründe gewesen, die den Uebertritt zum Christentum einer höher gesinnten Natur unmöglich machten. Nehmen Sie dies Motiv in seinen letzten Resten weg, und Sie werden zwar nicht zu den s.g. *Lösungsversuchen* des Mittelalters gelangen, das heißt Sie

66 Brockhaus-Enzyklopädie, 13. Aufl., Bd. 2, Artikel „Assimilation (5. Soziologie)“, Mannheim 1987, S. 205 f.

67 So die Zusammenfassung bei *F. Hirsch* (o. Fußn. 3), S. 264.

werden nicht die Juden, aber höchstwahrscheinlich das Judenthum erschlagen, wenigstens numerisch *vermindern*"[68].

Leben und Berufsweg *Eduard von Simsons* - die ihren krönenden (und symbolischen) Abschluß 1888 mit der Verleihung des Schwarzen Adlerordens durch *Friedrich III.* und die damit verbundene Erhebung in den erblichen Adel und 1899 mit der eindrucksvollen religiösen Gedenkfeier für *von Simson* in einem der historischen Gotteshäuser Berlins, der (heute besser als „Deutscher Dom" bekannten) Neuen Kirche am Gendarmenmarkt, in Anwesenheit zweier preußischer Prinzen[69] fanden - sind nach alledem das Ergebnis bewußter Assimilation (und gleichzeitig - so *Reinhard Rürup* - das „klassische Beispiel für die Karrieremöglichkeiten begabter jüdischer Kinder, die früh getauft wurden und dadurch von all den Behinderungen und Schikanen verschont blieben, denen jüdische Studenten und Akademiker ausgesetzt waren")[70]. Mit seiner vollständigen Assimilation an deutsche Kultur und christliche Religion geht *Eduard von Simson* - in freier, auch aus dem Blick eines Betrachters im späten 20. Jahrhundert zu respektierenden Entscheidung - weit über das hinaus, was *Heinrich von Treitschke* in seiner ersten Äußerung im Berliner Antisemitismusstreit im Jahre 1879 von den Juden gefordert hat:

> „Was wir von unseren israelitischen Mitbürgern zu fordern haben, ist einfach: Sie sollen Deutsche werden, sich schlicht und recht als Deutsche fühlen - unbeschadet ihres Glaubens und ihrer alten heiligen Erinnerungen ... Es wäre schändlich zu vergessen, daß sehr viele Juden, getaufte und ungetaufte .... deutsche Männer waren im besten Sinne, Männer, in denen wir die edlen und guten Züge deutschen Geistes verehren. Es bleibt aber ebenso unleugbar, daß zahlreiche und mächtige Kreise unseres Judentums den guten Willen schlechtweg Deutsche zu werden, durchaus nicht hegen"[71].

Derselbe *Treitschke* ist es denn auch, der *von Simson* zur Ernennung zum Präsidenten des Reichsgerichts gratuliert und ihm schreibt:

> „Sie blicken zurück auf ein reiches, gesegnetes Wirken; in den Stürmen einer undankbaren Zeit, die jeden politischen Namen vergißt oder besudelt, ist der Ihre immer fest

---

68 Preußischer Landtag. Stenographische Berichte über die Verhandlungen des Hauses der Abgeordneten, 5. Legislaturperiode, 1. Session 1859, Bd. I, S. 491 – Hervorhebungen im Original (zit. – in modernisierter Orthographie – auch bei *F. Hirsch*, aaO).

69 *B. v. Simson* (o. Fußn. 3), S. 419; *F. Hirsch* (o. Fußn. 3), S. 265.

70 *R. Rürup* (o. Fußn. 26), S. 19.

71 *Heinrich v. Treitschke*, Unsere Aussichten (1879), in: *W. Boehlich* (Hrsg.), Antisemitismusstreit (o. Fußn. 41), S. 5 ff. (9).

verbunden geblieben mit den Geschicken des Vaterlandes und wird immer seinen alten lauteren Klang behalten“[72].

Der Biograph *von Simsons* in der Allgemeinen Deutschen Biographie, der konservative Historiker *Herman von Petersdorff*, hat die Karriere *von Simsons* auf die kurze Formel gebracht, daß „hier einer der Fälle eintrat, wo ein reich begabter Judensproß im deutschen Geiste aufging“[73]. Trotz der zeitbedingten Terminologie wird die volle Assimilation *von Simsons* an die deutsche Kultur seiner Zeit damit zutreffend wiedergegeben. Daß freilich auch diese vollständige Assimilation nicht ausreichte, letzte Vorbehalte gegenüber der jüdischen Herkunft auszuräumen, zeigt eine weitere Bemerkung bei *Petersdorff*: Der Biograph würdigt *von Simson* als „dekorative und repräsentative Persönlichkeit“, er stellt fest, daß es „als eine günstige Fügung bezeichnet werden darf, daß ein so feiner und edler, von vielseitiger Bildung gedrängter Geist dies Geschick hatte“. Aber er fährt fort:

> „Kaum wird diese Erscheinung, selbst nicht für peinlich deutsch empfindende, in ihrer Erfreulichkeit dadurch beeinträchtigt, daß *Simson* nicht germanischen Blutes war. Denn wer *Simson* kannte, empfand seine jüdische Abstammung, mochte sie sich auch in Äußerlichkeiten und auch in einigen Zügen seines Wesens nicht verleugnen, schwerlich störend“[74].

In den gleichen Zusammenhang gehört die Bemerkung *Bismarcks*, als dieser als Schriftführer des Erfurter Unionsparlaments mit *von Simson* als Präsidenten des Parlaments zusammenarbeiten mußte: „Mein seliger Vater würde sich dreimal im Grabe herumdrehen, wenn er hörte, daß ich der Schreiber eines jüdischen Gelehrten geworden bin“[75]. *Bismarck* hat die Leistung *von Simsons* später allerdings vielfach anerkannt - nicht zuletzt mit der von ihm initiierten Ernennung *von Simsons* zum Präsidenten des Reichsgerichts[76]. Ob sich die Einstellung *Bismarcks von Simson* gegenüber freilich grundlegend gewandelt hat[77], oder ob - so *Petersdorff* - „der gro-

---

72 Voller Wortlaut des Briefs bei *B. v. Simson* (o. Fußn. 3), S. 414.

73 *H. v. Petersdorff* (o. Fußn. 3), S. 349.

74 *H. v. Petersdorff* (o. Fußn. 3), S. 363.

75 *F. Hirsch* (o. Fußn. 3), S. 265.

76 Vgl. *B. v. Simson* (o. Fußn. 3), S. 392 f.; *H. v. Petersdorff* (o. Fußn. 3), S. 362.

77 So *F. Hirsch* (o. Fußn. 3), S. 273; nach ihm entwickelte sich eine „warme Freundschaft“ zwischen *Bismarck* und *v. Simson*.

ße Staatsmann die richtige Einstellung" zu ihm „wohl nie ganz gefunden"[78] hat, wird sich nicht mehr endgültig klären lassen. Das alles ändert aber nichts daran, daß das Leben und die Karriere *von Simsons* als das Musterbild einer jüdischen Assimilation im 19. Jahrhundert gelten können.

Daß auch noch Juden des 20. Jahrhunderts bewußt den Weg *von Simsons* eingeschlagen haben, zeigt eine Passage aus den Erinnerungen des Wirtschaftsrechtlers *Rudolf Isay*, die mir durch Zufall während der Vorbereitung dieses Vortrags auf den Tisch gekommen sind. *Isay* war schon vor 1933 als Rechtsanwalt in Deutschland tätig; 1935 ist er als Jude nach Brasilien ausgewandert, nach dem Krieg aber zurückgekehrt und 1956 als Honorarprofessor in Bonn gestorben. Die Passage - geschrieben nach dem Tod eines Großteils der europäischen Juden in Hitlers Vernichtungslagern - weist verblüffende Parallelen zu den zitierten Ausführungen *von Simsons* im Jahre 1859 im Preußischen Landtag zur Gleichstellung der Juden auf. Ich möchte sie daher an dieser Stelle zitieren:

> „Mein Vater ... war ein fein gebildeter Mann, auf dessen Schreibtisch, solange ich denken kann, die verschiedenen Werke Goethes und Spinozas einander ablösten. In seiner Jugend hatte er eine fast abgeschlossene theologische Ausbildung erhalten, und er beobachtete die religiösen Riten des Judentums, doch, wie er uns Kindern offen eingestand, nur um kein Ärgernis zu geben. Er schätzte das Judentum, weil es den Polytheismus endgültig überwunden und eine Ethik entwickelt hatte, die hoch über der gleichzeitigen Ethik der Griechen und Römer stand. Ihren Schlußpunkt aber hatte nach seiner Meinung diese Ethik erst in der Bergpredigt gefunden.
>
> Nicht nur am Beispiel meines Vaters, auch an vielen anderen Fällen läßt sich zeigen, daß dem Antisemitismus damals die paradoxe Funktion zufiel, das Judentum in Deutschland am Leben zu erhalten. Durch das bloße Vorhandensein des Antisemitismus wurde jeder Konvertit mit dem Stigma eines opportunistischen Renegaten gezeichnet, der um äußerer Vorteile willen seinem Glauben abschwor. Hätte es keinen Antisemitismus gegeben, so hätte schon in den Jahren vor dem Ersten Weltkrieg ein großer Teil der deutschen Juden den Übertritt erklärt, und heute wäre die völlige Assimilierung längst vollzogen. Stattdessen schloß der immer noch gemäßigte Antisemitismus der Vorkriegszeit die Juden zusammen. Ich selber entschloß mich zum Übertritt nach langen Kämpfen, als mich nichts mehr an das Judentum band. Aber ich vollzog ihn erst als junger Anwalt, also in einem Zeitpunkt, in dem ich mir mit gutem Gewissen sagen konnte, daß ich keine äußeren Vorteile davon zu erwarten hatte"[79].

---

78 *H. v. Petersdorff* (o. Fußn. 3), S. 356; ähnlich bei *K. Müller* (o. Fußn. 3), S. 118; zum Verhältnis *Bismarcks* zu *v. Simson* ausf. *G. Pfeiffer*, in: *H. Kirchner* (o. Fußn. 3), S. 44 ff.

79 *Rudolf Isay*, Aus meinem Leben, Weinheim/Bergstr. 1960, S. 16 f.

V. Das Gegenbild: Gabriel Riesser als Beispiel für die deutsch-jüdische Symbiose im 19. Jahrhundert

Daß der im 19. Jahrhundert von *von Simson* (und im 20. Jahrhundert von dem eben zitierten *Rudolf Isay*) eingeschlagene Weg einer auch religiösen Assimilation nicht der einzige Weg eines Zusammenlebens von Deutschen jüdischer und nichtjüdischer Abstammung in einer beiden gemeinsamen Kultur war, daß es als Gegenbild auch die Möglichkeit eines gleichberechtigten Hineinwachsens von Juden in deutsche Kultur, deutschen Staat und deutsche Gesellschaft unter bewußtem Festhalten an ihrem jüdischen Glauben (und damit die Möglichkeit nicht nur der vollen Assimilation, sondern auch einer deutsch-jüdischen Symbiose im Sinne eines - so die zitierte Brockhaus-Definition - „Zusammenlebens artverschiedener, aneinander angepaßter Organismen zu gegenseitigem Nutzen") gegeben hat, zeigt die Biographie eines anderen jüdischen Juristen, der wie *Eduard von Simson* zu den herausragenden Protagonisten des Paulskirchenparlaments gehört hat, nämlich des bereits erwähnten *Gabriel Riesser*, dessen Biographie und juristische Karriere vor kurzem bereits *Reinhard Rürup* in Kontrast zu denen *Eduard von Simsons* gesetzt hat[80]. Da *Riesser* über lange Jahre noch mehr als *von Simson* aus dem historischen Gedächtnis der Deutschen entschwunden war (und seine Biographie - anders als die *von Simsons* - auch nicht in früheren Vorträgen dieses Symposions eingehend behandelt worden ist), sei es erlaubt, an dieser Stelle sein Leben und seine berufliche Laufbahn kurz vorzustellen[81]:

Gabriel Riesser wurde am 2. April 1806 als Sohn von *Lazarus Jacob Riesser* und dessen Frau *Frommaid* geboren. Der Vater war Sohn des Rabbiners von Oettingen im bayerischen Ries (daher der Name *Riesser*); der Vater der Mutter, *Raphael Kohn*, hatte „das angesehene Amt des Rabbiners der drei verbundenen Gemeinden Altona, Hamburg und Wandsbeck mit eigener Gerichtsbarkeit mit Sitz in Altona inne, die - in ungewöhnlicher Größe - ganz Dänemark einschloß"[82]. Als *Raphael Kohn* als Wortführer des orthodoxen Judentums 1799 sein Amt niederlegte, folgte ihm *Laza-*

---

80 *R. Rürup* (o. Fußn. 26), S. 20.

81 Die folgende Darstellung beruht auf der o. in Fußn. 1 zitierten Arbeit von *W. Fiedler* sowie auf *dems.*, Gabriel Riesser. Vom Kampf für die Emanzipation der Juden zur freiheitlichen deutschen Verfassung, in: *H. Heinrichs/H. Franzki/Kl. Schmalz/M. Stolleis* (o. Fußn. 3), S. 85 ff.

82 *W. Fiedler* (o. Fußn. 1), S. 50.

rus Jacob Riesser. Gleichzeitig ergriff er den Kaufmannsberuf, um fortan für seine Familie zu sorgen, mußte aber bald mit seiner Familie, da verarmt und damit nicht länger geduldet, Hamburg verlassen und gelangte 1813 nach Lübeck, wo *Gabriel Riesser* ab Ostern 1817 das Catharineum besuchte. Ab 1820 setzte er - nach Rückkehr der Familie nach Hamburg - seine Ausbildung am dortigen Johanneum fort. Nebenbei begann der Vater, ihn mit den juristischen Abschnitten des Talmud und den Lehren des jüdischen Rechts vertraut zu machen. Nach Abschied vom Gymnasium studierte *Riesser* in Kiel und Heidelberg, wo er 1826 mit dem Prädikat summa cum laude zum Doktor beider Rechte promoviert wurde. Vergebens bemühte er sich - so die Kurzdarstellung von *Rürup* - „an mehreren Universitäten um die Zulassung zur Privatdozentur, und auch seine anhaltenden Versuche, eine Advokatenstelle zu erhalten, schlugen mit einer gewissen Zwangsläufigkeit fehl“[83]. Erst 1840 erreichte er - der zeitlebens an seinem jüdischen Glauben festgehalten und eine Konversion abgelehnt hat - seine Ernennung zum Hamburger Notar und damit eines der großen Ziele seines Lebens; damit das möglich wurde, mußte eigens durch einen Rats- und Bürgerbeschluß die Hamburger Notarordnung dahin geändert werden, daß zwei Notarstellen - die zuvor an das Hamburger Bürgerrecht, das Juden nicht zustand, geknüpft waren - auch mit Juristen jüdischen Glaubens besetzt werden konnten[84]. Anders als *von Simson* trat *Riesser* schon früh als leidenschaftlicher Kämpfer für die Gleichstellung der Juden in Erscheinung. 1830 publizierte er die bereits nach wenigen Wochen in zweiter Auflage erschienene Schrift „Über die Stellung der Bekenner des mosaischen Glaubens in Deutschland. An die Deutschen aller Konfessionen“. Die Schrift wirkte - so *Wilfried Fiedler* -

> „wie ein Paukenschlag. In ihr verließ *Riesser* den Standpunkt der Verteidigung gegen oft vorgehaltene Vorwürfe auf religiöser Ebene, um die Forderung gleichen Rechts gegen die Übernahme gleicher Pflichten mit den übrigen Staatsangehörigen als eine unabweisbare in den Raum zu stellen. Er trat damit für die offen angestrebte rechtliche Gleichstellung der Juden ein und legte bereits hier eine Grundlinie seiner bis zum Lebensende durchgehaltenen Argumentation frei, denn, so *Riesser*, ist ‘die Frage der Glaubensfreiheit ... heutzutage mehr eine Frage des Rechts, der Ehre, der Freiheit, als des Glaubens’“[85].

---

83 *R. Rürup* (o. Fußn. 26), S. 20.

84 *W. Fiedler* (o. Fußn. 1), S. 68 f.

85 *W. Fiedler* (o. Fußn. 1), S. 57.

Diese Linie setzte *Riesser* in den kommenden Jahren mit zahlreichen Publikationen, darunter einer Verteidigung *Ludwig Börnes* und *Heinrich Heines*[86], fort. In der Schrift „Verteidigung der bürgerlichen Gleichstellung der Juden gegen die Einwürfe des Herrn Dr. H. E. Paulus" (1831) findet sich die berühmte Formulierung über die deutschen Juden, die bis in die Paulskirchenzeit hinein mit dem Namen *Riesser* verbunden sein sollte: „Wir sind nicht *eingewandert*, wir sind *eingeboren*, und, weil wir es sind, haben wir keinen Anspruch anderswo auf eine Heimat; wir sind entweder *Deutsche* oder wir sind *heimatlos*"[87].

1848 kommt „die große Wende im Leben *Gabriel Riessers*"[88]: Er wird zunächst Mitglied des Vorparlaments und später - als Abgeordneter des Herzogtums Lauenburg - Mitglied der Paulskirchenversammlung, wo er sich dem linken Zentrum anschließt und intensiv in den Ausschüssen, vor allem in dem bedeutsamen Verfassungsausschuß, mitarbeitet. Vom Oktober bis Dezember 1848 amtiert er als zweiter Vizepräsident; zusammen mit *von Simson* wird er Mitglied der sogenannten Kaiserdeputation, die *Friedrich Wilhelm IV.* in Berlin die Kaiserwürde, wenn auch vergeblich, antrug[89]. Sein berühmtester Auftritt als Redner ist die - mehr als zweistündige - „Kaiserrede" vom 21. März 1849, in der er sich mit ausführlicher Begründung für das Modell der erbkaiserlichen konstitutionellen Monarchie einsetzt - eine Rede, in welcher (so die Erinnerungen aus *Eduard von Simsons* Leben, die sein Sohn *Bernhard* zusammengestellt hat), „die Beredsamkeit des Parlaments ihren Gipfelpunkt erreichte"[90]. Nach Auflösung des Paulskirchenparlaments kehrt *Riesser* im Juli 1849 nach Hamburg zurück, übt dort - bis Ende 1856 - wieder seine Notarstätigkeit aus und beteiligt sich gleichzeitig an den Verfassungsberatungen in Hamburg. 1860 schließlich wird er Mitglied des Obergerichts in Hamburg und damit als erster deutscher Jude zum Richter ernannt. Wenige Jahre später, am 22. April 1863, stirbt *Riesser* in noch nicht vorgerücktem Alter in Hamburg; das Begräbnis gestaltet sich - so ein zeitgenössischer Bericht - „mit der seltenen Anzahl von 126 Wagen zu einer

---

86 Dazu ausf. *W. Fiedler* (o. Fußn. 1), S. 62 ff.

87 Zit. nach *W. Fiedler* (o. Fußn. 1), S. 59 (Hervorhebungen im Original).

88 *W. Fiedler* (o. Fußn. 1), S. 69.

89 Hinweise zu *Riessers* Rolle in der Delegation bei *B. v. Simson* (o. Fußn. 3), S. 178, 179, 190.

90 *B. v. Simson* (o. Fußn. 3), S. 166; vgl. auch *W. Fiedler* (o. Fußn. 1), S. 75 (mit weiteren zeitgenössischen Zeugnissen über die Wirkung der Rede).

großartigen, selbst in Hamburg bis dahin nicht gesehenen allgemeinen Feierlichkeit“[91]. *Rürup* resümiert sein Leben wie folgt:

> „Er - *Gabriel Riesser* - hatte es unter allen jüdischen Juristen für diesen Zeitpunkt am weitesten gebracht und dennoch sind die Spuren der Diskriminierung auch in seiner Biographie nur allzu deutlich sichtbar“[92].

Nichtsdestoweniger wird in *Riessers* Leben der Ansatz einer echten deutsch-jüdischen Symbiose, einer gleichberechtigten Einbeziehung von Juden in deutschen Staat und deutsche Kultur unter Beibehaltung ihres Glaubens, erkennbar. *Wilfried Fiedler* hat die Frage nach einer solchen Symbiose aus der Sicht des späten 20. Jahrhunderts auf folgende kurze Formulierung gebracht:

> „Gleichwohl wirkt das Leben *Gabriel Riessers* nach den Erfahrungen mit dem Holocaust durchaus korrigierend auf das gesamte Geschichtsbild des Verhältnisses zwischen Deutschen und Juden. Denn hier wird am konkreten Beispiel die zwar politisch erkämpfte, aber schließlich doch vorhandene Selbstverständlichkeit des Nebeneinanders von Deutschen und Juden in einem Staatsvolk belegt, ohne daß behauptete Gegensätzlichkeiten vorgegeben werden könnten. *Gabriel Riesser* widerlegt in seiner Person gelebte Vorstellungen von einer a priori vorhandenen Feindseligkeit zweier Kulturen gegeneinander. Die herausragende Rolle *Gabriel Riessers* in der Paulskirchenversammlung, seine Popularität nicht nur im Parlament, sondern auch während seiner späteren Arbeit in Hamburg, widerlegen historische Darstellungen, die ausschließlich die Periode des Nationalsozialismus zum Ausgangspunkt nehmen.
>
> Dennoch macht gerade diese Erfahrung auf die Dimension des Verlustes aufmerksam, der für Deutschland und ganz Mitteleuropa durch den Genozid an den Juden zu verbuchen ist. *Gabriel Riesser* verkörperte wie kaum ein anderer die kulturelle Vielgestaltigkeit, die sich aus der Integration der Juden ergab. Sie zeigte sich auf zahlreichen Gebieten und leuchtete nicht selten in höchstem wissenschaftlichem Glanz. ... Das Lebensbild *Gabriel Riessers* verdient auch aus diesem Grunde Beachtung, Bewunderung und fachlichen Respekt“[93].

VI. Schluß

Ähnliches ließe sich - mutatis mutandis - über *Eduard von Simson* sagen, der freilich nicht *Riessers* Weg der kulturellen Symbiose, sondern den - aus den geschilderten

91 *W. Fiedler* (o. Fußn. 1), S. 88.

92 *R. Rürup* (o. Fußn. 26), S. 20.

93 *W. Fiedler* (o. Fußn. 1), S. 92.

Gründen sehr viel einfacheren - einer vollständigen Assimilation eingeschlagen hat. Wie bereits erwähnt, wäre es nicht nur ungerecht, sondern auch unhistorisch, die unterschiedlichen Wege *von Simsons* und *Riessers* aus der Sicht des Betrachters des späteren 20. Jahrhunderts zu werten; im 19. Jahrhundert waren sie gleichermaßen große persönliche Leistungen und respektable persönliche Alternativen der Lebensverwirklichung von Deutschen jüdischer Abstammung.

Daß bereits wenige Jahre nach der endgültigen rechtlichen Gleichstellung der Juden in ganz Deutschland (die nur *von Simson*, nicht aber *Riesser* noch persönlich miterlebt hat) mit den ersten Anzeichen eines bald auch rassischen Antisemitismus dunkle Wolken über dem deutsch-jüdischen Verhältnis heraufzogen, ist bereits erwähnt worden. *Theodor Mommsen* - der Hauptantipode *Heinrich von Treitschkes* im Berliner Antisemitismusstreit - hat die damit verbundenen Gefahren schon 1880 auf folgende hellsichtige Formel gebracht:

> „Selbstverständlich ist unsere Nation durch Recht und Ehre verpflichtet, sie (die Juden) in ihrer Rechtsgleichheit zu schützen, sowohl vor offenem Rechtsbruch wie vor administrativer Prellerei; und diese unsere Pflicht, die wir vor allem uns selbst schulden, hängt keineswegs ab von dem Wohlverhalten der Juden. Aber wovor nicht wir sie schützen können, das ist das Gefühl der Fremdheit und der Ungleichheit, mit welchem auch heute noch der christliche Deutsche dem jüdischen vielfach gegenübersteht und das, wie der gegenwärtige Augenblick einmal wieder zeigt, allerdings eine Gefahr in sich trägt für sie wie für uns - der Bürgerkrieg einer Majorität gegen eine Minorität, auch nur als Möglichkeit, ist eine nationale Calamität“[94].

Wie schrecklich diese Vision in Erfüllung gehen sollte, konnte *Mommsen* - der im übrigen, wie sich aus derselben Schrift ergibt, persönlich den Weg *von Simsons*, also den Weg der vollen Integration der Juden in deutsche Kultur und christliche Religion als richtigen Weg der Zukunft verstanden hat[95] - nicht ahnen. Schon *Eduard von Simson* aber hatte gesehen, daß der von *Mommsen* bekämpfte Antisemitismus eine bewußte Zuwendung zahlreicher deutscher Juden zu jüdischer Herkunft, jüdischer Eigenart und jüdischer Kultur (und damit eine Distanzierung gegenüber einer Integration in eine einheitliche deutsche Kultur) zur Folge haben werde[96]. Als Hinweis auf die Richtigkeit dieser Prognose seien hier nur die Namen *Theodor Herzls*, des

---

94 *Th. Mommsen*, Auch ein Wort über unser Judentum (1880), in: *W. Boehlich* (Hrsg.), Antisemitismusstreit (o. Fußn. 41), S. 210 ff. (223 f.).

95 *Th. Mommsen* (o. Fußn. 94), S. 224.

96 Vgl. dazu das Zitat o. bei Fußn. 68.

Begründers des Zionismus, *Martin Bubers* und *Gerhard Scholems* genannnt. In der Person *Scholems* - der sich selbst später *Gershom Scholem* nannte - wird die Distanzierung gegenüber der deutsch-jüdischen Symbiose besonders deutlich; entsprechende Vorstellungen des Kreises seiner Familie und deren Umgebung sah er als „fortschreitende geistige Zerfaserung des Judentums“ und im Hinblick auf den zunehmenden Antisemitismus als „Selbstbetrug“ an, aus dem er sich tastend schon vor 1914[97] und endgültig dann im Ersten Weltkrieg - im harten Konflikt mit dem Vater und unter Rückbesinnung auf die Traditionen der jüdischen Mystik in der Kabbala - löste[98]: einen Weg, den in ähnlicher Form später viele deutsche Juden eingeschlagen haben. Ein Zitat mag den Abstand deutlich machen, der zwischen ihm und den Repräsentanten einer Assimilation der Juden oder einer deutsch-jüdischen Symbiose (wie *von Simson* und *Rudolf Isay* einerseits und *Gabriel Riesser* andererseits) besteht:

> „Hier möchte ich ein Wort über das Phänomen der Assimilation sagen, das in meiner Jugend eine so große Rolle im Leben der deutschen Juden gespielt hat. ... Ein junger Jude am Anfang dieses Jahrhunderts stand, wenn er nicht aus der streng gesetzestreuen Minorität stammte, einem Prozeß fortschreitender geistiger Zerfaserung des Judentums gegenüber... Die Hoffnung auf gesellschaftliche Emanzipation, die der 1867-70 beendeten politischen folgen sollte, teilweise auch geradezu Hoffnung auf Verschwinden im deutschen Volk ... lag in verschieden stark bewußtem Widerstreit mit der allgemeinen Erfahrung des wachsenden Antisemitismus, eine Erfahrung, der sich nur rein imaginäres Wunschdenken verschließen konnte ... Die Urteilslosigkeit der meisten Juden in allem, was sie selber anging, ... diese Fähigkeit zum Selbstbetrug gehört zu den wichtigsten und trübseligsten Aspekten der deutsch-jüdischen Beziehungen. ... Die breite Schicht, von der ich hier spreche, und ihre geistigen und politischen Repräsentanten *wollten* glauben, an die Assimilation, an die Verschmelzung mit einer Umgebung, die ihnen im großen und ganzen gleichmütig bis wenig wohlwollend gegenüberstand“[99].

Tragische Konsequenz der Barbarei des Nationalsozialismus ist es, daß in Deutschland (und später auch in dem von Deutschland beherrschten Europa) alle drei Wege - Assimilation, deutsch-jüdische Symbiose und Besinnung auf die eigene jüdische Eigenart - für die Juden, soweit sie den Herrschaftsbereich des Nationalsozialismus

---

97 *Gershom Scholem*, Von Berlin nach Jerusalem. Jugenderinnerungen, Erweiterte Fassung, Frankfurt a. M. 1994, S. 29 ff., 40 ff.

98 *G. Scholem* (o. Fußn. 97), S. 40 ff., 92 ff.; vgl. auch *dens.*, Walter Benjamin. Die Geschichte einer Freundschaft, Frankfurt a. M., 4. Aufl. (1997), S. 52 f., und *Betty Scholem/Gershom Scholem*, Mutter und Sohn im Briefwechsel, München 1998, Vorwort und S. 13 ff.

99 *G. Scholem* (o. Fußn. 97), S. 29 ff. (Hervorhebung im Original).

nicht rechtzeitig verlassen konnten, im Genozid endeten. Das ändert indessen nichts an der Lebensleistung von Männern wie *Eduard von Simson* und *Gabriel Riesser.* Ihr Einsatz für Emanzipation und rechtliche Gleichstellung der Juden und das beiden gemeinsame persönliche Engagement als Deutsche jüdischer Herkunft für eine freiheitliche Verfassung in Deutschland werden nicht dadurch getrübt, daß sich die von ihnen eingeschlagenen Wege in späteren Generationen als Illusion erwiesen und in der Katastrophe geendet haben. Für die Zukunft können wir nur hoffen, daß die rechtsstaatliche Verfassung des Grundgesetzes erhalten bleibt, die es den verbliebenen Juden in Deutschland ermöglicht, nach ihrer eigenen Entscheidung frei zwischen den unterschiedlichen Wegen *von Simsons*, *Riessers* oder *Gershom Scholems* zu wählen, ohne dadurch ihren bürgerlichen Status in Frage zu stellen. Vielleicht wird dann doch noch - wenn auch in anderer Dimension - eine deutsch-jüdische Symbiose möglich; Äußerungen des verstorbenen Vorsitzenden des Zentralrats der Juden *Ignatz Bubis*, der sich immer wieder bewußt als „Deutschen jüdischen Glaubens“ bezeichnet hat, lassen diese Hoffnung nicht ganz aussichtslos erscheinen.

Arno Buschmann

Reichsgericht und Bundesgerichtshof

Umfang und Grenzen einer Kontinuität*

Mit dem Ende des sog. Dritten Reiches endete zunächst auch die Tätigkeit der gesamten deutschen Gerichtsbarkeit und mit ihr die des Reichsgerichts, dessen erstem Präsidenten dieses Symposion gewidmet ist. Auf Grund des Artikels III der Proklamation Nr.1 des alliierten Oberbefehlshabers wurden sämtliche Gerichte in Deutschland beim Einmarsch der alliierten Truppen im Frühjahr 1945 geschlossen und ihnen jede gerichtliche Tätigkeit untersagt. Die gesamte Staatsgewalt und damit auch die richterliche Gewalt gingen auf den alliierten Oberbefehlshaber über. Durch das Kontrollratsgesetz Nr. 4 vom 30. Oktober 1945 und das Gesetz Nr. 2 der amerikanischen Militärregierung, ebenfalls aus dem Jahre 1945, wurden die Gerichte wiedereröffnet, allerdings nur die Amtsgerichte, Landgerichte und Oberlandesgerichte, nicht hingegen das Reichsgericht[1]. Versuche einzelner Angehöriger des Reichsgerichts und der Anwaltschaft beim Reichsgericht, eine Wiedererrichtung zu erreichen,

---

* Der nachfolgend abgedruckte Text enthält im wesentlichen den Wortlaut des Vortrages, den der Verfasser am 2. Mai 1999 im Rahmen des Symposions gehalten hat. Einzelne Abschnitte wurden gegenüber dem mündlichen Vortrag ergänzt und erweitert. Die Nachweise beschränken sich auf die notwendigen Quellen- und Literaturhinweise und geben den Forschungsstand von 1999 wieder. Später erschienene Literatur konnte nur mehr zum Teil berücksichtigt, auf die Auswertung der aus Anlaß des 50jährigen Bestehens des BGH publizierten Festschriften mußte zur Gänze verzichtet werden.

1 Über das Ende des Reichsgerichts vgl. zuletzt ausführlich *H. P. Glöckner*, Die Auflösung des Reichsgerichts im Spiegel der archivalischen Überlieferung, in: F. Battenberg – F. Ranieri (Hrsg.), Geschichte der Zentraljustiz in Mitteleuropa (= FS B. Diestelkamp), Weimar Köln Wien 1994, S. 421 ff. m. w. Nachw. Dort auch eine Erörterung der Frage nach dem genauen Zeitpunkt der Auflösung des Gerichts und des Endes der reichsgerichtlichen Rechtsprechungstätigkeit, aaO., S. 422 ff. Vgl. dazu ferner *O. R. Kissel*, Gerichtsverfassungsgesetz, 2.Aufl. München 1994, Einl., insbes. Rdnr. 80, S. 75 f. Der BGH nimmt als Zeitpunkt für das Ende des Reichsgerichts den 30. Oktober 1945, den Tag des Inkrafttretens des Kontrollratsgesetzes Nr. 4, an. Vgl. BGH NJW 1952, S. 937 ff. Zur Chronologie der Ereignisse vgl. zuletzt *B. Garbe*, Chronik, in: Stadtgeschichtliches Museum Leipzig (Hrsg.), Das Reichsgericht, Leipzig 1995, S. 165 ff. Zum Ganzen vgl. auch die jüngst erschienene Abhandlung von *W. Schubert / H. P. Glöckner*, Vom Reichsgericht zum Bundesgerichtshof, NJW 2000, S. 2971 ff.

schlugen fehl[2]. Damit war das Reichsgericht als höchstes deutsches Gericht endgültig aufgelöst und seine Rechtsprechungstätigkeit erloschen. Für die britische Besatzungszone wurde zunächst als oberstes Gericht der Oberste Gerichtshof für die Britische Zone geschaffen, dem sehr bald das Deutsche Obergericht für das Vereinigte Wirtschaftsgebiet – den Zusammenschluß der britischen und amerikanischen Besatzungszone – folgte, das bis zur Errichtung der Bundesrepublik Deutschland im Jahre 1949, genauer gesagt, bis zur Errichtung des Bundesgerichtshofes bestehen blieb. In der Zwischenzeit nahmen die Oberlandesgerichte der einzelnen wiedererrichteten oder neu geschaffenen Länder die Funktion von Höchstgerichten wahr[3].

Ein Jahr nach der Entstehung der Bundesrepublik Deutschland durch das am 23. Mai 1949 in Kraft getretene Bonner Grundgesetz wurde mit dem Bundesgerichtshof (BGH) ein neues Höchstgericht für die ordentliche Gerichtsbarkeit in der Bundesrepublik Deutschland geschaffen und als dessen Sitz Karlsruhe bestimmt, der auch nach der Wiedervereinigung Deutschlands trotz zahlreicher Versuche, den Sitz des Bundesgerichtshofes nach Leipzig zu verlegen, beibehalten wurde[4]. Auf die Umstände und Einzelheiten der Diskussion um die Sitzverlegung des Bundesgerichtsho-

---

2 Vgl. zum Ganzen *A. Schaefer*, Das große Sterben am Reichsgericht, DRiZ 1957, S. 249 ff.; ferner *Glöckner* (Anm. 1), S. 443 ff., der im Zusammenhang mit den Bemühungen um eine Wiedererrichtung des Reichsgerichts von einem gelegentlich in der Literatur erwähnten Manuskript berichtet, das offenbar von einem Mitglied des Reichsgerichts zur Belehrung der Besatzungsmächte über die Rechtsstellung und die Aufgaben des Reichsgerichts verfaßt worden war und den Militärbefehlshabern überreicht werden sollte, um diese von der Notwendigkeit einer Wiedererrichtung des Reichsgerichts zu überzeugen, jedoch keinerlei Wirkung erzielte. Es wird heute in der Bibliothek des Bundesgerichtshofes aufbewahrt. Vielfach wird angenommen, daß sein Verfasser der spätere Präsident des BGH, Hermann Weinkauff, gewesen sei, der sich zu diesem Zeitpunkt noch in Leipzig aufhielt.

3 Der Oberste Gerichtshof für die Britische Zone wurde mit VO Nr. 98 v. 17.11.1947, VOBlBrZ, S. 149, errichtet und nahm Anfang des Jahres 1948 seine Tätigkeit auf. Vgl. dazu *E. Kern*, Geschichte des Gerichtsverfassungsrechts, München 1954, S. 284 ff und neuerdings *H. Rüping*, Das „kleine Reichsgericht", NStZ 2000, S. 355 ff. *Rüping* schildert detailliert die Bemühungen um die Erhaltung der deutschen Rechtseinheit durch Errichtung eines gemeinsamen Obersten Gerichtes der 4 Besatzungszonen und würdigt hierbei vor allem die Verdienste des Obersten Gerichtshofes für die Britische Zone, den er als das „kleine Reichsgericht" bezeichnet.

4 Zur Entstehungsgeschichte vgl. *Kern* (Anm. 3), S. 300 ff.; ferner *Kissel* (Anm. 1), Einl. Rdnr. 82, S. 76 f. Zur Diskussion um die Verlegung des BGH nach Leipzig, die nach der Wiedervereinigung vielfach gefordert worden war, im BGH jedoch auf Ablehnung stieß, vgl. E. Franßen, Zur künftigen Bestimmung des ehemaligen Reichsgerichtsbaus, in : Das Reichsgericht (Anm. 1), S. 134 ff. sowie *M. Kolbe/G. Weißgerber*, Leipzig als Sitz höchster Gerichte im wiedervereinigten Deutschland, aaO., S. 145 ff., insbes. S. 146 ff., zuletzt *B.-R. Kern*, Leipzig als Stadt des Rechts, ZZP 111 (1998), S. 261 ff., insbes. S. 273.

fes nach Leipzig ist hier nicht einzugehen. Tatsache ist, daß der Bundesgerichtshof nach Art. 9 des Gesetzes zur Wiederherstellung der Rechtseinheit auf dem Gebiete der Gerichtsverfassung, der bürgerlichen Rechtspflege, des Strafverfahrens und des Kostenrechtes vom 12. September 1950, mit dem zugleich die Vorschriften des Gerichtsverfassungsgesetzes (GVG) vom 27. Januar 1877 neu bekannt gemacht und den geänderten Verhältnissen angepaßt wurden, als obligatorisches Höchstgericht der ordentlichen Gerichtsbarkeit eingerichtet wurde, dessen verfassungsmäßige Grundlage Art. 96 des Grundgesetzes bildete[5]. Nach Absatz 1 dieses Artikels in der ursprünglichen Fassung figurierte der Bundesgerichtshof neben anderen Höchstgerichten des Bundes als „oberes Bundesgericht", nicht hingegen als „Oberstes Bundesgericht", das als eigenes Höchstgericht dem Bundesgerichtshof wie allen anderen oberen Bundesgerichten übergeordnet sein sollte, jedoch nie errichtet wurde[6]. Durch ein verfassungsänderndes Gesetz wurde dagegen der Bundesgerichtshof neben den anderen „oberen Bundesgerichten" im Jahre 1968 zu einem „obersten Gerichtshof" erhoben, freilich ausschließlich für die ordentliche Gerichtsbarkeit, nicht hingegen für andere Zweige der Gerichtsbarkeit, für die eigene Höchstgerichte zuständig waren, schon gar nicht für die Verfassungsgerichtsbarkeit[7].

Für die ordentliche Gerichtsbarkeit, deren Zuständigkeit auch nicht gering ist, wird der Bundesgerichtshof von der herrschenden Meinung als Nachfolger des alten Reichsgerichts angesehen, wofür vor allem auf die gemeinsame gesetzliche Grundlage, nämlich die §§ 123 ff. des Gerichtsverfassungsgesetzes, verwiesen wird, deren

---

5 BGBl. I, S. 455. Um den Sitz des BGH hatte es übrigens im Jahre 1950 eine lebhafte Diskussion gegeben, nachdem sich nicht weniger als 13 Städte, unter diesen auch Westberlin, in der gerade errichteten Bundesrepublik um den Gerichtssitz beworben hatten. Als Kompromiß wurde eine Regelung getroffen, die den Bundesjustizminister ermächtigte, einzelne Senate des Gerichts auch außerhalb des Gerichtssitzes einzurichten. Dies führte in der Folge zur Verlegung eines Strafsenates, nämlich des 5. Strafsenates, nach Berlin. Zur Bestimmung Karlsruhes als Sitz des BGH vgl. wiederum *Kern* (Anm. 3), S. 302 f.

6 Das „Oberste Bundesgericht" sollte zur Wahrung der Einheit des Bundesrechts eingerichtet werden und in Fällen von grundsätzlicher Bedeutung für die Einheitlichkeit der Rechtsprechung der „oberen Bundesgerichte" sorgen. Vgl. Art. 95 GG Abs. 1 und Abs. 2 a.F.

7 Sechzehntes Gesetz zur Änderung des Grundgesetzes vom 18.6.1968, BGBl. I, S. 657. Die Einheitlichkeit der Rechtsprechung soll durch die Bildung eines Gemeinsamen Senates aus Mitgliedern sämtlicher in „oberste Gerichtshöfe" umgewandelten „oberen Bundesgerichte" sichergestellt werden. Die näheren Einzelheiten wurden im Gesetz zur Wahrung der Einheitlichkeit der Rechtsprechung der obersten Gerichtshöfe des Bundes vom 19.6.1968, BGBl. I, S. 661 geregelt. Als Sitz des Gemeinsamen Senates wurde Karlsruhe bestimmt.

alte Fassung Sitz, Organisation und Zuständigkeit des Reichsgerichts, deren neue Fassung die des Bundesgerichtshofes regelt[8].

Gleichwohl stellt sich für den heutigen Betrachter – gerade auch im Zusammenhang mit der Thematik dieses Symposions – die Frage, ob und wenn ja, inwieweit zwischen dem Reichsgericht und dem Bundesgerichtshof eine Kontinuität stattgefunden hat oder ob eine Diskontinuität, womöglich sogar eine Zäsur, zu beobachten ist. Dieser Frage soll im folgenden nachgegangen werden.

I.

Die Frage nach der Kontinuität läßt sich – ungeachtet der allgemeinen Diskussion über die Kontinuitätsproblematik in der Historie, von der auch die Rechtshistorie nicht verschont geblieben ist – in Bezug auf das Verhältnis von Reichsgericht und Bundesgerichtshof unter verschiedenen Gesichtspunkten erörtern. Als wichtigste unter diesen Gesichtspunkten können neben der normativen Kontinuität, auf die bereits hingewiesen wurde, die personelle, die institutionell-funktionale und – für unseren Zusammenhang von besonderer Bedeutung – die justizielle Kontinuität betrachtet werden[9].

Was zunächst die personelle Kontinuität betrifft, so wird man darunter vor allem die Übernahme des richterlichen Personals des Reichsgerichts, im weiteren Sinne auch des Personals der Reichsanwaltschaft und der Mitglieder der am Reichsgericht zugelassenen Rechtsanwälte durch den Bundesgerichtshof zu verstehen haben.

---

8 Die Neufassung der §§ 123 ff. GVG beruht auf den Vorschriften des im Text erwähnten Gesetzes zur Wiederherstellung der Rechtseinheit auf dem Gebiete der Gerichtsverfassung, der bürgerlichen Rechtspflege, des Strafverfahrens und des Kostenrechtes vom 12. 9. 1950.

9 Eine umfassende Untersuchung dieser Frage fehlt. Zu Diskussion des Kontinuitätsproblems in der Rechtshistorie im allgemeinen vgl. zuletzt *J. Rückert*, Zeitgeschichte des Rechts: Aufgaben und Leistungen zwischen Geschichte, Rechtswissenschaft, Sozialwissenschaften und Soziologie, ZRG Germ. Abt. 115 (1998), S. 1 ff., insbes. S. 81 ff. Aus der reichhaltigen Literatur der Geschichtswissenschaft zu diesem Fragenkreis sei nur auf *M. Rainer Lepsius*, Die Bundesrepublik Deutschland in der Kontinuität und Diskontinuität historischer Entwicklungen: einige methodische Überlegungen, in: W. Conze/M. R. Lepsius (Hrsg.), Sozialgeschichte der Bundesrepublik Deutschland, Stuttgart 1983, S. 11 ff., insbes. S. 14 ff. verwiesen.

Überblickt man zu diesem Zweck den Personalstand des Bundesgerichtshofs bei dessen Errichtung und in den ersten Jahren des Bestehens, dann wird von einer direkten personellen Kontinuität nur in begrenztem Umfang gesprochen werden können. Nur wenige Mitglieder des Reichsgerichts, der ehemaligen Reichsanwaltschaft und der ehemals am Reichsgericht zugelassenen Rechtsanwälte wurden in den richterlichen Dienst des Bundesgerichtshofes übernommen, soweit sie überhaupt den Krieg und die unmittelbare Nachkriegszeit überlebt und die Altersgrenze noch nicht erreicht hatten[10]. Die meisten Mitglieder des Reichsgerichts, die sich bei Kriegsende noch in Leipzig aufhielten, waren noch im Jahre 1945 auf Befehl der sowjetischen Militäradministration (SMA) verhaftet, in das Leipziger Gefängnis eingeliefert und von dort über das frühere Kriegsgefangenenlager Mühldorf an der Elbe in das ehemalige Konzentrationslager Buchenwald verbracht worden, das nur 4 von insgesamt 38 Mitgliedern überlebten. Eine Gedenktafel im Gerichtsgebäude des heutigen Bundesgerichtshofes in Karlsruhe verzeichnet ihre Namen und erinnert an ihren Tod[11]. Einige wenige der am Ende des Krieges in Leipzig tätigen Richter, Reichsanwälte und Rechtsanwälte am Reichsgericht gelangten in die westlichen Besatzungszonen, unter ihnen Dr. h.c. Hermann Weinkauff, der am 1. Oktober 1950 zum ersten Präsidenten des Bundesgerichtshofs ernannt wurde und sich besondere Verdienste um den Aufbau dieses Gerichtes in den 10 Jahren seiner Amtszeit bis 1960 erwarb[12].

---

10 Vgl. die Übersicht über den Personalstand des Bundesgerichtshofes bis 1975 in: *G. Krüger-Nieland* (Hrsg.), 25 Jahre Bundesgerichtshof, München 1975, S. 353 ff. *Glöckner* (Anm. 1) weist übrigens zu Recht darauf hin, daß schon der Oberste Gerichtshof für die Britische Zone Mitglieder des Reichsgerichts beschäftigt habe und folgert daraus, daß auch bei der Errichtung dieses Gerichts das Bestreben bestand, eine Kontinuität zum Reichsgericht herzustellen. Vgl. aaO., S. 442, Anm. 101. S. auch *Rüping* (Anm. 3), S. 356.

11 Vgl. dazu die Schilderung bei *A. Schaefer* (Anm.2), S. 249 f., ferner *Glöckner* (Anm. 1), S. 442, Anm. 99 m. w. Nachw. Über die Anbringung der Gedenktafel findet sich ein Bericht in der NJW 1957, 1869, in dem auch die Inschrift der Gedenktafel und die Gedenkansprache des damaligen Präsidenten des BGH Hermann Weinkauff im Wortlaut mitgeteilt werden. Zu den Vorgängen um das Ende des Reichsgerichts und seiner Mitglieder vgl. auch *A. Buschmann*, 100 Jahre Reichsgericht, NJW 1979, S. 1967 ff., insbes. S. 1972 ff. ; ferner *E. Wadle*, Das Reichsgericht im Widerschein denkwürdiger Tage, JuS 1979, S. 841 ff., insbes. S. 846. Zum tragischen Tod des letzten Reichsgerichtspräsidenten Erwin Bumke am 20. April 1945 vgl. *D. Kolbe*, Reichsgerichtspräsident Dr. Erwin Bumke, Karlsruhe 1975 (Studien und Quellen zur Geschichte des deutschen Verfassungsrechts, Reihe A: Studien, Bd. 4), pass., insbes. S. 397 ff.

12 Hermann Weinkauff, später Dr. h.c. , war zuvor Oberlandesgerichtspräsident in Bamberg gewesen. Er gehörte dem Reichsgericht von 1937 bis 1945 an und war zum Zeitpunkt seiner Berufung an das Reichsgericht mit 43 Jahren einer der jüngsten Reichsgerichtsräte, die je an das Reichsgericht berufen wurden.

Insgesamt beschäftigte der Bundesgerichtshof in den ersten Jahren seines Bestehens 12 Juristen aus dem Kreis der ehemaligen Mitglieder des Reichsgerichts, der Reichsanwaltschaft und der ehemals am Reichsgericht zugelassenen Rechtsanwälte[13]. Eine direkte personelle Kontinuität kann daher in der Tat nur in einem begrenzten Umfang angenommen werden. Allenfalls wird man eine direkte Kontinuität darin erblicken können, daß ein Mitglied des Reichsgerichts, nämlich Hermann Weinkauff, an die Spitze des Bundesgerichtshofes berufen wurde und frühere Mitglieder des Reichsgerichts, der Reichsanwaltschaft und der am Reichsgericht zugelassenen Rechtsanwaltschaft wegen ihrer unbestrittenen Qualifikation, aber auch, um durch ihre Ernennung die Tradition des Reichsgerichts zu dokumentieren, zu Senatspräsidenten ernannt wurden[14]. Inwieweit die übrigen, nicht zu Senatspräsidenten ernannten Mitglieder des Reichsgerichts bzw. der aus dem Umkreis des Reichsgerichts stammenden Mitglieder des Bundesgerichtshofes in den einzelnen Senaten des Bundesgerichtshofs eine personelle Kontinuität des Reichsgerichts verkörperten, ist bisher nicht untersucht worden. Insbesondere ist nicht geprüft worden, in welcher Weise die Angehörigen dieses Personenkreises auf die einzelnen Senate des Bundesgerichtshofs aufgeteilt wurden, um die Repräsentanten der reichsgerichtlichen Tradition gleichmäßig auf die Spruchkörper des Bundesgerichtshofs zu verteilen. Gleichwohl ändert diese Feststellung nichts an der Tatsache, daß in der Tat nur von einer begrenzten direkten personellen Kontinuität des Reichsgerichts im Verhältnis zum Bundesgerichtshof gesprochen werden kann.

---

13 Von diesen 12 Personen stammten nur 6 aus dem Kreis der Reichsgerichtsräte, 4 waren bei der Reichsanwaltschaft beschäftigt gewesen und 2 gehörten der am Reichsgericht zugelassenen Rechtsanwaltschaft an. Vgl. die oben angeführte Übersicht über den Personalstand des BGH bei *Krüger-Nieland* (Anm. 10), S. 353 ff. sowie mit abweichenden Angaben *Glöckner* (Anm. 1), S. 442 Anm. 102. Unter den Mitgliedern der Bundesanwaltschaft beim Bundesgerichtshof fand sich übrigens kein einziges Mitglied der ehemaligen Reichsanwaltschaft. Bei den beim BGH zugelassenen Rechtsanwälten waren 6 bereits beim Reichsgericht zugelassen.

14 Von den ehemaligen Reichsgerichtsräten wurde allerdings kein einziger zum Senatspräsidenten am BGH ernannt. Soweit Ernennungen stattfanden, rekrutierten sich die ernannten Personen aus dem Kreis der Mitglieder der ehemaligen Reichsanwaltschaft. Welche Gründe hierfür maßgebend waren, ist nicht ersichtlich. Zur Personalpolitik in der Justiz nach 1945 vgl. im übrigen *M. Stolleis*, Rechtsordnung und Justizpolitik 1945-1949, in: Europäisches Rechtsdenken in Geschichte und Gegenwart (=FS Helmut Coing), Bd. 1, München 1983, S. 383 ff. Die Frage der personellen Kontinuität wird auch erörtert in der Arbeit von *G. Pauli*, Die Rechtsprechung des Reichsgerichts in Strafsachen zwischen 1933 und 1945 und ihre Fortwirkung in der Rechtsprechung des Bundesgerichtshofes, Berlin New York 1992, S. 24 ff., auf die noch zurückzukommen sein wird.

Auf der anderen Seite ist jedoch auch eine ausgesprochene Zäsur in Bezug auf den Personalbestand des Reichsgerichts und seines Umkreises, wie dies, von wenigen Ausnahmen abgesehen, beim Obersten Gerichtshof der ehemaligen DDR der Fall war, nicht anzunehmen[15]. Hinsichtlich der Kontinuität von Reichsgericht und Bundesgerichtshof in Bezug auf die beim Bundesgerichtshof tätigen Richter wird man zusätzlich vielleicht noch darauf verweisen können, daß auch die nicht unmittelbar dem Reichsgericht und seinem Umkreis entstammenden Angehörigen der Richterschaft des Bundesgerichtshofes kraft Ausbildung und kraft der bis zur Berufung an den Bundesgerichtshof ausgeübten richterlichen Tätigkeit zur reichsgerichtlichen Tradition im weiteren Sinne gezählt werden dürfen und somit, wenn man so will, eine indirekte personelle Kontinuität des Reichsgerichts repräsentierten[16]. An der oben getroffenen Feststellung einer insgesamt nur begrenzten personellen Kontinuität von Reichsgericht und Bundesgerichtshof ändert freilich auch diese Beobachtung nichts.

Ähnlich verhält es sich mit der institutionell-funktionalen Kontinuität, bei der vor allem die Frage nach der Funktionsfortsetzung des Reichsgerichts als Höchstgericht der ordentlichen Gerichtsbarkeit durch den Bundesgerichtshof im Vordergrund zu stehen hat. Auch hier läßt sich nur eine begrenzte Kontinuität konstatieren wie umgekehrt eine Zäsur trotz des „Unterganges" des Reichsgerichts sowie des Erlöschens der reichsgerichtlichen Rechtsprechungstätigkeit im Jahre 1945 und der erst 5 Jahre später erfolgten Wiederaufnahme einer höchstrichterlichen Rechtsprechungstätigkeit durch den Bundesgerichtshof nicht behauptet werden kann. In Bezug auf diesen

15 Auch beim Obersten Gerichtshof des DDR waren zunächst noch Mitglieder des ehemaligen Reichsgerichts – soweit persönlich unbelastet von einer nationalsozialistischen Vergangenheit - tätig, wenn auch nur vereinzelt und wahrscheinlich nur vorübergehend. Sie dürften alsbald nach ihrer Einstellung im Zusammenhang mit den im Herbst 1945 eröffneten Entnazifizierungsverfahren wieder entlassen worden sein. Die näheren Einzelheiten sind nicht bekannt. Vgl. *Glöckner* (Anm. 1), S. 443, Anm. 106.

16 Ein Blick in die bei *Krüger-Nieland* (Anm. 10) abgedruckte Übersicht über den Personalstand des BGH in den ersten 25 Jahren des Bestehens zeigt, daß die meisten Mitglieder des BGH aus nachgeordneten Gerichten, zumeist aus den Oberlandesgerichten, stammten, wenige aus der Justizverwaltung und sich bei der Berufung an den BGH allesamt in einem Lebensalter befanden, das eine längere, schon vor dem Zweiten Weltkrieg durchlaufene juristische Karriere vermuten läßt. Nur wenige von ihnen, vor allem diejenigen Bundesrichter, die nach 1970 an den BGH berufen wurden, haben ihren beruflichen Werdegang erst nach Kriegsende begonnen, waren jedoch durch Studium und Ausbildung noch ganz von der Tradition der reichsgerichtlichen Rechtsprechung geprägt.

Zeitraum könnte allenfalls von einer vorübergehenden Unterbrechung der höchstrichterlichen Rechtsprechungstätigkeit gesprochen werden[17].

Zunächst ist festzuhalten, daß für beide Gerichte, worauf schon hingewiesen wurde, eine gemeinsame einfachgesetzliche Grundlage besteht, auch wenn die Vorschriften des Gerichtsverfassungsgesetzes durch das bereits erwähnte Rechtsvereinheitlichungsgesetz von 1950 nicht unverändert geblieben sind[18]. Insbesondere die Vorschrift des § 131a des Gerichtsverfassungsgesetzes, die durch die Änderung der Strafprozeßordnung und des Gerichtsverfassungsgesetzes im Jahre 1935 eingefügt worden war, wurde ersatzlos gestrichen und durch eine Neufassung der gesetzlichen Regelung in Gestalt des neuen § 132 des Gerichtsverfassungsgesetzes ersetzt[19]. Gleichwohl wird man nicht umhin können, trotz dieser Änderungen den Bundesgerichtshof – anders als etwa den Obersten Gerichtshof der ehemaligen DDR – als institutionell-funktionale Fortsetzung des Reichsgerichts zu betrachten und den Funktionszusammenhang zwischen Reichsgericht und Bundesgerichtshof zu bejahen. Der Bundesgerichtshof selbst hat in einem Beschluß vom 2. Mai 1983 (BGHSt 31, S. 365 ff.) – allerdings nur indirekt – eine solche Kontinuität angenommen und diese Ansicht auf eine analoge Anwendung von Artikel 8 III Nr. 88 des Rechtsvereinheitlichungsgesetzes von 1950 gestützt, nachdem noch im Jahre 1974 eine andere Rechtsansicht – allerdings von einem anderen Senat des Bundesgerichtshofes - statt

---

17 Eine solche Ansicht wurde unmittelbar nach Kriegsende vertreten, etwa wenn von der Stillegung des Reichsgerichts gesprochen wurde, wie dies in dem bereits erwähnten Manuskript über die Rechtsstellung und die Aufgaben des Reichsgerichts geschah. Praktische Bedeutung hatte die Entscheidung dieser Frage für die Behandlung der vor dem Ende des Reichsgerichts eingelegten Revisionen, deren Erledigung nicht mehr erfolgt war. Vgl. dazu zuletzt *Glöckner* (Anm. 1), S. 424 ff. m. w. Nachw. Einen Stillstand der Rechtspflege etwa im Sinne von § 245 ZPO konnte man wohl nicht annehmen, da durch die Gesetzgebung der wiedererstandenen bzw. neuerrichteten Länder die Oberlandesgerichte zur letzten Instanz erklärt worden waren.

18 Nachweis der Änderungen bei *Kissel* (Anm. 1), Einl. Rdnr. 44 ff., S. 62 ff. sowie *ders.*, 100 Jahre Gerichtsverfassungsgesetz , NJW 1979, S. 1953 ff., insbes. S. 1955 ff.

19 Durch diese Vorschrift war das Reichsgericht ausdrücklich ermächtigt worden, von eigenen früheren Entscheidungen abzuweichen. Vgl. Art. 2 des Gesetzes zur Änderung von Vorschriften des Strafverfahrens und des Gerichtsverfassungsgesetzes v. 28.6.1935, RGBl. I, S. 844. Zu den Einzelheiten vgl. *A. Wagner*, Die Umgestaltung der Gerichtsverfassung und des Verfahrens- und Richterrechts im nationalsozialistischen Staat, in: *H. Weinkauff* (Hrsg.), Die deutsche Justiz und der Nationalsozialismus (Quellen und Darstellungen zur Zeitgeschichte, Bd. 16/I), S. 191 ff., insbes. S. 266 f.

des erkennenden 3. Strafsenates war es der 2. Strafsenat - vertreten worden war.[20] Auf der anderen Seite ergeben sich trotz der gemeinsamen gesetzlichen Grundlage im Gerichtsverfassungsgesetz bei genauem Hinsehen Unterschiede, die eine institutionelle und vor allem eine funktionale Kontinuität zwischen dem Reichsgericht und dem Bundesgerichtshof wie schon im Falle der personellen Kontinuität nicht als unbegrenzt erscheinen lassen.

Ein erster Unterschied besteht in Bezug auf die räumliche Zuständigkeit. Die Zuständigkeit des Reichsgerichts erstreckte sich räumlich auf das Gesamtgebiet des Deutschen Reiches, zuletzt in den Grenzen, die durch den territorialen Bestand des Deutschen Reiches am Beginn des Zweiten Weltkrieges bestimmt wurden. Der Bundesgerichtshof hingegen war in seiner Zuständigkeit zunächst nur auf das Gebiet der (alten) Bundesrepublik Deutschland beschränkt und hat erst in jüngster Zeit durch die Wiedervereinigung Deutschlands seinen Zuständigkeitsbereich auf ein im Verhältnis zur Vorkriegszeit reduziertes Gesamtdeutschland ausgedehnt, während in der Zeit vor der Wiedervereinigung für das Gebiet der ehemaligen DDR der Oberste Gerichtshof der DDR die Funktion eines Höchstgerichtes wahrgenommen hat[21].

---

20 Bei diesem Beschluß ging es um die Wiederaufnahme des Strafverfahrens für den im sog. Reichstagsbrandprozeß zum Tode verurteilten Marinus van der Lubbe, die von dem Bruder des verurteilten Angeklagten begehrt wurde. Das Kammergericht Berlin hatte im Jahre 1968 und im Jahre 1981 die Wiederaufnahme abgelehnt, wogegen vom Antragsteller Beschwerde beim BGH eingelegt worden war. Die Beschwerde wurde unter anderem darauf gestützt, daß das Kammergericht zu Unrecht als letzte Instanz entschieden habe, für die Entscheidung vielmehr anstelle des zuständigen Reichsgerichts eine „Ersatzgerichtsbarkeit" notwendig gewesen wäre. Der BGH stellt demgegenüber unter Berufung auf die einschlägigen Gesetzesbestimmungen fest, daß das Kammergericht zu Recht letztinstanzlich entschieden habe, weil nach den einschlägigen Bestimmungen nach 1945 die Oberlandesgerichte und damit das Kammergericht für die Entscheidung von Wiederaufnahmeanträgen gegen Urteile des Reichsgerichts zuständig gewesen seien. Gleichzeitig nimmt der BGH bei seiner Entscheidung jene Zuständigkeit für sich in Anspruch, die bei Fortbestand des Reichsgerichts diesem zugestanden hätte. Der 2. Strafsenat, der in dem angeführten Beschluß v. 25. 4. 1974 zunächst eine andere Rechtsauffassung vertreten hatte, war allerdings schon durch Beschluß v. 22. 12. 1981 (NStZ 1982, S. 214) von seiner früheren Rechtsansicht abgewichen und hatte die im erwähnten Beschluß des 3. Strafsenates v. 2. 5. 1983 zum Ausdruck gebrachte Rechtsauffassung vertreten. Vgl. BGHSt 31, S. 367.

21 Die Ausdehnung der Zuständigkeit des BGH auf das gesamte wiedervereinigte Deutschland folgt aus Kap. III Art. 8 Einigungsvertrag i. V. m. Anlage I Kap. III A Abschnitt III Ziff. 1, in dem festgelegt ist, daß das GVG in der Fassung seiner Bekanntmachung vom 9. 5. 1975 mit den Änderungen vom 5. 4. 1990 für das Gebiet der ehemaligen DDR in Kraft gesetzt wird.

Ein weiterer Unterschied läßt sich in Bezug auf die sachliche Zuständigkeit beobachten, der vielfach bei Vergleichen zwischen Reichsgericht und Bundesgerichtshof übersehen wird. Das Reichsgericht war das höchste Gericht des Deutschen Reiches, auch nachdem manche seiner höchstgerichtlichen Funktionen nach dem Ersten Weltkrieg und vor allem während der Zeit des Nationalsozialismus auf andere Höchstgerichte übergegangen waren, insbesondere auf den 1934 eingerichteten Volksgerichtshof, auf den der nationalsozialistische Gesetzgeber sämtliche Zuständigkeiten des Reichsgerichts in Hoch- und Landesverratssachen übertragen hatte[22]. Als höchstes Gericht des Deutschen Reiches vereinigte es unter seinem Dach eine Reihe weiterer, dem Reichsgericht unmittelbar angegliederter und personell vom Reichsgericht beschickter Höchstgerichte, die dem Reichsgericht insgesamt den Charakter eines mit umfassender Zuständigkeit ausgestatteten Höchstgerichtes des Reiches verliehen. Zu diesen Gerichten, die überdies am Sitz des Reichsgerichts domizilierten, zählten etwa der kaiserliche, später der Reichsdiziplinarhof, der Staatsgerichtshof für das Deutsche Reich, der Ehrengerichtshof für die deutschen Rechtsanwälte, das Reichswirtschaftsgericht, das Reichsversorgungsgericht, das Reichsbahngericht, bis zu dessen Verselbständigung auch das Reichsarbeitsgericht, ferner das später ebenfalls verselbständigte Reichsverwaltungsgericht, bis zur Errichtung des Reichsfinanzhofes auch das Reichsfinanzgericht, weiter das Reichsschiedsgericht und schließlich das Wahlprüfungsgericht der Reiches[23]. Von diesen Zuständigkeiten sind dem Bundesgerichtshof wegen der Errichtung anderer oberer bzw. oberster Bundesgerichte wie des Bundesarbeitsgerichtes, des Bundessozialgerichtes, des Bundesverwaltungsgerichtes, Bundesfinanzhofes und des Bundesverfas-

---

22 Vgl. Gesetz zur Änderung von Vorschriften des Strafrechts und des Strafverfahrens v. 24. 4. 1934, RGBl. I, 341, Art. III, Art. X, Art. XII, ferner Verordnung über den Volksgerichtshof v. 12. 6. 1934, RGBl. I, S. 492, sowie Gesetz über den Volksgerichtshof und die 25. Änderung des Besoldungsgesetzes v. 18. 4. 1936, RGBl. I, S. 369, sämtlich abgedruckt bei *A. Buschmann*, Nationalsozialistische Weltanschauung und Gesetzgebung 1933-1945, Bd. II, Wien, New York 2000, Nr. 171, S. 721 ff., Nr. 56, S. 199 ff. und Nr. 57, S. 200 ff.

23 Zur Entwicklung der Zuständigkeiten des Reichsgerichts vgl. aus der älteren Literatur *A. Lobe* (Hrsg.), Fünfzig Jahre Reichsgericht, Berlin und Leipzig 1929 mit Beiträgen verschiedener Autoren, unter anderem von Lobe selbst, ferner *W. Simons*, Das Reichsgericht, in: J. Magnus (Hrsg.), Die höchsten Gerichte der Welt, Leipzig 1929, S. 3ff., aus neuerer Zeit vgl. etwa *Buschmann*, 100 Jahre Reichsgericht (Anm. 11), ferner *G. Pfeiffer*, Das Reichsgericht und seine Rechtsprechung, DRiZ 1979, S. 325 ff., insbes. S. 326, ferner *Kissel*, Bedeutung und Leistungen des Reichsgerichts (Anm. 1), S. 17 ff., insbes. S. 18 f. Zuletzt – allerdings eher knapp – *K. Müller*, Der Hüter des Rechts, Baden-Baden 1997 (Hannoversches Forum der Rechtswissenschaften, Bd. 4) pass., insbes. S. 51 ff.

sungsgerichtes nur wenige verblieben, unter diesen die Zuständigkeit für Anwaltssachen (einschließlich Notars-, Wirtschaftsprüfer- und Steuerberatersachen) sowie die für Disziplinarsachen, die ab dem 1. 7. 1962 unter der Bezeichnung Dienstgericht des Bundes geführt werden[24].

Unter diesen Umständen kann kein Zweifel bestehen, daß der Bundesgerichtshof als Höchstgericht der Bundesrepublik Deutschland nur in begrenztem Umfang jene Stellung innerhalb der deutschen Gerichtsverfassung einnimmt, die für das Reichsgericht maßgebend und charakteristisch war. Eher könnte man sagen, daß jenes im Grundgesetz vorgesehene, aber nie errichtete „Oberste Bundesgericht" sowohl die institutionelle wie die funktionale Nachfolge des Reichsgerichts hätte übernehmen sollen[25]. Der Bundesgerichtshof dagegen hat die Nachfolge des Reichsgerichts lediglich als Höchstgericht der ordentlichen Gerichtsbarkeit angetreten, so daß nur insofern eine institutionell-funktionale Kontinuität bejaht werden kann, wobei die zeitliche Unterbrechung durch den Untergang des Reichsgerichts und das Erlöschen seiner Rechtsprechungstätigkeit im Jahre 1945, worauf schon hingewiesen wurde, nicht von Belang ist.

Besonders wichtig, wenn nicht gar entscheidend für die Frage nach der Kontinuität von Reichsgericht und Bundesgerichtshof, ist die Antwort auf die Frage, ob und inwieweit eine justizielle Kontinuität zwischen den beiden Gerichten besteht, anders ausgedrückt, inwieweit der Bundesgerichtshof die Rechtsprechungstradition des Reichsgerichts aufgenommen und fortgesetzt hat, oder, um ein bekanntes Diktum

---

24 Das Dienstgericht des Bundes wurde am 23. 2. 1954 unter der Bezeichnung „Disziplinarsenat" errichtet und führt ab dem 1 .7. 1962 die Bezeichnung „Dienstgericht des Bundes". Die Zuständigkeiten in Anwalts-, Notars-, Wirtschaftprüfer-, Steuerberater-, übrigens auch Patentanwaltssachen werden von eigens hierfür eingerichteten Senaten wahrgenommen, die ab dem Jahre 1959 nach und nach errichtet wurden. Vgl. dazu die Aufstellung bei *Krüger-Nieland* (Anm. 10), S. 391.

25 Vgl. Art. 95 a.F. GG. Die Verfassung und das Verfahren des in diesem Artikel vorgesehenen „Obersten Bundesgerichts" sollten durch ein Bundesgesetz geregelt werden, das jedoch – wie erwähnt – entgegen dem klaren Verfassungsauftrag des Art. 95 GG nie ergangen ist. Obwohl es die Aufgabe des „Obersten Bundesgerichts" sein sollte, die Einheit des Bundesrechts zu wahren, wurde die Auffassung vertreten, daß es nur für die Überprüfung der Rechtsprechung der „oberen Bundesgerichte" in grundsätzlichen Rechtsfragen zuständig sein sollte, nicht hingegen für die Überprüfung der Rechtsprechung des Bundesverfassungsgerichts und der Bundesdienststrafgerichte. Vgl. dazu aus der seinerzeitigen verfassungsrechtlichen Literatur etwa *Th. Maunz*, Deutsches Staatsrecht, hier zitiert 5. Aufl. München 1956, S. 179 f. m. w. Nachw.

über die Rolle des Reichsgerichts als Hüter der Verfassung in der Weimarer Zeit abzuwandeln, als *Hüter der justiziellen Tradition des Reichsgerichts* fungiert hat oder nicht[26].

Bei der feierlichen Eröffnung des Bundesgerichtshofes in Karlsruhe am 8. Oktober 1950 wurde, wie die aus diesem Anlaß herausgegebene Festschrift ausweist, immer wieder die Tradition der Rechtsprechung des alten Reichsgerichts, freilich in differenzierten Worten, beschworen. Der damalige Bundespräsident Theodor Heuß sprach von dem geschichtlichen Auftrag, „eine große, dann bös zerrissene Überlieferung" aufzunehmen und mit „freiem und festem Sinn neu zu entwickeln". Bundeskanzler Konrad Adenauer verwies ausdrücklich auf die Tradition des Reichsgerichts in der Fortsetzung des Bundesoberhandelsgerichtes als Hüter der Deutschen Rechtseinheit, die der Bundesgerichtshof unter veränderten äußeren Umständen fortzuführen habe, und Thomas Dehler, damals Bundesjustizminister, erinnerte an die „ausgezeichneten Leistungen des Reichsgerichts" und den „hohen Ruf", den es in aller Welt genossen habe, der nach wie vor lebendig sei und den zu wahren der Bundesgerichtshof es nicht leicht haben werde[27].

Ausdrücklich wurde die Tradition der Rechtsprechung des Reichsgerichts in einem in derselben Festschrift enthaltenen Aufsatz von Georg Petersen, einem ehemaligen Reichsgerichtsrat, erörtert. In diesem Aufsatz wird die Ansicht vertreten, daß die

---

26 Der Ausdruck „Reichsgericht als Hüter der Verfassung" geht auf einen Aufsatz von Carl Schmitt zurück, den dieser in der großen, insgesamt 6 Bände umfassenden Festschrift zum 50-jährigen Jubiläum des Reichsgerichts im Jahre 1929 veröffentlicht hatte. Vgl. Carl Schmitt, Das Reichsgericht als Hüter der Verfassung, in: O. Schreiber (Hrsg.), Die Reichsgerichtspraxis im deutschen Rechtsleben, Bd. 1, Berlin und Leipzig 1929, S. 154 ff., wieder abgedruckt in: Carl Schmitt, Verfassungsrechtliche Aufsätze, 3. Aufl. Berlin 1985, S. 63 ff. *Carl Schmitt* hat diese Frage in der Folge in weiteren Arbeiten, zuletzt in seinem Buch „Der Hüter der Verfassung" aus dem Jahre 1931, immer wieder behandelt, allerdings mit zum Teil anderen Schwerpunktbildungen. Zu Carl Schmitt, dessen wissenschaftliches Werk in den letzten Jahrzehnten in zunehmendem Maße im Mittelpunkt unterschiedlicher Erörterungen steht, vgl. zuletzt etwa *H. Quaritsch*, Carl Schmitt (1888-1985), in: *J.Aretz/R.Morsey/A.Rauscher* (Hrsg.), Zeitgeschichte in Lebensbildern, Bd. 9, Münster/Westfalen 1999, S. 199 ff.

27 Vgl. Festschrift zur Eröffnung des Bundesgerichtshofes in Karlsruhe am 8. Oktober 1950, Geleitworte, S. 3 ff. Die Festansprache des damaligen Bundesjustizministers *Dehler* ist in ihrem vollständigen Wortlaut abgedruckt in DRiZ 1950, S. 249 ff. Dort auch eine erste Würdigung der Aufgabe des Bundesgerichtshofes bei *E. Bötticher*, Der Bundesgerichtshof, aaO., S. 251 ff., der übrigens darauf hinweist, daß schon der Oberste Gerichtshof für die Britische Zone die Erinnerung an das Reichsgericht wachgehalten habe, aaO., S. 252.

berechtigte Hoffnung bestehe, daß der Bundesgerichtshof bei seiner Rechtsprechungstätigkeit die Ergebnisse der Arbeit des Reichsgerichts zugrundelegen werde. Ohne die Verdienste der Gerichte, die nach 1945 auf begrenztem Gebiet als Revisionsgerichte tätig geworden seien, schmälern zu wollen, könne davon ausgegangen werden, daß die Rechtsprechung des Reichsgerichts in Zivil- und Strafsachen auch in Zukunft die wichtigste Grundlage für die Tätigkeit des Bundesgerichtshofes bilde. Zur Begründung wird angeführt, daß sich in der Rechtsprechung des Reichsgerichts die juristische Erfahrung aller jener Richter widerspiegle, die zwischen 1879 und 1945 als Mitglieder des Reichsgerichts tätig gewesen seien und die im Ergebnis zur Bildung einer eigenen reichsgerichtlichen Rechtsprechungstradition geführt habe, die es fortzuführen und weiterzuentwickeln gelte[28].

Diese Anknüpfung an die reichsgerichtliche Rechtsprechungstradition wurde auch beim 75jährigen Jubiläum der Reichsjustizgesetze im Jahre 1954 neuerlich zum Ausdruck gebracht. Der damalige Bundesjustizminister Fritz Neumayer bezeichnete in seiner Ansprache bei dem aus diesem Anlaß veranstalteten Festakt den Bundesgerichtshof als den „legitimen Nachfolger des Reichsgerichts", und auch Hermann Weinkauff betonte in seiner Eigenschaft als Präsident des Bundesgerichtshofes die Nachfolgefunktion des Bundesgerichtshofes gegenüber dem Reichsgericht, wobei er vor allem auf dessen Aufgabe hinwies, „das Erbe des Reichsgerichts" in der oberstgerichtlichen Rechtsprechung im Bürgerlichen Recht und im Strafrecht zu wahren. Ähnlich äußerte sich auch der damalige Staatssekretär im Bundesjustizministerium Walter Strauss, der im übrigen die veränderte Bezeichnung „Bundesgerichtshof" statt „Bundesgericht" mit der Anknüpfung an die alte deutsche Tradition der Benennung eines Höchstgerichts als Gerichtshof zu erklären versuchte und darauf verwies, daß es dem Bundesgerichtshof bereits in der verhältnismäßig kurzen Zeit seines Be-

28 Vgl. *G. Petersen*, Die Tradition des Reichsgerichts, in: Festschrift zur Eröffnung des Bundesgerichtshofes (Anm. 27), S. 25 ff., insbes. S. 26 f. Eine vorsichtige Distanzierung von der Rechtsprechungstradition des Reichsgerichts findet sich in dem in derselben Festschrift veröffentlichten Aufsatz von *Hermann Weinkauff*, Die Aufgaben des Bundesgerichtshofs, aaO., S. 39 ff., insbes. S. 45 f., der betont, daß es für den Bundesgerichtshof angesichts der bestehenden tatsächlichen und rechtlichen Lage in der Bundesrepublik entscheidend darauf ankomme, sich anders als das Reichsgericht wieder stärker auf die metaphysischen Grundlagen des Rechts zurückzubesinnen und sich hierbei die wenigen dem positiven Recht vorausliegenden und aus sich selbst heraus geltenden allgemeinen Rechtssätze wieder zu erarbeiten.

stehens gelungen sei, das hohe Ansehen des Reichsgerichts, das dieses in der deutschen Bevölkerung genossen habe, wiederaufleben zu lassen.[29]

Schließlich wurde auf die Fortführung der justiziellen Tradition des Reichsgerichts durch den Bundesgerichtshof auch in dem Festakt hingewiesen, der aus Anlaß der 100. Wiederkehr der Errichtung des Reichsgerichts am 1. Oktober 1979 in den Räumen des Bundesgerichtshofes veranstaltet wurde. In seinem Grußwort zu diesem Festakt erklärte der damalige baden-württembergische Ministerpräsident Lothar Späth, daß Baden-Württemberg stolz darauf sei, den Bundesgerichtshof, der die Tradition des Reichsgerichts im besten Sinne fortführe, in seinem Lande zu wissen und der damalige Bundesjustizminister Hans-Jochen Vogel erinnerte in seiner Ansprache daran, daß der Bundesgerichtshof in der Nachfolge des Reichsgerichts stehe, Lohn und Last dieser Nachfolge seit seiner Errichtung stets verspürt habe und hob hervor, daß es dem Bundesgerichtshof inzwischen gelungen sei, Profil und Autorität durch eigene Leistung zu erlangen, wofür er dem Bundesgerichtshof und dessen Mitgliedern ausdrücklich den Dank der Bundesregierung ausspreche[30].

Tatsächlich knüpfte die Rechtsprechung des Bundesgerichtshofes gerade in den ersten Jahren seiner Rechtsprechung immer wieder an die reichsgerichtliche Rechtsprechung an, was in Formulierungen wie: „Der BGH schließt sich der Rechtsprechung des Reichsgerichts an“ oder „der BGH hält an der Rechtsprechung des RG

---

29 Die Ansprachen sind abgedruckt in der vom Bundesminister der Justiz herausgegebenen Festgabe „75 Jahre Reichsjustizgesetze“, Bonn 1954, pass.

30 Der Inhalt der bei der Festveranstaltung im Bundesgerichtshof gehaltenen Reden wurde in der Tagespresse mitgeteilt, in der sich auch z. T. kritische Berichte und Kommentare zur 100. Wiederkehr der Errichtung des Reichsgerichts finden. Ausführlich setzte sich der Spiegelredakteur *R. Lamprecht* mit Tradition und Kontinuität des Reichsgerichts auseinander. Der Titel seines Aufsatzes im Nachrichtenmagazin „Der Spiegel“ lautete: „Ein bißchen Bibel und viel Unrecht“ - so auch der Tenor seiner Ausführungen, in denen das Reichsgericht insgesamt als Vollstrekker von Herrschaftsinteressen, übrigens schon vor 1933, abqualifiziert wird. Dem Bundesgerichtshof als Nachfolger des Reichsgerichts wird zwar der Respekt nicht versagt, jedoch wegen der mit der Veranstaltung zur 100. Wiederkehr der Errichtung des Reichsgerichts bekundeten Anknüpfung an das Reichsgericht deutliches Mißtrauen entgegengebracht. Vgl. Der Spiegel, 33. Jahrgang, Heft Nr. 40 v. 1. 10. 1979, S. 81 ff. Vgl. zu diesem Jubiläum im übrigen die bereits in Anm. 11 angeführten Abhandlungen und Aufsätze von *Buschmann*, *Kissel* und *Wadle* (Anm. 10) sowie *Pfeiffer* (Anm. 23) und *Kissel*, 100 Jahre Reichsjustizgesetze, DRiZ 1980, S. 81 ff. Hinzuzufügen wäre noch der Aufsatz von *F. Ostler*, 100 Jahre Rechtsanwaltsordnung, NJW 1979, S. 1959 ff., in dem auch auf die Zuständigkeit des Reichsgerichts als Ehrengerichtshof für Rechtsanwälte eingegangen wird.

fest“ zum Ausdruck gebracht wurde. Belege finden sich in den ersten 10 Bänden der amtlichen Sammlung der Entscheidungen des Bundesgerichtshofes in großer Zahl. Als Beispiele seien hier nur genannt BGHZ 1, S. 241 ff., insbes. S. 245 ff.; BGHZ 3, S. 94 ff., insbes. S. 108 ff.; ferner BGHZ 5, S. 1 ff., insbes. S. 4 ff.; außerdem S. 111 ff., insbes. S. 115 f. BGHZ 6, S. 55 ff., insbes. S. 61 ff.; BGHZ 7, S. 116 ff., insbes. S. 120 ff.; BGHZ 8, S. 47 ff., insbes. S.54 ff. und BGHZ 10, S. 22 ff., insbes. S. 24. In der Zivilrechtswissenschaft der ehemaligen DDR wurde diese Anknüpfung als Beleg für eine Rechtsprechung des Bundesgerichtshofes gewertet, die sich der Fortsetzung des „reaktionären Imperialismus amerikanischer Provenienz“ verschrieben habe, mit der ein Dritter Weltkrieg, wie überall in Westdeutschland, vorbereitet werde[31]. Als besonderes Indiz für diese Anknüpfung an die Rechtsprechung des Reichsgerichts durch den Bundesgerichtshof wird in diesem Zusammenhang auch die Fortführung des Kommentars der Reichsgerichtsräte durch Mitglieder des ehemaligen Reichsgerichts angeführt, wobei freilich kritisch angemerkt werden muß, daß von den Kommentatoren des Reichsgerichtsrätekommentars der ersten Nachkriegsauflage nur ein einziger ehemaliger Reichsgerichtsrat in den Dienst des Bundesgerichtshofes eingetreten ist[32].

---

31 Vgl. dazu etwa *H. Kleine* und Autorenkollektiv (Hrsg.), Das Zivilrecht der Deutschen Demokratischen Republik, Allgemeiner Teil, 2.Aufl. Berlin 1958, S. 60 ff. Dort wird unter anderem auch Kritik an der Fortgeltung des § 137 GVG in der Bundesrepublik geübt, der in seiner geltenden Fassung im Jahre 1935 eingeführt worden sei und dem Großen Senat des Reichsgerichts die Befugnis zu eigenständigen Rechtsfortbildung eingeräumt habe. Damit sei der Richter von der Bindung an das Gesetz befreit, über das Gesetz gestellt und die überlieferte „bürgerliche Gesetzlichkeit“ zerstört worden. Dem BGH wird vorgeworfen, sich auch dieser Hinsicht dem Reichsgericht angeschlossen zu haben. Vgl. aaO., S. 62 ff. Von einer Befreiung des Richters von der Bindung an das Gesetz kann freilich bei richtiger Auslegung des § 137 GVG und richtiger Würdigung der auf diese Vorschrift des GVG gestützten Rechtsprechung des BGH keine Rede sein. Vielmehr hat der BGH in seiner Rechtsprechung, übrigens auch in dem von den Autoren des angeführten Werkes der DDR-Zivilrechtswissenschaft selbst angezogenen Erkenntnis des BGH, unmißverständlich klargestellt, daß von einer Befreiung des Richters an das Gesetz durch die Vorschrift des § 137 GVG keine Rede sein könne und § 137 GVG auch niemals als der Unterwerfung des Richters unter das Gesetz widersprechend aufgefaßt worden sei. Ausdrücklich ist übrigens diese Bindung in Art. 20 Abs. 3 GG sowie in Art. 97 Abs. 1 GG verfassungsrechtlich sanktioniert und sowohl vom BGH wie vom Bundesverfassungsgericht in ständiger Rechtsprechung anerkannt und bekräftigt worden. Vgl. etwa BGHZ 67, S. 159 ff., insbes. S. 168 ff. und BVerfGE 34, S. 269 ff., ferner *Kissel* (Anm. 1), Einl. Rdnr. 110 ff.

32 Einziges in den Dienst des BGH eingetretenes Mitglied des ehemaligen Reichsgerichts unter den Autoren des Kommentars war Bundesrichter J. Denecke, der übrigens in der Personalstandsliste des BGH bei Krüger-Nieland nicht aufgeführt ist. Richtig ist freilich, daß der Titel des Kommentars in bewußter Anknüpfung an die Tradition des Reichsgerichts und reichsge-

Sieht man einmal von solchen zeitbedingten politischen Werturteilen ab, dann läßt sich gleichwohl feststellen, daß in der Tat der Bundesgerichtshof nicht nur an die Rechtsprechung des Reichsgerichts anknüpfte, sondern im Sinne eines inneren Zusammenhanges höchstrichterlicher Rechtsprechung in Deutschland stets bemüht war, diese Rechtsprechung weiterzuführen und weiterzuentwickeln, wobei sich, wie nicht anders zu erwarten, als besonderes Problem die Rechtsprechung des Reichsgerichts in den Jahren von 1933-1945 herausstellte. Die Judikatur des Reichsgerichts in dieser Zeit hatte ja nicht nur die höchstrichterliche Rechtsprechung zu den spezifisch nationalsozialistischen Gesetzen zum Gegenstand, deren Geltung durch die Gesetzgebung der Alliierten Militärregierung aufgehoben worden war und insoweit für die Tätigkeit des Bundesgerichtshofs nicht in Betracht kam, sondern auch zu jenen Gesetzen, die von der nationalsozialistischen Gesetzgebung weitgehend unberührt geblieben waren und nach 1945 fortgalten. Deren Anwendung und Auslegung war durch die nationalsozialistische Weltanschauung nicht selten verändert worden und hatte in dieser Form auch in die Rechtsprechung des Reichsgerichts, jedenfalls zum Teil, Eingang gefunden[33]. Diese Rechtsprechung zu korrigieren und auf ihr ursprüngliches gesetzliches Fundament zurückzuführen, bildete gerade am Anfang der Tätigkeit des Bundesgerichtshofs dessen vornehmste Aufgabe.

Die rechtshistorische Forschung hat sich der Geschichte der reichsgerichtlichen Rechtsprechung und insbesondere deren Fortwirkung in der Rechtsprechung des Bundesgerichtshofes erst sehr spät angenommen und steckt demgemäß noch in den Anfängen. Ihre Ergebnisse - soweit überhaupt vorhanden - können nur zum Teil als

---

richtlichen Rechtsprechung gewählt worden ist, als, wie es wörtlich heißt, „ein kleines Zeichen der Hochachtung und des Traditionsgefühls, die die Richter des Bundesgerichtshofs dem Reichsgericht entgegenbringen". Vgl. BGB- RGRK, 11. Aufl. , Vorwort.

33 Vgl. dazu etwa *Ch. H. Daut*, Untersuchungen über den Einfluß nationalsozialistischer Anschauungen auf die Rechtsprechung des Reichsgerichts in Zivilsachen bei Anwendung einiger nationalsozialistischer Gesetze, Diss. iur. Göttingen 1965, pass. Hinweise auch bei *Th. Ramm*, Das nationalsozialistische Familien- und Jugendrecht, Heidelberg 1984 (Heidelberger Forum , Bd. 24), S. 21 ff., ferner bei *B. Rüthers*, Die unbegrenzte Auslegung, 4. Aufl. Heidelberg 1991 (Motive – Texte – Materialien, Bd. 44), S. 347 ff., auf den noch zurückzukommen sein wird. Zuletzt etwa *U. Diederichsen*, Nationalsozialistische Ideologie in der Rechtsprechung des Reichsgerichts zum Ehe- und Familienrecht, in: *R. Dreier* und *W. Sellert* (Hrsg.), Recht und Justiz im „Dritten Reich", Frankfurt am Main 1989 (Suhrkamp Taschenbuch Wissenschaft, 761), S. 241 ff. In der umfangreichen Untersuchung von *G. Werle*, Justiz-Strafrecht und polizeiliche Verbrechensbekämpfung im Dritten Reich, Berlin, New York 1989, ist die Rechtsprechung des Reichsgerichts nicht behandelt.

zufriedenstellend bezeichnet werden[34]. Nicht nur, daß sich die Fragestellungen oftmals zu sehr auf die Frage nach der Einwirkung nationalsozialistischer Vorstellungen auf die reichsgerichtliche Rechtsprechung beschränken, vielmehr fehlt es überhaupt an Untersuchungen zur Justizgeschichte und insbesondere zur Geschichte des Reichsgerichts im 19. und 20. Jahrhundert, die hier hätten Abhilfe schaffen können[35]. Erst in den letzten Jahren ist mit größeren Untersuchungen begonnen worden, bei denen freilich eher die ältere Justiz- und Rechtsprechungsgeschichte im Vordergrund steht[36]. Das gilt insbesondere für die Geschichte des Reichsgerichts und hier namentlich für die Geschichte der reichsgerichtlichen Rechtsprechung, ganz zu schweigen von einer eingehenden Beschäftigung mit der Fortwirkung der reichsgerichtlichen Rechtsprechung in der Rechtsprechung des Bundesgerichtshofes. Eine geschlossene der Darstellung der Geschichte der immerhin den Zeitraum von fast 70 Jahren umfassenden Rechtsprechung des Reichsgerichts existiert bis heute nicht. Die

---

34 Von einer auf 4 Bände angelegten Geschichte des Reichsgerichts von F. -K. Kaul ist nur der 4., auf die Zeit des Nationalsozialismus bezügliche Band erschienen. Vgl. *F.-K. Kaul*, Geschichte des Reichsgerichts, Bd. 4, 1933-1945, Glashütten, Berlin 1971. Die bereits erwähnte Darstellung von *K. Müller* (Anm. 23) behandelt nur die Zeit bis zum Ende des Kaiserreiches und beschränkt sich im übrigen auf die Geschichte der äußeren Organisation des Gerichts. Für das aus dem Reichsgericht hervorgegangene Reichsarbeitsgericht gibt es seit 1987 die Arbeit von *Marc Lindner*, The Supreme Labor Court in Nazi Germany: A Jurisprudential Analysis, Frankfurt am Main 1987 (Rechtsprechung, Bd. 2) und für das Reichsverwaltungsgericht, auch ein Vorgängergericht des Reichsgerichts, seit 1991 die Untersuchung von *W. Kohl*, Das Reichsverwaltungsgericht, Tübingen 1991 (Beiträge zur Rechtsgeschichte des 20. Jahrhunderts, 4).

35 Ausnahmen sind nur die bereits erwähnte Darstellung von *E. Kern*, Geschichte des Gerichtsverfassungsrechts (Anm. 3), die zwar die gesamte Geschichte des deutschen Gerichtsverfassungsrechts vom Mittelalter bis zum Jahre 1950 behandelt, der Neuzeit und vor allem der jüngsten Vergangenheit besonders breiten Raum einräumt, die Rechtsprechungsgeschichte allerdings nicht behandelt. Ähnliches gilt von dem Werk von *E. Döhring*, Geschichte der deutschen Rechtspflege seit 1500, Berlin 1953, in dem die Rechtsprechungsgeschichte zwar mitbehandelt wird, deren Behandlung jedoch auf die Darstellung der allgemeinen Merkmale der Rechtsprechung und der Wechselwirkung von Rechtslehre und Rechtspraxis beschränkt ist. Beide Darstellungen haben keine Neubearbeitung gefunden.

36 Hier verdient vor allem das große Forschungsunternehmen „Quellen und Forschungen zur höchsten Gerichtsbarkeit im Alten Reich" Hervorhebung, in dem seit 1973 Untersuchungen und Quelleneditionen zur Geschichte der Höchstgerichtsbarkeit des Heiligen Römischen Reiches vom Hochmittelalter bis zum Ende des Reiches im Jahre 1806 veröffentlicht werden und in dessen Sonderreihe die urkundliche Überlieferung der Rechtsprechungstätigkeit der königlichen und kaiserlichen Höchstgerichtsbarkeit bis 1451 ediert wird. Zu erwähnen ist auch die Publikationsreihe „Rechtsprechung" des Max-Planck-Instituts für Europäische Rechtsgeschichte, in der seit 1986 Quellen und Untersuchungen zur Entwicklung der Rechtsprechung publiziert werden, allerdings unter einer speziellen Fragestellung. Es sollen die Möglichkeiten und Formen untersucht werden, in denen die Normen durch Rechtsstäbe verwaltet werden.

letzten zusammenfassenden Darstellungen, die sich mit der Entwicklung der Rechtsprechung des Reichsgerichts befassen, stammen aus dem Jahre 1929 und sind aus Anlaß der Geschichte des 50jährigen Jubiläums der Errichtung des Reichsgerichts verfaßt worden. Sie haben insgesamt mehr den Charakter von Rechenschaftsberichten, nicht hingegen den von analysierenden und resümierenden justizgeschichtlichen Darstellungen[37]. Für die Anfangszeit des Reichsgerichts gibt es, wenn ich recht sehe, nur eine einzige, leider wenig beachtete Darstellung von Hans-Georg Mertens aus dem Jahre 1974, in welcher der Versuch unternommen wird, die ersten 20 Jahre der Rechtsprechung des Reichsgerichts in Zivilsachen seit dessen Errichtung im Jahre 1879 sowie die ersten beiden Jahre der Rechtsprechungstätigkeit des Gerichts nach Inkrafttreten des BGB zu untersuchen. Erst in jüngster Zeit haben diese Bemühungen eine Fortsetzung gefunden in der Arbeit von Markus Klemmer über die Rechtsprechung des Reichsgerichts in Zivilsachen für die Zeit des ausgehenden Deutschen Kaiserreichs und der Weimarer Republik[38].

Zugleich haben sich neue Impulse für die Erforschung der Rechtsprechungsgeschichte des Reichsgerichts durch die von Werner Schubert bzw. durch die von diesem in Zusammenarbeit mit Hans Peter Glöckner in Angriff genommene Aufarbeitung der gesamten Rechtsprechungsüberlieferung des Reichsgerichts ergeben, nachdem größere Teile der Reichsgerichtsakten und anderes Material aus dem Schriftgut des Reichsgerichts wieder zugänglich geworden sind[39]. Als ein weiterer Anstoß mö-

37 Vgl. dazu *O. Schreiber* (Hrsg.), Die Reichsgerichtspraxis im deutschen Rechtsleben, 6 Bde. (Anm. 13), pass. mit umfangreichen Darstellungen über die Bedeutung der reichsgerichtlichen Rechtsprechung für die Entwicklung der Rechtsordnung im Deutschen Reich sowie *A. Lobe* (Hrsg.), Fünfzig Jahre Reichsgericht (Anm. 23). Dort auch eine Übersicht über die allgemeinen Grundsätze der reichsgerichtlichen Rechtsprechung sowie über die Rechtsprechung des Reichsgerichts im bürgerlichen Recht, beide verfaßt von *A. Lobe*, aaO., S. 239 ff. und ein umfangreicher Überblick über die Rechtsprechung des Reichsgerichts in Strafsachen von *K. Schneidewin*, der bereits Ansätze einer analysierenden Darstellung erkennen läßt. Schneidewin versucht, die Rechtsprechung des Reichsgerichts in Strafsachen als Spiegel des Zeitgeschehens zu begreifen und darzustellen, aaO., S. 270 ff.

38 Vgl. *H.-G. Mertens*, Untersuchungen zur zivilrechtlichen Judikatur des Reichsgerichts vor dem Inkrafttreten des BGB, AcP 174 (1974), S. 333 ff. Erwähnung verdient auch die Untersuchung von *R. Schröder*, Die Entwicklung des kollektiven Arbeitsrechts und des Kartellrechts durch die Rechtsprechung des Reichsgerichts, Ebelsbach 1988 (Münchener Universitätsschriften – Juristische Fakultät. Abhandlungen zur rechtswissenchaftlichen Grundlagenforschung), pass., die allerdings weniger justizgeschichtlich orientiert ist.

39 Vgl. *W. Schubert* und *H. P. Glöckner* (Hrsg.), Nachschlagewerk des Reichsgerichts. Bürgerliches Gesetzbuch, dzt. 7 Bde, z.T. aufgeteilt auf Halbbde., Goldbach 1994 ff.; ferner *W. Schu-*

gen die Bestrebungen des Max-Planck-Instituts für Europäische Rechtsgeschichte in Frankfurt am Main angesehen werden, die – wie ein im Jahre 1999 unter dem Thema „Die Richter und das BGB“ abgehaltenes Symposion hat erkennen lassen – die Erforschung der zivilrechtlichen Rechtsprechung des Reichsgerichts nach Inkrafttreten des BGB, zunächst bis zum Beginn des Ersten Weltkrieges, zum Gegenstand haben, dessen Resultate inzwischen im Druck vorliegen[40]. Daneben finden sich in letzter Zeit Einzeluntersuchungen zu bestimmten Gegenständen der Rechtsprechungstätigkeit des Reichsgerichts, deren Fragestellungen allerdings nicht selten durch aktuelle Diskussionsthemen veranlaßt sind, in denen gelegentlich neben der Rechtsprechung des Reichsgerichts auch die Frage nach der Kontinuität der reichsgerichtlichen Rechtsprechung in der des Bundesgerichtshofes, wenn auch nur kursorisch, erörtert wird.[41]

---

bert (Hrsg.), Sammlung sämtlicher Erkenntnisse des Reichsgerichts in Zivilsachen, dzt. 8 Bde., Goldbach 1992 ff. Vgl. zu diesem großen Forschungsunternehmen die kritische Stellungnahme von *F. Ostler*, Wiederauferstehung des toten Reichsgerichts? , NJW 1995, S. 23 ff., die m. E. die Verdienste der Herausgeber um die Erschließung des justizgeschichtlich außerordentlich wertvollen Materials nicht hinreichend würdigt, namentlich im Hinblick auf eine noch zu schreibende Geschichte der Rechtsprechung des Reichsgerichts.

40 Vgl. *U. Falk* und *H. Mohnhaupt* (Hrsg.), Das Bürgerliche Gesetzbuch und seine Richter, Frankfurt am Main 2000 (Rechtsprechung, Bd. 14), dort vor allem die Beiträge von *H.-P. Haverkamp*, Die exceptio doli generalis in der Rechtsprechung des Reichsgerichts vor 1914, aaO., S. 1 ff., *M. Kriechbaum*, Teilnichtigkeit und Gesamtnichtigkeit: Die Rechtsprechung des Reichsgerichts vor und nach Erlaß des BGB, aaO., S. 39 ff., *F. Ranieri*, Kaufrechtliche Gewährleistung und Irrtumsproblematik: Kontinuität und Diskontinuität in der Judikatur des Reichsgerichts nach 1900, aaO., S. 207 ff., *W. Schubert*, Die Rechtsprechung des Reichsgerichts zum Werkvertrag (1900 - 1914),. aaO., S. 281 ff., *R. Zimmermann* und *D.A. Verse*, Die Reaktion des Reichsgerichts auf die Kodifikation des deutschen Deliktsrechts (1900-1914), aaO., S. 319 ff., G. Bender, Richtungskämpfe? Das Reichsgericht und die Tarifverträge, aaO., S. 561 ff., *H. Kiefner*, Zur Divergenzjudikatur des Reichsgerichts auf dem Gebiet des Bürgerlichen Rechts (§§ 28 FGG, 79 GBO), aaO., S. 585 ff. Auch in den anderen in diesem Sammelband enthaltenen Beiträgen wird immer wieder auf die Rechtsprechung des Reichsgerichts Bezug genommen, etwa in dem Beitrag von *H. Mohnhaupt*, Die Kommentare zum BGB als Reflex der Rechtsprechung (1897-1914), aaO., S. 495 ff.

41 Vgl. dazu etwa die jüngst erschienenen Arbeiten von *V. Hoffmann-Steudner*, Die Rechtsprechung des Reichsgerichts zu dem Scheidungsgrund des § 49 EheG (EheG 1938) in den Jahren 1938-1945, Frankfurt am Main u. a. 1999 (Rechtshistorische Reihe, Bd. 204), auch *M. Hetzke*, Die höchstrichterliche Rechtsprechung von 1948-1961 zum Scheidungsgrund des § 48 EheG 1946 wegen unheilbarer Zerrüttung, Frankfurt am Main u. a. 2000 (Europäische Hochschulschriften: Reihe 2, Rechtswissenschaft. Bd. 2823), ferner – mit Einschränkung - *M. Thiele*, Die Auflösung von Arbeitsverhältnissen aufgrund Anfechtung und außerordentlicher Kündigung nach der Rechtsprechung des Reichsarbeitsgerichts (1927-1945), Frankfurt am Main u. a. 2000 (Rechtshistorische Reihe, Bd. 205), in der neben der Rechtsprechung des Reichsarbeitsgerichts

Was die Frage nach der Kontinuität der Rechtsprechung des Reichsgerichts in der des Bundesgerichtshofes im besonderen betrifft, so liegt für das Gebiet des Strafrechts seit einigen Jahren in Gestalt einer von Gerhard Pauli verfaßten und von Knut Amelung betreuten Trierer rechtswissenschaftlichen Dissertation erstmals eine größere Arbeit vor, in der in zusammenhängender Weise das Fortwirken der strafrechtlichen Judikatur des Reichsgerichts der nationalsozialistischen Zeit in der Rechtsprechung des Bundesgerichtshofes untersucht wird[42]. Sie gelangt nach einer Untersuchung der äußeren Bedingungen der reichsgerichtlichen Rechtsprechung in der Zeit von 1933-1945 zunächst zu dem Ergebnis, daß die strafrechtliche Rechtsprechung des Reichsgerichts in dieser Zeit nicht ausschließlich als Ausdruck der nationalsozialistischen Weltanschauung betrachtet werden darf. Vielmehr müsse bei ihrer Beurteilung berücksichtigt werden, daß die sich in der Zeit des Nationalsozialismus abspielenden Veränderungen – einschließlich mancher Maßnahmen des nationalsozialistischen Gesetzgebers, wie hinzugefügt werden muß – lediglich einen Ausschnitt aus einer strafrechtlichen Entwicklung darstellen, die bereits vor 1933 eingesetzt und sich über das Jahr 1945 hinaus fortgesetzt habe[43]. Als Merkmale, die für diese Entwicklung kennzeichnend sind, erkennt Pauli im wesentlichen drei Tendenzen, nämlich *die Materialisierung des Strafrechts, die Subjektivierung der tatbestandsmäßigen Erfassung des strafbaren Handelns und die Sozialrechtstendenz* - sämtlich Bezeichnungen, die nicht immer glücklich gewählt sind, im Kern jedoch eine zutreffende Beobachtung enthalten[44].

---

und deren Bezug zum Reichsgericht auch ein Blick auf die Auswirkungen der Rechtsprechung des RAG auf die Rechtsprechung des BGH geworfen wird. Ein umfangreicher Literaturbericht über die seit 1994 erschienenen Untersuchungen zu Einzelgegenständen der reichsgerichtlichen Rechtssprechung findet sich bei *H. P. Glöckner*, Die Rechtsprechung des Reichsgerichts: Thema mit Variationen, Ius Commune XXV (1998), S. 391 ff. Von den dort besprochenen Arbeiten beschäftigt sich allerdings nur eine einzige mit der Kontinuität von Reichsgericht und Bundesgerichtshof, während sich der größte Teil der Arbeiten mit der reichsgerichtlichen Rechtsprechung. der Zeit vor dem Ersten Weltkrieg beschäftigt.

42 *G. Pauli*, Die Rechtsprechung des Reichsgerichts in Strafsachen zwischen 1933 und 1945 und ihre Fortwirkung in der Rechtsprechung des Bundesgerichtshofes (Anm.14), pass. Vgl. dazu auch die ausführliche Besprechung von *H. P. Glöckner*, Ius Commune XX (1993), S. 543 ff.

43 *Pauli*, aaO., S. 240 (zusammenfassend).

44 *Pauli*, aaO., S. 37 ff. Ob insbesondere der Begriff Materialisierung glücklich gewählt ist, sei dahingestellt. Er überschneidet sich nicht selten mit dem von Pauli ebenfalls verwendeten Begriff Sozialrechtstendenz, wie Pauli übrigens auch selbst einräumt. Vgl. aaO., S. 68 f. Vielleicht wäre es günstiger, von einer „Abkehr vom Formalismus“ zu sprechen, nachdem der Be-

Materialisierung bedeutet für Pauli die Abwendung von der rein formalen Subsumtion unter den gesetzlichen Tatbestand im Sinne der klassischen, von den Prinzipien „nullum crimen sine lege, nulla poena sine lege" geprägten Strafrechtslehre des 19. Jahrhunderts und die Hinwendung zu einer Bewertung des Ergebnisses im Sinne eines materialen, rechtsethisch bestimmten Rechtsverständnisses, unter Subjektivierung versteht er die Bevorzugung subjektiver, d.h. auf den Täter abgestellter Subsumtionskriterien, also der subjektiven Tatbestandselemente, und Sozialrechtstendenz ist für ihn eine Bezugnahme auf die sozialen Bindungen des Einzelnen, eine Betonung des Gemeinschaftsgedankens und der Sozialbezogenheit individueller Handlungen bei der strafrechtlichen Beurteilung – letztere, so wird betont werden müssen, vor allem eine Fortsetzung der teleologisch-soziologischen Schule der zweiten Hälfte des 19. Jahrhunderts[45].

Auf die strafrechtstheoretischen Hintergründe dieser Veränderungen ist an dieser Stelle nicht einzugehen. Als Andeutung mag der Hinweis auf die Diskussion um das Tatstrafrecht und das Täterstrafrecht, die Auseinandersetzung zwischen den Vertretern der oben bereits erwähnten, auf Feuerbach zurückgehenden sog. klassischen Verbrechenslehre auf der einen und der sich u. a. an der Phänomenologie orientierenden, wesensbezogenen Theorie der Strafrechtsreformer der 20er und 30er Jahre auf der anderen Seite genügen, in der sich diese Veränderungen ankündigten[46]. In der Rechtsprechung des Reichsgerichts machen sich diese Veränderungen für Pauli vor allem bei der Rechtsprechung zur Wahlfeststellung, zur Abgrenzung von Täter-

---

griff „Ethisierung des Strafrechts" durch die Strafrechtspraxis der nationalsozialistischen Zeit diskreditiert ist.

45 *Pauli*, aaO., S. 37 ff. (Materialisierung), S. 123 ff. (Subjektivierung). Die Sozialrechtstendenz sieht Pauli in der Zeit von 1933-1945 vor allem in den nationalsozialistischen Zentralbegriffen wie Ehre, Treue, Gemeinschaft und Pflichterfüllung und deren Betonung bei der strafrechtlichen Beurteilung wirksam. Vgl. aaO., S. 177 ff.

46 Einen Überblick über den damaligen Diskussionsstand vermittelt *G. Dahm*, Verbrechen und Tatbestand, in: *K. Larenz* (Hrsg,), Grundfragen der neuen Rechtswissenschaft, Berlin 1935, S. 62 ff. Zur Entwicklung der Verbrechenslehre vgl. im übrigen statt vieler *H.-H. Jescheck*, Lehrbuch des Strafrechts, Allgemeiner Teil, hier zitiert 4. Aufl. Berlin 1982, S. 159 ff. Die Abkehr vom sog. Täterstrafrecht wurde in der Rechtslehre unmittelbar nach dem Ende des Nationalsozialismus vollzogen. Vgl. dazu etwa *A. Schönke*, Strafgesetzbuch. Kommentar, 5. Aufl. München und Berlin 1951, Vorbem. II, S. 15 f. Anders noch die 1. Auflage München und Berlin 1942, Vorbem. II, S. 7. Dort wird festgestellt, daß auch eine bestimmte Eigenart des Täters, nämlich seine antisoziale Existenz, Bestrafung erfordert und dies mit der Täterbezogenheit mancher Tatbestände im geltenden Strafrecht des StGB begründet.

schaft und Teilnahme, bei der Unterscheidung von Versuch und Vorbereitungshandlung, bei der Behandlung des sog. Fortsetzungszusammenhanges, bei der Lokkerung des strafrechtlichen Analogieverbots, bei Einführung der Wahlfeststellung, bei der Betonung der subjektiven Seite der Straftat, aber auch bei der Einschränkung des Notwehrrechtes und dem Offenhalten von Wertungsspielräumen, ferner bei den Gemeinschaftsdelikten, im Sexualstrafrecht, bei den Unterlassungsdelikten sowie bei der Behandlung der Strafmilderungsmöglichkeiten bemerkbar[47].

In der Tat hatte das Reichsgericht namentlich seit der Aufhebung der Bindung an seine frühere Rechtsprechung durch die im Jahre 1935 erfolgte Änderung des Gerichtsverfassungsgesetzes vielfach seine ältere Rechtsprechung verlassen und die erwähnten Änderungen vorgenommen, wobei freilich zusätzlich die Änderungen der gesetzlichen Grundlagen durch den nationalsozialistischen Gesetzgeber als Ursache genannt werden müssen[48]. Ob bei der Anwendung und namentlich bei der Auslegung des überlieferten, legislativ im wesentlichen unverändert gebliebenen Kernbestandes des Strafrechtes nationalsozialistische Vorstellungen in großem Umfang eingeflossen sind, wie Pauli vermeint, erscheint überprüfungsbedürftig und bedarf namentlich im Hinblick auf die Auswertungsmöglichkeiten, die sich durch das neue und vollständigere Material der Rechtsprechung des Reichsgerichts eröffnen, auf jeden Fall weiterer Untersuchung.

Bezüglich der Kontinuität dieser strafrechtlichen Judikatur des Reichsgerichts in der Rechtsprechung des Bundesgerichtshofes wird man allerdings im Gegensatz zu Pauli in mancher Hinsicht eine durchaus differenzierte Haltung des Bundesgerichtshofes festzustellen haben. Für Pauli überwiegt von wenigen Ausnahmen abgesehen eine Haltung im Sinne einer Kontinuität der reichsgerichtlichen Rechtsprechung. Ausnahmen sieht er lediglich in der Rechtsprechung des Bundesgerichtshofes zum

---

47 Vgl. *Pauli*, aaO., S. 49 ff. Dort auch weitere Beispiele für die Veränderungen in der Rechtsauffassung des Reichsgerichts wie etwa bei der Revisibilität des Strafausspruchs, bei der Bestimmung der Rechtsnatur der Verjährung, und beim Begriff der Öffentlichkeit im Sinne des § 183 StGB. Mit Recht weist Pauli darauf hin, daß die Subjektivierung in der strafrechtlichen Diskussion der nationalsozialistischen Zeit keineswegs unumstritten war, wie etwa die Schrift von *E. Schwinge* und *L. Zimmerl*, Wesensschau und konkretes Ordnungsdenken, Bonn 1937 erkennen läßt. Überhaupt wird man sich hüten müssen, sämtliche Reformbestrebungen der nationalsozialistischen Zeit mit der Umsetzung nationalsozialistischer Vorstellungen gleichzusetzen.

48 Die wichtigsten Veränderungen in der Strafgesetzgebung der Zeit von 1933-1945 sind abgedruckt bei *Buschmann* (Anm. 22), Nr. 164 ff., S. 700 ff., insbes. Nr. 171 ff., S. 712 ff.

Fortsetzungszusammenhang, zum Begriff der unzüchtigen Handlung im Sexualstrafrecht, sowie bei der Strafbarkeit von Ermessensbeamten wegen schwerer Bestechlichkeit. Pauli meint, daß sich der Bundesgerichtshof nur in sehr seltenen Fällen ausdrücklich von der Rechtsprechung des Reichsgerichts distanziert habe und selbst dort, wo er im Ergebnis von der Rechtsprechung des Reichsgerichts abweiche, dieser noch eine Auslegung zu geben bemüht gewesen sei, die eine Übereinstimmung mit der eigenen abweichenden Auffassung habe ermöglichen sollen. Als Grund für diese Haltung sieht Pauli neben den allgemeinen historischen Umständen zur Zeit der Errichtung des Bundesgerichtshofes vor allem die Tatsache an, daß die Rechtsprechung des Reichsgerichts bestimmte Tendenzen aufgenommen habe, die schon vor der Zeit des Nationalsozialismus wirksam gewesen seien und sich auch nach 1945 erhalten hätten. Wörtlich heißt es bei ihm: „Die anti-liberale Geisteshaltung war nicht gemeinsam mit dem Dritten Reich untergegangen. Es wäre bei der Personalkontinuität der Justiz vom Dritten Reich zur Bundesrepublik auch ein Wunder gewesen.“ [49] Ob dieser Deutung zuzustimmen ist, namentlich der Behauptung von einer durchgehenden antiliberalen Geisteshaltung von Reichsgericht und Bundesgerichtshof, sei ausdrücklich dahingestellt. Man wird sich hüten müssen, aus den höchstrichterlichen Urteilen allzu weitreichende Schlußfolgerungen auf die Geisteshaltung der Mitglieder von Höchstgerichten zu ziehen, handelt es sich doch auch bei diesen Urteilen wie bei den Urteilen der Gerichte unterer Instanzen in erster Linie um Entscheidungen von konkreten Einzelfällen auf der Grundlage der geltenden Rechtsvorschriften, nicht hingegen um die Manifestationen weltanschaulicher oder dogmatischer Positionen.

Auf der anderen Seite muß betont werden, daß sich nicht wenige Beispiele anführen lassen, in denen der Bundesgerichtshof die Rechtsprechung des Reichsgerichts verlassen, ja sogar eine ausgesprochene Kehrtwendung, zumindest aber eine Abkehr von der reichsgerichtlichen Rechtsprechung vollzogen hat. Für das Verlassen der reichsgerichtlichen Rechtsprechung mag hier, worauf auch Pauli hinweist, etwa die Rückkehr zur objektiven Theorie bei den Eidesdelikten angeführt werden, die sehr deutlich einen differenzierten Umgang des Bundesgerichtshofes mit der Rechtsprechungstradition des Reichsgerichts erkennen läßt, aber auch der Bereich des Nöti-

---

49 Vgl. *Pauli*, aaO., S. 245.

gungsstrafrechts, bei dessen Rechtsprechung eine ähnliche Haltung des Bundesgerichtshofs erkennbar wird. Als ein besonders signifikantes Beispiel für die völlige Abkehr von der reichsgerichtlichen Rechtsprechung muß hingegen die Rechtsprechung angesehen werden, die der Bundesgerichtshof zum Verbotsirrtum begründet hat und mit der die Rezeption einer neuen, wesentlich auf Hans Welzel und die von ihm begründete finale Handlungslehre zurückgehende Schuldlehre eingeleitet wurde[50]. Mit der Begründung dieser neuen Rechsprechung wurde nicht nur die alte, vom Reichsgericht in ständiger Rechtsprechung vertretene Unterscheidung von Tatbestandsirrtum und Rechtsirrtum aufgegeben, sondern eine neue Richtung in der strafrechtlichen Rechtsprechung eingeschlagen. Und selbst dort, wo der Bundesgerichtshof die Rechtsprechung des Reichsgerichts aufgenommen und weitergeführt hat, wird man vorsichtig sein müssen, von einem Rückfall in frühere Denkweisen zu sprechen, sondern zu berücksichtigen haben, daß jede Rechtsprechung, auch die höchstrichterliche, stets bemüht sein muß, im konkreten Rechtsstreit zu einem angemessenen Ergebnis zu gelangen. Dieses Bemühen wird man der Rechtsprechung des Bundesgerichtshofes wohl nicht absprechen dürfen[51]. Es versteht sich von selbst, daß bei dieser Rechtsprechung die gesamte, von der nationalsozialistischen Weltan-

---

50 Vgl. Beschluß des Großen Senats für Strafsachen vom 18. 3. 1952, BGHSt 2, S. 194 ff., insbes. S. 196 ff., ferner BGHSt 4, S. 76 ff., sowie BGHSt 8, S. 393 ff., insbes. S. 396 und BGHSt 9, S. 370 ff., insbes. S. 375 f. Zur Entwicklung der Rechtsprechung des BGH in der Frage des Verbotsirrtums vgl. *G. Herdegen*, Der Verbotsirrtum in der Rechtsprechung des Bundesgerichtshofes, in: Krüger-Nieland (Anm. 10), S. 195 ff. Zum Verbotsirrtum in der Rechtssprechung zuletzt *D. Meurer*, Dogmatik und Pragmatismus, NJW 2000, S. 2937 ff. Eine zusammenfassende Darstellung der neuen Schuldlehre findet sich in *Hans Welzels* bekannter Schrift: Das neue Bild des Strafrechtssystems, hier benutzt und zitiert 4. Aufl. Göttingen 1961 (Göttinger Rechtswissenschaftliche Studien, Bd. 1), pass., insbes. S. 55 ff. Welzel hatte die ersten Entwürfe seiner Lehre bereits zu Beginn der dreißiger Jahre veröffentlicht (vgl. seinen grundlegenden Aufsatz Kausalität und Handlung, in: ZStW 51 (1931), S. 703 ff., wiederabgedruckt in: Abhandlungen zum Strafrecht und zur Rechtsphilosophie, Berlin New York 1975, S. 7 ff.) und in der Folgezeit in seinem Lehrbuch des Strafrechts weiterentwickelt, das zuletzt unter dem Titel: Das deutsche Strafrecht im Jahre 1969 erschien. Vgl. *H. Welzel*, Das Deutsche Strafrecht, 11. Aufl. Berlin 1969, pass., S. 133 ff.

51 Für das Reichsgericht Bilanz zu ziehen, fällt ungleich schwerer. Gleichwohl besteht kein Anlaß zu einer pauschalen Verurteilung. Zur Frage der Gesamtbeurteilung des Reichsgerichts und seiner Leistung zuletzt *Kissel*, Bedeutung und Leistung des Reichsgerichts (Anm.10), insbes. S. 17 ff., ferner *Pfeiffer* (Anm. 23), S. 325 ff. insbes. S. 327 ff., *Buschmann* (Anm. 10), S. 1967 ff., insbes. S. 1973, sowie *Müller* (Anm. 23), S. 123 ff. Von allen genannten Autoren wird betont, daß ein begründetes Urteil über das Reichsgericht und dessen historische Leistung erst nach einer umfassenden Erforschung der archivalischen Überlieferung möglich ist. Einseitige Betrachtungen, wie sie immer wieder anzutreffen sind, müssen notwendig zu einem Fehlurteil führen.

schauung geprägte Strafgesetzgebung nach 1933, die durch die alliierte Gesetzgebung ohnehin aufgehoben worden war, außer Betracht zu bleiben hatte, weil sie nicht Gegenstand der Rechtsprechung des Bundesgerichtshofes war[52].

Wesentlich schwieriger stellt sich die Forschungslage bei der Antwort auf die Frage nach der Kontinuität der zivilrechtlichen Rechtsprechung des Reichsgerichts in der Rechtsprechung des Bundesgerichtshofes dar. Hier fehlt es, abgesehen von kleineren Einzeluntersuchungen, die meist nur bestimmte Rechtsinstitute im Blick haben und überdies die Kontinuität der reichsgerichtlichen Rechtsprechung durch den Bundesgerichtshof nur sporadisch behandeln, an einer der Arbeit Paulis vergleichbaren Untersuchung[53]. Für den Bereich der oberlandesgerichtlichen Rechtsprechung hat Rainer Schröder vor einigen Jahren eine Untersuchung der zivilrechtlichen Judikatur am Beispiel des Oberlandesgerichtes Celle in der nationalsozialistischen Zeit vorgelegt, in der auch auf die Kontinuität der reichsgerichtlichen Rechtsprechung, wenn

52 Durch das Kontrollratsgesetz Nr. 11 v. 30. 1. 1946, KRABl. 55 wurden Teile des StGB, soweit diese auf die Änderungsgesetzgebung der nationalsozialistischen Zeit zurückgingen, aufgehoben, das StGB in seiner Gesamtheit jedoch in Geltung belassen. Aufgehoben wurden insbesondere die §§ 2, 2b a.F., 42k a.F., ferner die §§ 80 – 94, 102, 103, 112, 140–143a, 210a StGB u.a.m. Der § 211 StGB, der zuletzt im Jahre 1941 neugefaßt worden war und in der Neufassung die Kriterien des Mordtatbestandes als eines qualifizierten Tötungsdeliktes festgelegt hatte, blieb hingegen auch nach 1945 in seiner Neufassung in Geltung. Statt der Todesstrafe wurde nach deren Abschaffung durch Art. 102 GG die lebenslange Freiheitsstrafe angedroht. Zur Frage der Weitergeltung der aus nationalsozialistischer Zeit stammenden Strafvorschriften vgl. zuletzt *Th. Vormbaum*, Aktuelle Aspekte nationalsozialistischer Strafgesetzgebung, in: *ders.*, Beiträge zur juristischen Zeitgeschichte, Baden-Baden 1999, S. 29 ff. Zu dieser Frage und der Auseinandersetzung mit dem Problem des gesetzlichen Unrechts nach 1945 vgl. im übrigen auch *Cl. Lange*, Die Auseinandersetzung um den Begriff des gesetzlichen Unrechts nach 1945, in: Redaktion Kritische Justiz (Hrsg.), Die juristische Aufarbeitung des Unrechts-Staats, Baden-Baden 1998, S. 265 ff.

53 Auch die in Anm. 41 genannten Arbeiten behandeln diese Frage nur am Rande. Nur in der Untersuchung von *M. Hetzke* wird die Kontinuität erörtert, allerdings nur indirekt. Im Vordergrund steht dort die Frage nach der Kontinuität der Rechtsprechung des Obersten Gerichtshofes für die Britische Zone in der Rechtssprechung des BGH, die freilich ihrerseits an die Rechtsprechung des Reichsgerichts anknüpfte. Eine Ausnahme bildet in gewisser Weise die Arbeit von *O. Karow*, Die Sittenwidrigkeit von Verfügungen von Todes wegen in historischer Sicht, Frankfurt am Main u.a. 1997 (Europäische Hochschulschriften, Reihe 2: Rechtswissenschaft, 2155), pass., in der die Rechtsprechung des Reichsgerichts zu diesem Gegenstand über den Obersten Gerichtshof für die Britische Zone bis zum BGH verfolgt wird, allerdings nahezu ausschließlich an Hand der veröffentlichten Entscheidungen.

auch nur am Rande, nach 1945 eingegangen wird[54]. Als einzige Arbeit, die sich mit der Kontinuität der Rechtsprechung des Reichsgerichts durch den Bundesgerichtshof beschäftigt und sich damit zu der hier in Rede stehenden Fragestellung äußert - allerdings nur im größeren Rahmen der Veränderungen der gesamten juristischen Auslegungsmethodik in der nationalsozialistischen Zeit - ist die bekannte Untersuchung von Bernd Rüthers über die unbegrenzte Auslegung zu nennen, in der an einigen Beispielen auch die Kontinuität der zivilrechtlichen Rechtsprechung des Reichsgerichtes in der Rechtsprechung des Bundesgerichtshofes erörtert wird[55].

Als ein erstes Beispiel für die Kontinuität reichsgerichtlicher Rechtsprechung in der Rechtsprechung des Bundesgerichtshofes führt Rüthers die Rechtsprechung des Reichsgerichts zum sog. nachbarschaftlichen Gemeinschaftverhältnis an, die vom Reichsgericht in ständiger Rechtsprechung zu § 906 BGB a.F. entwickelt wurde. Ausgangspunkt für diese Rechtsprechung war der sog. Gutehoffnungshütte-Fall von 1937 (RGZ 154, S. 161 ff. gegen RGZ 139, S. 29 ff.), bei dem das Reichsgericht unter Berufung auf den nationalsozialistischen Gedanken der Volksgemeinschaft entgegen dem damaligen Wortlaut des § 906 BGB bei Immissionen einen Ausgleichsanspruch gewährte und zur Begründung auf ein bestehendes, im Gesetz allerdings nicht enthaltenes nachbarschaftliches Gemeinschaftsverhältnis verwies, aus dem sich eine wechselseitige Rücksichtnahme der Nachbarn aufeinander ergebe. In diesem Rahmen müsse ein den Lebensverhältnissen der Nachbarn entsprechendes Recht gefunden werden, das durch Auslegung zu gewinnen sei, eben das nachbarschaftliche Gemeinschaftsverhältnis. Dieses nachbarschaftliche Gemeinschaftsverhältnis wurde in der Folge von der Rechtslehre als dogmatische Grundlage für die Gestaltung des Nachbarrechtes weiterentwickelt und in dieser Form vom Bundesgerichtshof in ständiger Rechtsprechung übernommen. Der Bundesgerichtshof stützte seine Begründung des nachbarschaftlichen Gemeinschaftsverhältnisses allerdings nicht auf die bloße Übernahme der Rechtsprechung des Reichsgerichtes und damit auf den Gedanken der Volksgemeinschaft, sondern auf den Grundsatz von Treu und

---

54 Vgl. *R. Schröder*, „... aber im Zivilrecht sind die Richter standhaft geblieben!", Baden-Baden 1988 (Fundamenta Juridica, Hannoversche Beiträge zur rechtswissenschaftlichen Grundlagenforschung, Bd. 5), pass.

55 *B. Rüthers*, Die unbegrenzte Auslegung (Anm. 33). Vgl. zur Entwicklung der Rechtsprechung des Bundesgerichtshofes in Zivilsachen auch *D. Medicus*, Entscheidungen des BGH als Marksteine für die Entwicklung des allgemeinen Zivilrechts, NJW 2000, S. 2921 ff.

Glauben, bis durch die Neufassung des § 906 BGB im Jahre 1959 die gesamte Judikatur zu dieser Frage weitgehend überflüssig wurde[56].

Als weiteres Beispiel nennt Rüthers – neben Teilen des Arbeitsvertragsrechtes, das in die Zuständigkeit des Bundesarbeitsgerichtes fällt und daher hier außer Betracht zu bleiben hat – vor allem die Rechtsprechung des Reichsgerichts und des Bundesgerichtshofes zum ehelichen Zerrüttungsprinzip bei der Auflösung der Ehe nach § 48 a. F. bzw. § 55 Ehegesetz, d.h. bei der sog. Heimtrennungsklage nach dreijährigem Getrenntleben der beiden Ehegatten, sofern ein rechtserheblicher Widerspruch eines der Ehegatten erhoben wurde. Diese Vorschrift des Ehegesetzes hatte – wie überhaupt das gesamte Scheidungsrecht des Ehegesetzes - das bis dahin geltende Verschuldensprinzip bei der Ehescheidung für den Fall des Getrenntlebens abgelöst und durch das Zerrüttungsprinzip ersetzt[57]. Rüthers weist zu Recht darauf hin, daß die Rechtsprechung des Reichsgerichts bei der Frage der Rechtserheblichkeit des Widerspruchs gemäß den Intentionen des nationalsozialistischen Gesetzgebers auf den Wert der Ehe für die Volksgemeinschaft abgestellt habe, wenn es um die nach dem Gesetz vorgesehene Würdigung des Widerspruches des Scheidungsgegners – zumeist der Ehefrauen – gegangen sei.

---

56 Vgl. *Rüthers*, aaO., S. 358 ff. Das nachbarschaftliche Gemeinschaftsverhältnis wird besonders von H. Westermann betont, für den dieses Verhältnis ein Rechtsverhältnis darstellt, das nicht nur die dogmatische Grundlage für die gesetzliche Regelung - gemeint ist sowohl die alte Regelung als auch die Neufassung des § 906 BGB - bildet, sondern auch die Grundlage für die Entscheidung von im Gesetz nicht geregelten Rechtsfällen darstellt. Vgl. *H. Westermann*, Sachenrecht, hier benutzt und zitiert 5. Aufl., Heidelberg 1969, S. 304 f. Von der Rechtslehre wurde dieses nachbarschaftliche Gemeinschaftsverhältnis gelegentlich als „ideologisch übersteigerte Annahme" abgelehnt. Vgl. *M. Wolff* und *L. Raiser*, Sachenrecht, 10.Aufl., Tübingen 1957 (*L.Enneccerus/Th.Kipp/M.Wolff*, Lehrbuch des Bürgerlichen Rechts, Bd. 3), S. 188, Anm.1. Westermann verwendet im übrigen nicht den in der nationalsozialistischen Zeit üblichen Ausdruck „nachbarschaftliches Gemeinschaftsverhältnis", sondern spricht von einem „nachbarlichen Gemeinschaftsverhältnis", aaO., S. 304.

57 Vgl. *Rüthers*, aaO., S. 400 ff., insbes. S. 403 ff. Vgl. zum nationalsozialistischen Eherecht und dessen Weiterentwicklung nach 1945 zuletzt *K. Luig*, Aspekte der Ausprägung demokratischer Rechtsstaatlichkeit in der Bundesrepublik Deutschland nach dem Ende des Nationalsozialismus, dargestellt am Beispiel des Rechts der Scheidung der Ehe, in: *F. Lanchester* und *I. Staff* (Hrsg.), Demokratische Rechtsstaatlichkeit nach dem Ende von Faschismus und Nationalsozialismus, Milano/Baden-Baden 1999, S. 115 ff., insbes. S. 127 ff., unter Berufung auf die Ergebnisse der von ihm betreuten jur. Dissertation von *D. Niksch*, Die sittliche Rechtfertigung des Widerspruchs gegen die Scheidung der zerrütteten Ehe in den Jahren 1938-1944, Köln 1990.

Anders als bei der Rechtsprechung zum nachbarschaftlichen Gemeinschaftsverhältnis läßt sich für Rüthers eine Kontinuität der reichsgerichtlichen Rechtsprechung in der Rechtsprechung des Bundesgerichtshofes bei dieser Frage nicht feststellen. Im Gegensatz zur Rechtsprechung des Reichsgerichts habe der Bundesgerichtshof hier eine andere, allerdings wechselvolle Haltung eingenommen, so daß von einer bloßen Fortsetzung der reichsgerichtlichen Rechtsprechung in der Rechtsprechung des Bundesgerichtshofes keine Rede sein könne, wobei noch hinzugefügt werden muß, daß die gesetzlichen Grundlagen durch die Neufassung der einschlägigen Vorschrift zum Teil andere geworden waren. In einem frühen Urteil des Bundesgerichtshofes aus dem Jahre 1951 habe der Bundesgerichtshof, so führt Rüthers aus, einen Widerspruch für unbeachtlich erklärt, wenn die Aufrechterhaltung der Ehe, deren Scheidung wegen Getrenntlebens der Ehegatten begehrt wurde, völlig sinnwidrig geworden sei, während man in einem späteren Urteil aus dem Jahre 1955 die Aufrechterhaltung der Ehe gefordert und mit dem Wesensbild der Ehe als unauflöslicher Verbindung der Ehegatten begründet habe. Den Grund für diese wechselvolle Haltung der Rechtsprechung des Bundesgerichtshofes erblickt er in einem Wandel der Auffassung vom Wesen der Ehe und deren Funktion in der Gesellschaft, die letztlich eine religiöse Grundlage erkennen lasse, in der auch Elemente der katholischen Naturrechtslehre wirksam seien.

Tatsächlich wird es schwerfallen, in dem einem Falle eine Abkehr von der Rechtsprechung des Reichsgerichts anzunehmen und im anderen von einer Fortsetzung – freilich unter veränderten Bedingungen – zu sprechen. Vielmehr spiegeln sich in beiden Entscheidungen unterschiedliche Auffassungen vom Wesen der Ehe und von den Gründen für deren Aufrechterhaltung bei längerem Getrenntleben der Ehegatten, die auch einen Wandel in der sozialen Entwicklung der Ehe erkennen lassen, dem sich die Rechtsprechung auf Dauer nicht zu entziehen vermag. Eine lineare Fortführung der Rechtsprechung des Reichsgerichts in dieser Frage durch den Bundesgerichtshof und damit eine direkte Kontinuität konnte daher schon aus diesem Grunde nicht stattfinden[58].

58 Die Urteile des BGH sind abgedruckt in BGHZ 2, S. 98 ff., insbes. S. 105 und BGHZ 18, S. 13 ff., insbes. S. 17. Durch die Neufassung des § 48 Abs. 2 ist die Problematik der Frage nach der Rechtserheblichkeit des Widerspruchs bei der Heimtrennungsklage weitgehend ent-

Bei anderen, politisch weniger geprägten oder beeinflußbaren Rechtsinstituten des bürgerlichen Rechtes ist hingegen eine Kontinuität der Rechtsprechung des Reichsgerichts in der Rechtsprechung des Bundesgerichtshofes mindestens am Anfang unübersehbar, wie abgesehen von den eingangs erwähnten Formulierungen über die Anknüpfung an die Rechtsprechung des Reichsgerichts auch die Rechtsprechungsübersichten der einzelnen Zivilsenate, die sich in der Festschrift zum 25jährigen Jubiläum des Bundesgerichtshofes finden, ausweisen.[59] Gleichwohl lassen sich schon früh Fälle belegen, in denen der Bundesgerichtshof die Rechtsprechung des Reichsgerichts entweder modifiziert oder in ihr – gestützt auf die neue verfassungsrechtliche Grundlage des Bonner Grundgesetzes – geradezu konträre Entscheidungen getroffen hat. Zwei Beispiele mögen für dieses Vorgehen des Bundesgerichtshofes und damit für eine Abkehr des Bundesgerichtshofes von der Rechtsprechung des Reichsgerichts besonders hervorgehoben werden.

Das erste Beispiel betrifft die Rechtsprechung zur Gewährung von Entschädigung für rechtswidrige Eingriffe des Staates in private Vermögensrechte zugunsten der Allgemeinheit. Das Reichsgericht hatte hier regelmäßig einen Aufopferungsanspruch gewährt, mit dem insoweit ein Sonderopfer des Einzelnen zugunsten der Allgemeinheit abgegolten werden sollte. In der Begründung hatte es seine Rechtsprechung auf die gewohnheitsrechtliche Fortgeltung der §§ 74, 75 Einl. ALR gestützt und als wesentliches Kriterium zur Abgrenzung gegenüber einer Enteignung die Tatsache angesehen, daß es sich hierbei um einen Einzeleingriff handele[60]. Der

---

fallen, die bis zum Zeitpunkt der Neufassung eine umfangreiche Judikatur und eine nicht minder umfangreiche Literatur hervorgebracht hatte.

59 Vgl. dazu *Krüger-Nieland* (Anm. 10), pass., hier insbesondere die Berichte von *O.-F. v. Gamm*, *W. Stimpel*, *E. Hußla*, *G. Augustin*, *K. Nüssgens*, *G. Heimann-Trosien*, *H.-J. Hiddemann*, die insgesamt erkennen lassen, daß der BGH in der Rechtsprechung zum BGB an die reichsgerichtliche Rechtsprechung nicht nur anknüpft, sondern zugleich bemüht ist, diese behutsam wieterzuentwickeln. Als Schwerpunkte lassen sich, so der damalige Präsident des BGH Robert Fischer in seinem Geleitwort zu dieser Festschrift, der Schutz des Verbrauchers, der Ausbau des Persönlichkeitsrechts, der Minderheitenschutz im Gesellschaftsrecht und die Abwehr kollektiver Überlegenheit im Vereinsrecht feststellen. Vgl. *Fischer*, aaO., S. III.

60 Die Notwendigkeit einer Entschädigungsleistung in solchen Fällen war schon in der älteren Verwaltungsrechtswissenschaft – von wenigen Ausnahmen abgesehen – nie umstritten. Umstritten war nur die rechtliche Begründung. Für das Gebiet des preußischen Rechts wurden als Rechtsgrundlage die §§ 74, 75 Einl. ALR herangezogen, im Geltungsbereich anderer Rechte innerhalb des Deutschen Reiches suchte man sich mit Hilfskonstruktionen wie „allgemeine Rechtsgrundsätze" oder „unzweifelhafte Rechtsätze" zu behelfen. Vgl. hierzu *O. Mayer*, Deutsches Verwaltungsrecht, Bd. 2, Leipzig 1896, Systematisches Handbuch der Deutschen

Bundesgerichtshof hingegen nahm in einer Grundsatzentscheidung des Großen Senats für Zivilsachen vom 9. /10. Juni 1952 (BGHZ 6, S. 270ff.) eine andere Haltung ein, indem er diese Begründung fallen ließ und statt dessen die Lehre vom enteignungsgleichen Eingriff entwickelte, die mit einer entsprechenden Anwendung des Artikels 153 der Weimarer Reichsverfassung und des Artikels 14 des Grundgesetzes begründet wurde, aus der er eine Entschädigungspflicht der Allgemeinheit für Eingriffe in private Vermögensrechte ableitete. Ein Aufopferungsanspruch im Sinne der §§ 74, 75 Einl. ALR sollte nur mehr in jenen Fällen zugebilligt werden, in denen ein solcher enteignungsgleicher Eingriff nicht angenommen werden könne. Dies sollte namentlich bei Eingriffen in nichtvermögenswerte Rechtsgüter einer Person der Fall sein. Mit dieser Entscheidung wurde die ständige Rechtsprechung des Reichsgerichts zum Aufopferungsanspruch verlassen und eine neue bis heute andauernde ständige Rechtsprechung des Bundesgerichthofes eingeleitet, mit anderen Worten, die reichsgerichtliche Rechtsprechung ausdrücklich aufgegeben und eine neue Kontinuität begründet[61].

Als zweites Beispiel sei die Rechtsprechung des Reichsgerichts und des Bundesgerichtshofes zum Allgemeinen Persönlichkeitsrecht und zur Gewährung eines imma-

---

Rechtswissenschaft, VI 2), S. 348 f. Ein knapper Überblick über die Entwicklung findet sich bei *H. J. Wolff*, Verwaltungsrecht I, hier benutzt 8. Aufl. München 1971, S. 449 ff., insbes. S. 452 f.; auch bei *E. Forsthoff*, Lehrbuch des Verwaltungsrechts, Bd. 1, hier benutzt 5. Aufl. München 1953, S. 254 ff., der die Entwicklung in den historischen Gesamtzusammenhang zu stellen versucht, sowie zuletzt bei *F. Ossenbühl*, Staatshaftungsrecht, 5. Aufl. München 1998, S. 173 ff. Ferner *ders.*, Öffentliches Recht in der Rechtsprechung des BGH, NJW 2000, S. 2945 ff. Vgl. außerdem *H.-J. Papier*, Münchner Kommentar, 3. Aufl. München 1997, Rdnr. 5 ff., insbes. Rdnr. 24 ff. zu § 839 BGB.

61 Vgl. Beschluß des Großen Senats für Zivilsachen v. 10. 6. 1952 BGHZ 6, S. 270 ff., insbes. S. 275 ff. sowie das Urteil v. 19. 2. 1953 BGHZ 9, S. 83 ff., in dem betont wird, daß die §§ 74, 75 Einl. ALR nur noch dann Platz greifen sollen, wenn es sich nicht um eine Enteignung im technischen Sinne handelt. Die Entwicklung der Rechtssprechung des BGH bis 1974 behandelt ausführlich der Bericht von *E. Hußla* bei *Krüger-Nieland* (Anm. 10), S. 33 ff. Zur Entwicklung im Ganzen vgl. neben den bereits genannten Autoren auch *Th. Maunz*, Deutsches Staatsrecht, 13.Aufl. München 1964, S. 148 ff., insbes. S. 149 f. sowie zuletzt *Th. Maunz / R. Zippelius*, Deutsches Staatsrecht, 30. Aufl. München 1998, S. 241 ff. Die Rechtsprechung des BGH läßt allerdings gewisse Schwankungen erkennen, die möglicherweise auf die besonderen Umstände des Einzelfalls zurückzuführen sind. Vgl. etwa das Urteil v. 22. 2. 1973 (BGHZ 60, S. 302 ff.), in dem für eine während einer Untersuchungshaft durch einen Mithäftling erlittene Körperverletzung ein Aufopferungsanspruch abgelehnt wird. Ein Großteil der Entscheidungen betrifft übrigens die Regulierung von Impfschäden, soweit diese durch die einschlägigen gesetzlichen Vorschriften nicht abgedeckt waren.

teriellen Schadensersatzes bei dessen Verletzung angeführt[62]. Das Reichsgericht hatte bis zum Ende seiner Rechtsprechungstätigkeit im Jahre 1945 ein Allgemeines Persönlichkeitsrecht und folglich auch einen auf dessen schuldhafte Verletzung gestützten Schadensersatzanspruch wegen immateriellen Schadens unter Hinweis auf die bestehende gesetzliche Lage nach dem BGB abgelehnt und sich bei dieser Ablehnung übrigens auch in Übereinstimmung mit einem Großteil von Wissenschaft und Lehre des Bürgerlichen Rechts befunden. Diese Rechtsprechung wurde vom Bundesgerichtshof in einer Anzahl als spektakulär empfundener und zunächst keineswegs einhellig aufgenommener Entscheidungen aus den Jahren 1954-1957 (BGHZ 13, S. 334 ff.; BGHZ 26, S. 349 ff.; BGHZ 30, S. 7 ff.; BGHZ 50, S. 133 ff.) aufgegeben und durch eine neue, seither kontinuierlich vertretene Rechtsprechung ersetzt. In ihr wird unter Hinweis auf die veränderte Verfassungslage, namentlich unter Bezugnahme auf Artikel 1 und Artikel 2 des Grundgesetzes, ein Allgemeines Persönlichkeitsrecht anerkannt und trotz der einschränkenden Vorschrift des § 253 BGB im Falle von dessen schuldhafter Verletzung ein Schadensersatzanspruch für erlittenen immateriellen Schaden zugebilligt. Die Anlaßfälle sind bekannt, zu bekannt, als daß sie hier noch einmal ausführlich erörtert werden müßten[63]. Seither ist diese Rechtsprechung in vielfacher Weise ausgebaut und verfeinert worden, insbesondere auch im Hinblick auf den Schutz der Persönlichkeit gegen mediale Angriffe,

---

62 Zur Rechtslage des Persönlichkeitsrechtsschutzes zu Beginn des 20. Jahrhunderts vgl. zuletzt *D. Klippel* und *G. Lies-Benachib*, Der Schutz von Persönlichkeitsrechten um 1900, in: *U. Falk* und *H. Mohnhaupt* (Hrsg.), Das Bürgerliche Gesetzbuch und seine Richter (Anm. 40), S. 343 ff. Aus der umfangreichen Literatur zur Entwicklung eines Allgemeinen Persönlichkeitsrechts seien hier nur angeführt *H. Hubmann*, Das Persönlichkeitsrecht, 2. Aufl. Köln Graz 1967, pass., S. 5 ff. m. w. Nachw.; *P. Schwerdtner*, Inhalt und systematischer Standort des allgemeinen Persönlichkeitsrechts, DRiZ 1975, S. 65 ff.; *ders.*, Das Persönlichkeitsrecht in der deutschen Zivilrechtsordnung, Berlin 1977, pass. sowie *ders.*, Persönlichkeitsschutz im Zivilrecht, in: Schutz der Persönlichkeit, Karlsruher Forum, Karlsruhe 1997 (Schriftenreihe der Zeitschrift Versicherungsrecht, H. 2), S. 45 ff. Zum postmortalen Persönlichkeitsrechtsschutz vgl. etwa *H.P. Westermann*, Das allgemeine Persönlichkeitsrecht nach dem Tode seines Trägers, FamRZ 1969, S. 561 ff., ferner *A. Buschmann*, Zur Fortwirkung des Persönlichkeitsrechts nach dem Tode, NJW 1970, S. 2081 ff.

63 Für die Entwicklung der Rechtsprechung zum Allgemeinen Persönlichkeitsrecht vgl. *H. E. Brandner*, Das allgemeine Persönlichkeitsrecht in der Entwicklung durch die Rechtsprechung, JZ 1983, S. 689 ff. Die Rechtsprechung des BGH ist ausführlich verzeichnet u. a. bei *P. Schwerdtner*, MünchKomm § 12 Rdnr. 155 ff. Dort auch ein Überblick über die verschiedenen Schutzbereiche des Persönlichkeitsrechts, die angesichts der Entwicklung der modernen Massenmedien und des technischen Fortschritts der elektronischen Kommunikationssysteme eine immer größere Bedeutung erlangen.

soweit nicht einschlägige medienrechtliche Schutzvorschriften durch den Gesetzgeber geschaffen wurden. Auch hier läßt sich somit, wie schon zuvor im Fall des enteignungsgleichen Eingriffs, ein Abgehen des Bundesgerichtshofs von der Rechtsprechung des Reichsgerichts beobachten und die Begründung einer neuen Rechtsprechungskontinuität feststellen, ohne daß damit freilich eine generelle Aussage über die Entwicklung der zivilrechtlichen Rechtsprechung des Bundesgerichtshofs im Verhältnis zur Rechtsprechung des Reichsgerichts gemacht werden soll[64]. Eine solche Aussage wäre auch hier erst nach einer umfassenden Untersuchung der Rechtsprechung des Bundesgerichtshofes in Zivilsachen möglich, wobei freilich schon jetzt prognostiziert werden kann, daß die Kontinuität der reichsgerichtlichen Rechtsprechung in der Rechtsprechung des Bundesgerichtshofes mit wachsender zeitlicher Distanz zum Ende des Reichsgerichts immer stärker in den Hintergrund treten wird.

II.

Versucht man am Schluß dieser Ausführungen ein Fazit zu ziehen und vor allem eine Antwort auf die Frage nach Umfang und Grenzen der justitiellen Kontinuität von Reichsgericht und Bundesgerichtshof zu geben, dann muß diese weit differenzierter ausfallen als dies in der bisherigen Forschungsliteratur - soweit zu dieser Thematik überhaupt vorhanden - geschehen ist. Weder kann undifferenziert eine Kontinuität, noch ebenso pauschal eine Abkehr oder gar bewußte Abwendung der Rechtsprechung des Bundesgerichtshofes von der Rechtsprechung des Reichsgerichts behauptet werden. Vielmehr verbinden sich bei der Antwort auf diese Frage Elemente einer Kontinuität mit solchen einer Diskontinuität, die in jedem Einzelfall oder besser bei jedem einzelnen Gegenstand eine genaue Untersuchung erforderlich

---

64 Gerade das Beispiel der Entwicklung eines Allgemeinen Persönlichkeitsrechts durch den BGH zeigt, daß der BGH in seiner Rechtsprechung bestrebt ist, Auslegung und Rechtsanwendung geltender Rechtsvorschriften den veränderten Lebensverhältnissen anzupassen, auch wenn die rechtlichen Begründungen zuweilen, wie im Falle der Herleitung eines Allgemeinen Persönlichkeitsrechts aus dem Verfassungsrecht, einer gewissen Kühnheit der dogmatischen Konstruktion nicht ermangeln, da sich eine bestimmte Form des Persönlichkeitsschutzes nicht zwingend aus Art. 1 und Art. 2 GG ableiten läßt. Vgl. *Schwerdtner*, aaO., Rdnr. 164 unter Hinweis auf eine von Bydlinski geäußerte Ansicht.

macht, bevor eine einigermaßen zutreffende allgemeine Antwort gegeben werden kann. Sicher ist nur eines, daß nämlich durch den Untergang des Reichsgerichts und das Erlöschen seiner Rechtsprechung *keine wirkliche Zäsur* in der deutschen höchstrichterlichen Rechtsprechung der ordentlichen Gerichtsbarkeit eingetreten ist, sondern - namentlich gestützt auf eine fortgeltende Gesetzgebung im Bereich des Gerichtsverfassungsrechts, des Bürgerlichen Rechtes und des Strafrechtes - der Bundesgerichtshof an die Rechtsprechung des Reichsgerichts angeknüpft, diese teils rezipiert und fortgeführt, teils selbständig weiterentwickelt, oder, wo es geboten erschien, verlassen und durch eine neue Rechtsprechung ersetzt hat. Wie immer man dies auch im einzelnen beurteilen mag, ob man es bedauert oder begrüßt, *eine* Erkenntnis wird sich aus diesem Fazit gewinnen lassen, nämlich daß *die justizielle Tradition eines so bedeutenden Gerichts wie des Reichsgerichts nicht einfach ausgelöscht werden kann – selbst wenn die Institution, von der sie ausgegangen ist, nicht mehr vorhanden ist*[65].

65 Die reichsgerichtliche Tradition nur unter dem Gesichtspunkt der Rechtsprechung des Gerichts in der nationalsozialistischen Zeit zu beurteilen, ist unzulässig und verkürzt die großen Verdienste, die sich das Reichsgericht insgesamt um das Rechtsleben in Deutschland erworben hat. Die Geschichte des Reichsgerichts kann nicht aus dem geschichtlichen Zusammenhang herausgelöst und nur abschnittsweise betrachtet, sondern muß in ihrer Gesamtheit beurteilt werden. Im übrigen gilt: „ Die Justiz ist Spiegelbild des Gemeinwesens. Deshalb kann die Justiz weder im demokratisch verfaßten Staat noch in diktatorischen Systemen isoliert betrachtet werden.“ So der ehemalige sächsische Justizminister St. Heitmann in seiner Rede anläßlich der Eröffnung der Ausstellung „Im Namen des deutschen Volkes – Justiz und Nationalsozialismus“ am 3. Mai 1994 im Oberlandesgericht Dresden. Vgl. ZRP 1994, S. 417 ff.

Personenregister

Sachregister

Arbeitskreis Juristische Zeitgeschichte.

Informationsverbund für die Rechtsgeschichte des 19. und 20. Jahrhunderts

Der Arbeitskreis Juristische Zeitgeschichte bildet einen Informationsverbund von universitären und außeruniversitären, öffentlichen und privaten, rechtswissenschaftlichen und geschichtswissenschaftlichen Einrichtungen, die sich mit der Erforschung der Rechtsgeschichte des 19. und 20. Jahrhunderts einschließlich ihrer allgemeingeschichtlichen, sozial- und kulturgeschichtlichen und politischen Bezüge befassen.

In der Sache beschäftigen sich in vielen universitären und außeruniversitären Institutionen Juristen, Historiker und interessierte Laien mit Juristischer Zeitgeschichte. Nicht alles, was an Ergebnissen von Tagungen, Seminaren, Symposien, Vortragsveranstaltungen etc. produziert wird, findet seinen Weg in die Gelehrtenrepublik, obwohl manches es verdiente; vieles erscheint auch an Orten, die für jeweils einen Teil der Interessierten (Juristen bzw. Historiker) recht abgelegen sind, obwohl es lohnend wäre, sie allen Interessierten zugänglich zu machen. Der Arbeitskreis Juristische Zeitgeschichte dient als Informationsbörse und Sammelstelle für Beiträge aus den Einrichtungen, die mit Juristischer Zeitgeschichte befaßt sind.

Die Mitwirkung am Arbeitskreis ist mit keiner Verpflichtung verbunden; finanzielle Belastungen entstehen nicht. Die mitwirkenden Einrichtungen sind nicht *Mitglieder*, sondern *Teilnehmer*. Teilnehmen können alle Einrichtungen, die sich mit Juristischer Zeitgeschichte im eingangs umschriebenen Sinne befassen.

Als Publikationsorgan fungiert das „Forum Juristische Zeitgeschichte", die 2. Abteilung der Schriftenreihe „Juristische Zeitgeschichte". Dort erscheinen wissenschaftliche Beiträge der teilnehmenden Institutionen bzw. ihrer Mitarbeiter sowie Berichte über Tagungen, Symposien und aktuelle Forschungsvorhaben. Zudem besteht für Teilnehmer des Arbeitskreises die Möglichkeit, Bände mit Schwerpunktthemen in Eigenverantwortung herauszugeben. Der Arbeitskreis ist zudem im Internet unter der Adresse: *http://www.juristische-zeitgeschichte.de* vertreten.

Interessenten wenden sich an:

Arbeitskreis Juristische Zeitgeschichte
z. Hd. Prof. Dr. Dr. Thomas Vormbaum
Feithstr. 140 (FernUniversität, AVZ I)
Postfach 940
D-58084 Hagen

oder auch per e-mail an:

Thomas.Vormbaum@fernuni-hagen.de

Juristische Zeitgeschichte.

Herausgeber: Prof. Dr. Dr. Thomas Vormbaum, Hagen
(Institut für Juristische Zeitgeschichte)

Abteilung 1:
Allgemeine Reihe

Hrsg. von Prof. Dr. Dr. Thomas Vormbaum

1 *Thomas Vormbaum (Hrsg.):* Die Sozialdemokratie und die Entstehung des Bürgerlichen Gesetzbuchs. Quellen aus der sozialdemokratischen Partei und Presse (1997)
2 *Heiko Ahlbrecht:* Geschichte der völkerrechtlichen Strafgerichtsbarkeit im 20. Jahrhundert (1999)
3 *Dominik Westerkamp*: Pressefreiheit und Zensur im Sachsen des Vormärz (1999)
4 *Wolfgang Naucke*: Über die Zerbrechlichkeit des rechtsstaatlichen Strafrechts. Gesammelte Aufsätze zur Strafrechtsgeschichte (2000)
5 *Jörg Ernst August Waldow:* Der strafrechtliche Ehrenschutz in der NS-Zeit (2000)
6 *Bernhard Diestelkamp:* Rechtsgeschichte als Zeitgeschichte. Beiträge zur Rechtsgeschichte des 20. Jahrhunderts (2001)
7 *Michael Damnitz:* Bürgerliches Recht zwischen Staat und Kirche. Mitwirkung der Zentrumspartei am Bürgerlichen Gesetzbuch (2001)

Abteilung 2:
Forum Juristische Zeitgechichte

Hrsg. von RA Dr. Tillmann Krach und Prof. Dr. Dr. Thomas Vormbaum

1 *Franz-Josef Düwell / Thomas Vormbaum (Hrsg.):* Themen juristischer Zeitgeschichte (1) – Schwerpunktthema: Recht und Nationalsozialismus (1998)
2 *Karl-Heinz Keldungs*: Das Sondergericht Duisburg 1943-1945 (1998)
3 *Franz-Josef Düwell / Thomas Vormbaum (Hrsg.):* Themen juristischer Zeitgeschichte (2) – Schwerpunktthema: Recht und Juristen in der Revolution von 1848/49 (1998)
4 *Thomas Vormbaum*: Beiträge zur juristischen Zeitgeschichte (1999)
5 *Franz-Josef Düwell / Thomas Vormbaum:* Themen juristischer Zeitgeschichte (3) (1999)
6 *Thomas Vormbaum* (Hrsg.)*:* Themen juristischer Zeitgeschichte (4) (2000)
7 *Frank Roeser:* Das Sondergericht Essen 1942-1945 (2000)
8 *Heinz Müller-Dietz:* Recht und Nationalsozialismus – Gesammelte Aufsätze (2000)
9 *Franz-Josef Düwell (Hrsg.):* Licht und Schatten. Der 9. November in der deutschen Geschichte und Rechtsgeschichte – Symposium der Arnold-Freymuth-Gesellschaft, Hamm (2000)
10 *Kern/Schroeder (Hrsg.):* Eduard von Simson (1810-1899). „Chorführer der Deutschen" und erster Präsident des Reichsgerichts (2001).
11 *Haase/Pampel (Hrsg.):* Die Waldheimer „Prozesse" – fünfzig Jahre danach. Dokumentation der Tagung der Stiftung Sächsische Gedenkstätten am 28. und 29. September in Waldheim (2001).

Abteilung 3:
Beiträge zur modernen deutschen Strafgesetzgebung
Materialien zu einem historischen Kommentar

Hrsg. von Prof. Dr. Dr. Thomas Vormbaum

1 *Thomas Vormbaum / Jürgen Welp (Hrsg.):* Das Strafgesetzbuch seit 1870. Sammlung der Änderungen und Neubekanntmachungen
Bd. 1.1 (1870-1953) (1999)
Bd. 1.2 (1954-1974) (1999)
Bd. 1.3 (1975-1992) (2000)
2 *Christian Müller:* Das Gewohnheitsverbrechergesetz vom 24. November 1933. Kriminalpolitik als Rassenpolitik. (1998)
3 *Maria Meyer-Höger:* Der Jugendarrest. Entstehung und Weiterentwicklung einer Sanktion (1998)
4 *Kirsten Gieseler:* Unterlassene Hilfeleistung - § 323c StGB. Reformdiskussion und Gesetzgebung seit 1870. (1999)
5 *Robert Weber*: Die Entwicklung des Nebenstrafrechts 1871-1914 (1999)
6 *Frank Nobis:* Die Strafprozeßgesetzgebung der späten Weimarer Republik (2000)

Abteilung 4:
Leben und Werk. Biographien und Werkanalysen

Hrsg. von Prof. Dr. Dr. Thomas Vormbaum

1 *Mario A. Cattaneo*: Karl Grolmans strafrechtlicher Humanismus (1998)
2 *Gerit Thulfaut:* Kriminalpolitik und Strafrechtstheorie bei Edmund Mezger (2000)
3 *Adolf Laufs:* Persönlichkeit und Recht.Gesammelte Aufsätze (2001).

Abteilung 5:
Juristisches Zeitgeschehen
Rechtspolitik und Justiz aus zeitgenössischer Perspektive

Hrsg. von RA Prof. Dr. Franz Salditt, RA Martin W. Huff und
Prof. Dr. Dr. Thomas Vormbaum

1 *Diether Posser:* Anwalt im Kalten Krieg. Ein Stück deutscher Geschichte in politischen Prozessen 1951-1968. 3. Auflage (1999)
2 *Jörg Arnold* (Hrsg.): Strafrechtliche Auseinandersetzung mit Systemvergangenheit am Beispiel der DDR (2000)
3 *Thomas Vormbaum* (Hrsg.): Vichy vor Gericht: Der Papon-Prozeß (2000)
4 *Heiko Ahlbrecht / Kai Ambos* (Hrsg.): Der Fall Pinochet(s). Auslieferung wegen staatsverstärkter Kriminalität? (1999)
5 *Oliver Franz:* Ausgehverbot für Jugendliche („Juvenile Curfew") in den USA. Reformdiskussion und Gesetzgebung seit dem 19. Jahrhundert (2000)
6 *Gabriele Zwiehoff (Hrsg.):* „Großer Lauschangriff" – Die Entstehung des Gesetzes zur Änderung des Grundgesetzes vom 26. März 1998 und des Gesetzes zur Änderung der Strafprozeßordnung vom 4. Mai 1998 in der Presseberichterstattung 1997/98 (2000)
7 *Mario A. Cattaneo:* Strafrechtstotalitarismus. Terrorismus und Willkür (2001)

Abteilung 6:
Recht in der Kunst

Hrsg. von Prof. Dr. Gunter Reiß, Prof. Dr. Dr. Thomas Vormbaum

1 *Heinz Müller-Dietz:* Recht und Kriminalität im literarischen Widerschein. Gesammelte Aufsätze (1999)
2 *Klaus Lüderssen* (Hrsg.): »Die wahre Liberalität ist Anerkennung«. Goethe und die Jurisprudenz. (1999)
3 *Bertolt Brecht:* Die Dreigroschenoper (1928) / Dreigroschenroman (1934). Mit Kommentaren von Iring Fetscher und Bodo Plachta (in Vorbereitung)
4 *Annette von Droste-Hülshoff:* Die Judenbuche (1842) / Die Vergeltung (1841). Mit Kommentaren von Heinz Holzhauer und Winfried Woesler (2000)
5 *Theodor Fontane:* Unterm Birnbaum (1885). Mit Kommentaren von Hugo Aust und Klaus Lüderssen (2001)
6 *Heinrich von Kleist:* Michael Kohlhaas (1810) – Mit Kommentaren von Wolfgang Naucke und Joachim Linder (2000)
7 *Anja Sya:* Literatur und juristisches Erkenntnisinteresse – Joachim Maass' Roman „Der Fall Gouffé" und sein Verhältnis zu der historischen Vorlage (2001)
8 *Heiner Mückenberger:* Theodor Storm – Dichter und Richter. Eine rechtsgeschichtliche Lebensbeschreibung (2001)

Jahrbuch der Juristischen Zeitgeschichte

Hrsg. von Prof. Dr. Dr. Thomas Vormbaum

1 Band 1 (1999/2000). (2000)
2 Band 2 (2000/2001). (2001)

JURISTISCHE ZEITGESCHICHTE NRW

In enger Abstimmung mit dieser Schriftenreihe erscheint die vom Justizministerium des Landes Nordrhein-Westfalen herausgegebene und vertriebene Schriftenreihe Juristische Zeitgeschichte NRW.

In dieser Reihe sind zuletzt folgende Bände lieferbar:

3 *Hans-Eckhard Niermann:* Die Durchsetzung politischer und politisierter Strafjustiz im Dritten Reich. Ihre Entwicklung aufgezeigt am Beispiel des OLG-Bezirks Hamm (1995)

4 NS-Verbrechen und Justiz (1996)

5 50 Jahre Justiz in NRW (1996)

6 Kriminalbiologie im 20. Jahrhundert (1998)

7 Politische Strafjustiz 1953-1968. Betriebsunfall oder Symptom? (1998)

8 Justiz und Judentum (1999)

Interessenten wenden sich an: Justizministerium NRW. Ministerialrat Peter Busse, Martin-Luther-Platz 40, 40190 Düsseldorf. Telefon 02 11 / 87 92-373 oder 264. Telefax 02 11 / 87 92-454.

HAMBURGER BEITRÄGE ZUR SOZIAL- UND ZEITGESCHICHTE

Zwischen der Institut für Juristische Zeitgeschichte (Hagen) und der Forschungsstelle für Zeitgeschichte in Hamburg besteht ein enger Austausch. In der von der Forschungsstelle herausgegebenen Schriftenreihe „Hamburger Beiträge zur Sozial- und Zeitgeschichte" (Hans Christians Verlag, Hamburg) sind zuletzt folgende Bände erschienen:

Darstellungen:

18 *Zwi Rosen:* Moses Hess und Karl Marx. Ein Beitrag zur Entstehung der Marxschen Theorie.

21/22 *Ursula Büttner (Hrsg.):* Das Unrechtsregime I / II. Internationale Forschung über den Nationalsozialismus.

24 *Ursula Büttner (Hrsg.):* Die Not der Juden teilen. Christlich-jüdische Familien im Dritten Reich. Beispiel und Zeugnis des Schriftstellers Robert Brendel.

25 *Ifaat Weiss:* Schicksalsgemeinschaft im Wandel. Jüdische Erziehung im nationalsozialistischen Deutschland.

27 *F. Bajohr / W. Johe / U. Lohalm (Hrsg.):* Zivilisation und Barbarei. Die widersprüchlichen Potentiale der Moderne.

28 *Hans-Joachim Bieber:* Bürgertum in der Revolution. Bürgerräte und Bürgerstreiks in Deutschland.

29 *Ursula Büttner (Hrsg.):* Die Deutschen und die Judenverfolgung im Dritten Reich.

30 *Horst R. Sassin:* Liberale im Widerstand. Die Robinsohn-Strassmann-Gruppe 1934-1942.

31 *Axel Schildt:* Moderne Zeiten. Freizeit, Massenmedien und „Zeitgeist" in der Bundesrepublik der 50er Jahre.

32 *Birthe Kundrus:* Kriegerfrauen. Familienpolitik und Geschlechterverhältnisse im Ersten und Zweiten Weltkrieg.

33 *Michael Zimmermann:* Rassenutopie und Genozid. Die nationalsozialistische „Lösung der Zigeunerfrage".

34 *Patrick Wagner:* Volksgemeinschaft ohne Verbrecher. Konzeption und Praxis der Kriminalpolizei in der Zeit der Weimarer Republik und des Nationalsozialismus.

35 *Frank Bajohr:* „Arisierung" in Hamburg. Die Verdrängung der jüdischen Unternehmer 1933-1945.

36 *Avraham Barkai:* Hoffnung und Untergang. Studien zur deutsch-jüdischen Geschichte des 19. und 20. Jahrhunderts.

Quellen:

1 *Max Brauer im Exil.* Briefe und Reden 1933-1946. Hrsg. von Christa Fladhammer und Michael Wildt

2 *Alfred Kantorowicz:* Nachtbücher. Aufzeichnungen im französischen Exil 1935 bis 1939. Hrsg. von Ursula Büttner und Angelika Voß.

3 Der Dienstkalender Heinrich Himmlers. Im Auftrag der Forschungsstelle bearbeitet, kommentiert und eingeleitet von Peter Witte, Michael Wildt u.a.